공기업

최

KB142657

전산학

공기업 전산학
최단기 문제풀이

개정 2판 발행	2024년 1월 15일	
개정 3판 발행	2025년 1월 3일	

편 저 자 | 취업적성연구소

발 행 처 | ㈜서원각

등록번호 | 1999-1A-107호

주　　소 | 경기도 고양시 일산서구 덕산로 88-45(가좌동)

교재주문 | 031-923-2051

팩　　스 | 031-923-3815

교재문의 | 카카오톡 플러스 친구[서원각]

홈페이지 | goseowon.com

Preface

청년 실업자가 45만 명에 육박, 국가 사회적으로 커다란 문제가 되고 있습니다. 정부의 공식 통계를 넘어 실제 체감의 청년 실업률은 23%에 달한다는 분석도 나옵니다. 이러한 상황에서 대학생과 대졸자들에게 '꿈의 직장'으로 그려지는 공기업에 입사하기 위해 많은 지원자들이 몰려들고 있습니다. 그래서 공사·공단에 입사하는 것이 갈수록 더 어렵고 간절해질 수밖에 없습니다.

많은 공사·공단의 필기시험에 전산학이 포함되어 있습니다. 전산학의 경우 내용이 워낙 광범위하기 때문에 체계적이고 효율적인 방법으로 공부하는 것이 무엇보다 중요합니다. 이에 서원각은 공사·공단을 준비하는 수험생들에게 필요한 것을 제공하기 위해 진심으로 고심하여 이 책을 만들었습니다.

본서는 수험생들이 보다 쉽게 전산학 과목에 대한 감을 잡도록 돕기 위하여 핵심이론을 요약하고 단원별 기출예상 문제를 엄선하여 구성하였습니다. 또한 해설과 함께 중요 내용에 대해 확인할 수 있도록 구성하였습니다.

수험생들이 본서와 함께 합격이라는 꿈을 이룰 수 있기를 바랍니다.

Structure

1 필수암기노트

반드시 알고 넘어가야 하는 핵심적인 내용을 일목요연하게 정리하여 학습의 맥을 잡아드립니다.

시험에 **2회 이상 출제된**

필수 암기노트

01 데이터베이스

① 데이터베이스의 정의

특정 조직 내에서 다수의 사용자들이 공유(share)할 수 있도록 통합(integrate)시키고 컴퓨터 저장 장치에 저장(store)시킨 운영(operation) 데이터의 집합이다.

(1) 공유 데이터(shared data, 공용 데이터)

여러 응용 프로그램들(사용자들)이 공동으로 사용하는 데이터

(2) 통합 데이터(integrated data)

데이터의 중복이 최소화된 데이터

(3) 저장 데이터(stored data)

컴퓨터가 접근 가능한 저장 매체에 저장된 데이터

(4) 운영 데이터(Operational data)

조직의 목적을 위해 존재 가치가 확실하고 반드시 필요한 데이터

② 데이터베이스의 특성

접근성(real-time accessibility)

저장된 데이터는 실시간 접근이 보장된다.

uous evolution)

터는 계속적으로 변화를 거듭한다.

PLUS CHECK 집계 함수

• 집계를 하기 위해서는 GROU 터 ...

• 집계 함수는 널인 속성값은 제 ...

• 집계 함수는 WHERE절에서는 ...

• DISTINCT를 이용해 특정 속성 ...

가 적용되기 전에 먼저 중복을 ...

함수
SUM(속성이름)
AVG(속성이름

2 학습의 point

핵심이론 중 좀 더 확실한 대비를 위해 꼭 알아두어야 할 내용을 한눈에 파악할 수 있도록 구성하였습니다. 이론학습과 문제풀이에 플러스가 되는 팁을 통해 실력을 향상시켜 드립니다.

1 다음 중 데이터베이스의 용어

① 자료(Data)란 관찰이나 측정
② 정보(Information)는 자료를
　는 안된다.
③ 애트리뷰트(attribute)는 특정
④ 투플(tuple)은 테이블의 열을
⑤ 카디널리티(cardicality)

CHAPTER

01 출제예

다음 중 데이터베이스의 용어에 대한 설명으로 옳은 것은?

① 자료(Data)란 관찰이나 측정을 통해 얻은 사실을 말한다.
② 정보(Information)는 자료를 목적에 따라 가공하여 만든 것으로, 주관적인 가치 판단이 개입되어서
　는 안된다.
③ 애트리뷰트(attribute)는 특정한 상황에서 사용하기 위하여 데이터로부터 가공한 상태이다.
④ 투플(tuple)은 테이블의 열을 나타낸다.
⑤ 카디널리티(cardicality)는 하나의 릴레이션에서 속성의 전체 개수를 의미한다.

데이터베이스의 특징으로 가장 거리가 먼 것은?

① 실시간 접근성　　　　　　② 계속적인 변화
③ 동시공유　　　　　　　　④ 내용에 의한 참조
⑤ 데이터 간의 종속성 유지

ANSWER | 1.① 2.⑤

1　데이터베이스의 용어
　㉠ 자료(Data) : 발생된 사실 그 자체를 말하며 가공되지 않은 상태이다.
　㉡ 정보(Information) : 특정한 상황에서 사용하기 위하여 데이터로부터
　　개입될 수 있다.
　㉢ 애트리뷰트(attribute) : 테이블의 열을 나타내며, 데이터
　㉣ 투플(tuple) : 테이블의 행을 나타내며 만약 테이블이
　㉤ 차수(degree) : 하나의 릴레이션에서 속성의 전체
　㉥ 카디널리티(cardicality) : 하나의 릴레이션에서 투

6　데이터베이스의 특징
　㉠ 실시간 접근성(real-time accessibility)
　㉡ 계속적인 변화(continuous evolution)
　㉢ 동시공유(concurrent sharing)
　㉣ 내용에 의한 참조(content reference)

전산학

ANSWER | 1.① 2.⑤

1　데이터베이스의 용어
　㉠ **자료(Data)** : 발생된 사실 그 자체를 발
　㉡ **정보(Information)** : 특정한 상황에서 사
　　개입될 수 있다.
　㉢ **애트리뷰트(attribute)** : 테이블의 열을
　㉣ **투플(tuple)** : 테이블의 행을 나타내며 만
　㉤ **차수(degree)** : 하나의 릴레이션에서 속
　㉥ **카디널리티(cardicality)** : 하나의 릴러

6　데이터베이스의 특징
　㉠ 실시간 접근성(real-time ac
　㉡ 계속적인 변화(continuc
　　동시공유(conc

출제예상문제　3

그동안 실시되어 온 기출문제의 유형을 파악
하고 출제가 예상되는 핵심영역에 대하여 다
양한 유형의 문제로 재구성하였습니다.

상세한 해설　4

출제예상문제에 대한 해설을 이해하기 쉽
도록 상세하게 기술하여 실전에 충분히
대비할 수 있도록 하였습니다.

Contents

전산학

01 데이터베이스

① 데이터베이스의 정의

특정 조직 내에서 다수의 사용자들이 공유(share)할 수 있도록 통합(integrate)시키고 컴퓨터 저장 장치에 저장(store)시킨 운영(operation) 데이터의 집합이다.

(1) 공유 데이터(shared data, 공용 데이터)

여러 응용 프로그램들(사용자들)이 공동으로 사용하는 데이터

(2) 통합 데이터(integrated data)

데이터의 중복이 최소화된 데이터

(3) 저장 데이터(stored data)

컴퓨터가 접근 가능한 저장 매체에 저장된 데이터

(4) 운영 데이터(Operational data)

조직의 목적을 위해 존재 가치가 확실하고 반드시 필요한 데이터

② 데이터베이스의 특성

(1) 실시간 접근성(real-time accessibility)

데이터베이스에 저장된 데이터는 실시간 접근이 보장된다.

(2) 계속적인 변화(continuous evolution)

데이터베이스에 저장된 데이터는 계속적으로 변화를 거듭한다.

⑶ 동시공유(concurrent sharing)

데이터베이스에 저장된 데이터는 여러 명의 사용자들이 동시에 공유할 수 있으며, 이와 같은 기능은 데이터베이스 관리시스템이 지원한다.

⑷ 내용에 의한 참조(content reference)

데이터베이스에 저장된 데이터는 내용에 의한 참조를 할 수 있다. 즉, 데이터가 저장된 주소를 이용하여 원하는 데이터에 접근하는 것이 아니라, 저장된 데이터의 내용을 이용하여 원하는 데이터에 접근할 수 있다.

❸ DBMS의 장·단점

(1) 장점
① 데이터 중복(redundancy)의 최소화
② 데이터의 공용(sharing)
③ 데이터 무결성(integrity) 유지
④ 데이터의 일관성(consistency) 유지
⑤ 데이터 보안(security) 보장
⑥ 응용 프로그램과 데이터의 독립성(independence) 유지
⑦ 표준화(standardization)의 달성

(2) 단점
① 운영비의 증대
② 데이터베이스 설계의 어려움
③ 복잡한 예비(backup)와 회복(recovery)

④ 데이터 독립성

데이터 독립성은 하위 스키마를 변경하더라도 상위 스키마가 영향을 받지 않는 특성이다.

① **논리적 데이터 독립성**(logical data independency) ··· 개념 스키마가 변경되더라도 외부 스키마가 영향을 받지 않는 것이다. 즉, 데이터베이스의 논리적 구조를 변경하더라도 기존 응용 프로그램에는 영향을 주지 않는 것이다.

② **물리적 데이터 독립성**(physical data independency) ··· 내부 스키마가 변경되더라도 개념 스키마가 영향을 받지 않는 것이다. 그래서 결과적으로 외부 스키마도 영향을 받지 않는다. 즉, 데이터의 물리적 구조를 변경하더라도 데이터베이스의 논리적 구조와 응용 프로그램에 영향을 주지 않는 것이다.

⑤ 데이터베이스의 구조

① **스키마** ··· 스키마는 데이터베이스에 저장되는 데이터 구조와 제약조건을 정의한 것이다.

② **데이터베이스의 3단계**

    ㉠ 외부 스키마(external schema)=뷰(View)=서브 스키마 : 외부 스키마는 데이터베이스의 개개 사용자나 응용 프로그래머가 접근하는 데이터베이스를 정의한 것이다.

    ㉡ 개념 스키마(conceptual schema) : 개념 스키마는 조직 전체의 관점에서 생각하는 데이터베이스의 모습이다.

    ㉢ 내부 스키마(internal schema) : 내부 스키마는 저장장치의 입장에서 전체 데이터베이스가 저장되는 방법을 명세한 것이다. 즉, 개념 스키마에 대한 저장 구조를 정의한 것이다.

③ **데이터 사전**(data dictionary)**과 데이터 디렉토리**(data directory)

    ㉠ 데이터 사전(data dictionary) = 시스템 카탈로그 : 데이터베이스에 저장되는 데이터에 관한 정보, 즉 메타 데이터를 유지하는 시스템 데이터베이스이다.

    ㉡ 데이터 디렉토리(data directory) : 데이터 사전에 있는 데이터에 실제로 접근하는 데 필요한 위치 정보를 저장하는 시스템 데이터베이스이다.

6 데이터 언어

① 데이터 정의어(DDL)

정의	DB를 정의하거나 그 정의를 수정할 목적으로 사용하는 언어
사용자	DBA, DB 설계자
역할	㉠ 논리적 데이터 구조 정의 ㉡ 물리적 데이터 구조 정의 ㉢ DDL에 의해 기술된 스키마는 통상 DDL 컴파일러가 컴파일하여 데이터사전(시스템 카탈로그)에 저장하여 놓고 필요한 경우 시스템이 활용

② 데이터 조작어(DML)

정의	㉠ DB의 실질적인 조작과 운용을 하는 언어 ㉡ 데이터 처리를 위한 연산의 집합으로 데이터의 검색, 삽입, 삭제, 변경 등을 포함한다.	
종류	절차적 데이터 조작어	비절차적 데이터 조작어
사용자	응용프로그래머	End-User
역할	㉠ 사용자가 무슨(what) 데이터를 원하며, 어떻게(how) 그것을 접근해야 되는지를 명세해야 되는 초급 데이터 언어 ㉡ 한번에 하나의 레코드만 처리 ㉢ 응용 프로그램 속에 삽입되어 사용하므로 DML 예비 컴파일러가 필요	㉠ 사용자가 무슨(What) 데이터를 원하는가만 명세하는 고급 데이터 언어(4세대 언어) ㉡ 한번에 여러개의 레코드 처리 ㉢ 주로 터미널에서 대화식으로 사용. 질의어 처리기가 필요

③ 데이터 제어어(DCL)

정의	여러 사용자가 DB를 공용하기 위해 내부적으로 여러 가지 규정이나 기법을 정해 놓고 이것을 통해 제어해야 하는데, 즉, DB를 공용하기 위한 데이터 제어를 정의하고 기술하는 언어로 관리를 위한 도구이다.
사용자	DBA
역할	㉠ 접근권한과 보안유지 ㉡ 데이터의 무결성 유지 ㉢ 동시성 제어 ㉣ 시스템 붕괴시 회복기법

7 E-R 다이어그램

다음과 같은 기호를 이용하여 그래프 방식으로 표현한다.

기호	의미
▭	강한 개체(Entity) 타입(보통 개체 타입이라고 하면 강한 개체 타입을 말한다.)
▭	약한 개체 타입
◇	관계(Relationship) 타입
◈	식별 관계 타입
⬭	속성(애트리뷰트)
⬭	기본 키의 속성(키 애트리뷰트)
⬭	부분키 애트리뷰트
⬯	다중값 애트리뷰트
⬭⬭⬭	복합 애트리뷰트
⬭	유도 애트리뷰트
◇—▭	전체 참여 개체 타입
———	개체에 속하는 속성을 연결할 때, 개체와 관계를 연결할 때 사용

8 관계형 데이터베이스 기본 용어

① **릴레이션**(relation) ··· 행과 열로 구성되는 테이블을 관계 데이터 모델에서는 릴레이션이라고 함

② **속성**(attribute) ··· 릴레이션의 열, 컬럼(Column)

③ **투플**(tuple) ··· 릴레이션의 행

④ **도메인**(domain) ··· 하나의 속성이 가질 수 있는 모든 값의 집합

⑤ **차수**(degree) ··· 하나의 릴레이션에서 속성의 전체 개수

⑥ **카디널리티**(cardicality) ··· 하나의 릴레이션에서 투플의 전체 개수

⑨ 릴레이션의 특성

① **속성의 원자성** … 릴레이션을 구성하는 모든 속성값은 원자값이다.

② **속성의 무순서성** … 릴레이션을 구성하는 속성 사이에는 순서가 없다.

③ **투플의 유일성** … 릴레이션을 구성하는 모든 투플은 서로 다르다.

④ **투플의 무순서성** … 릴레이션의 투플 사이에는 순서가 없다.

⑩ 데이터베이스 키

(1) 후보키(Candidate key)

유일성과 최소성을 만족하는 속성 또는 속성들의 집합이다. 릴레이션을 구성하는 속성들 중에서 투플을 유일하게 식별하기 위해 사용하는 속성들의 부분 집합이다. 즉, 기본키로 사용할 수 있는 속성을 말한다.

① **유일성** … 하나의 릴레이션에서 키로 지정된 속성의 값은 투플마다 달라야 한다는 의미이다. 즉, 릴레이션 투플들의 키 값은 모두 다르고 유일하다.

② **최소성** … 키를 구성하고 있는 여러 속성 중에서 하나라도 없으면 투플을 유일하게 구별할 수 없는, 각 투플을 유일하게 식별하는데 꼭 필요한 최소한의 속성으로만 구성되어야 하는 성질을 말한다.

(2) 슈퍼키(Super key)

한 릴레이션에서 한 투플을 유일하게 식별할 수 있는 속성이나 속성의 조합. 유일성은 만족하지만 최소성을 만족시키지 못한다.

(3) 기본키(Primary key) = 주키 = 주식별자

후보키 중에서 기본적으로 사용하기 위해 선택한 키. Null 값을 가질 수 없다.

(4) 대체키(Alternate key)

기본키로 선택되지 못한 후보키

(5) 외래키(Foreign key)

다른 릴레이션의 기본키를 참조하는 속성 또는 속성들의 집합. Null 값을 가질 수 있다.

⑪ 무결성 제약

① **개체 무결성** … 기본키를 구성하는 속성은 널(Null) 값이나 중복값을 가질 수 없다.

② **참조 무결성** … 외래키는 참조할 수 없는 값을 가질 수 없다. 즉, 외래키 값은 참조 릴레이션의 기본키 값과 같던지 Null이어야 한다.

③ **도메인 무결성** … 속성값은 반드시 그 속성이 정의된 도메인에 속한 값이어야 한다. 또한 동일한 속성에 대해 데이터 타입과 데이터 길이가 동일해야 한다.

⑫ SQL

① **SQL의 분류**

〈DDL〉

명령어	기능
CREATE	SCHEMA, DOMAIN, TABLE, VIEW, INDEX를 정의한다.
ALTER	Table에 대한 정의를 변경한다.
DROP	SCHEMA, DOMAIN, TABLE, VIEW, INDEX를 삭제한다.

〈DML〉

명령어	기능
SELECT	테이블에서 조건에 맞는 투플을 검색한다.
INSERT	테이블에 새로운 투플을 삽입한다.
UPDATE	테이블에서 조건에 맞는 투플의 내용을 변경한다.
DELETE	테이블에서 조건에 맞는 투플을 삭제한다.

〈DCL〉

명령어	기능
GRANT	사용권한 부여
REVOKE	사용권한 취소
COMMIT	정상적인 완료
ROLLBACK	비정상적인 종료

② 대표적인 SQL문

㉠ CREATE

```
CREATE TABLE 테이블이름
    ({속성이름 데이터유형 [NOT NULL],}
     [PRIMARY KEY(속성 이름),]
     [UNIQUE(속성 이름),]
     [FOREIGN KEY(속성 이름) REFERENCES 참조테이블(속성 이름)]
         [ON DELETE CASCADE | SET NULL | SET DEFAULT | NO ACTION]
         [ON UPDATE CASCADE | SET NULL | SET DEFAULT | NO ACTION],
     [CONSTRAINT 이름] [CHECK(조건식)]
);
```

㉡ SELECT(검색문)

ⓐ 기본구조

```
SELECT 속성_리스트
FROM 테이블_리스트
[WHERE 조건];
```

ⓑ 일반적인 형식

```
SELECT [ALL | DISTINCT] 속성_리스트
FROM 테이블_리스트
[WHERE 조건]
[GROUP BY 속성_리스트 [HAVING 조건] ]
[ORDER BY 속성_리스트 [ASC | DESC] ];
```

ⓒ select 명령에서 이용 가능한 명령어 요약

명령어	의미
ALL	중복을 포함한 속성 결과 검색 (아무런 표시를 하지 않을 경우 기본 값으로 all을 지니게 된다)
DISTINCT	중복을 제거한 속성 결과 검색
AS	검색결과의 제목을 지정하는 명령
WHERE	조건을 지정할 수 있는 명령
GROUP BY	그룹별 검색 기능을 수행하는 명령
HAVING	그룹별 검색 기능에 조건을 추가한 명령
ORDER BY	정렬 기능을 수행하는 명령
ASC	order by 명령 사용 시에 오름차순 명령을 지정하는 것으로, ascending의 약자이다. 만약 아무런 표시를 하지 않을 경우 기본 값으로 asc 값을 지니게 된다.
DESC	order by 사용 시에 내림차순 명령을 지정하는 것으로, descending의 약자이다.

ⓓ 집계 함수와 GROUP BY를 이용한 검색

> **PLUS CHECK** 집계 함수
>
> • 집계를 하기 위해서는 GROUP BY 문을 사용하고 구체적인 집계 내용은 집계 함수를 사용한다.
> • 집계 함수는 널인 속성값은 제외하고 계산한다.
> • 집계 함수는 WHERE절에서는 사용할 수 없고 SELECT 절이나 HAVING 절에서만 사용할 수 있다.
> • DISTINCT를 이용해 특정 속성 값의 중복을 없애고 집계 함수를 적용할 수도 있다. 이때, 집계 함수가 적용되기 전에 먼저 중복을 제거한다.
>
> | 함수 | 의미 |
> |---|---|
> | SUM(속성이름) | 지정된 속성의 합계를 구함 |
> | AVG(속성이름) | 지정된 속성의 평균을 구함 |
> | MAX(속성이름) | 지정된 속성의 최대값을 구함 |
> | MIN(속성이름) | 지정된 속성의 최소값을 구함 |
> | COUNT(속성이름) | 지정된 속성의 투플의 수 구함
－count(*) : 결과 릴레이션의 모든 행들의 총 개수를 구함
－count(속성) : 해당 애트리뷰트에서 널값이 아닌 값들의 개수를 구함 |

ⓒ INSERT(삽입문)

```
INSERT INTO 테이블명[(속성명1, 속성명2, …)]
VALUES (데이터1, 데이터2, …);
```

ⓔ UPDATE(갱신문)

```
UPDATE 테이블명
SET 속성이름=변경내용
[WHERE 조건];
```

ⓜ DELETE(삭제문)

```
DELETE FROM 테이블명
[WHERE 조건];
```

⑬ SQL 뷰

① **뷰(View)의 의미** … 뷰란 CREATE TABLE 명령으로 생성한 릴레이션(기본 테이블 : base table)으로부터 특정 조건에 맞는 내용들을 추출하여 생성한 가상의(virtual) 릴레이션(테이블)이다. 즉, 다른 테이블을 기반으로 만들어진 가상 테이블을 말한다.

② **뷰의 특징**

ⓐ 데이터를 물리적으로 저장하지 않고 논리적으로만 존재하는 테이블

ⓑ 뷰에 대한 검색은 기본 테이블과 거의 동일하지만 뷰에 대한 삽입·수정·삭제 연산은 제한적으로 수행됨

ⓒ 뷰에 대한 삽입·수정·삭제 연산은 실제로 기본 테이블에 수행되므로 결과적으로 기본 테이블이 변경됨

ⓓ 다른 뷰를 기반으로 새로운 뷰를 만드는 것도 가능함

ⓔ 뷰가 정의된 기본 테이블이나 뷰를 삭제하면 그 테이블이나 뷰를 기초로 정의된 다른 뷰도 자동으로 삭제

ⓕ **뷰의 생성** : CREATE VIEW문 사용

ⓖ **뷰의 삭제** : DROP문을 사용하여 제거

ⓗ 뷰의 정의를 변경할 수는 없다.(ALTER문을 사용할 수 없다.)

⑭ 데이터베이스 설계

요구 분석	요구 조건 명세시 작성
개념적 설계	■ DBMS에 독립적인 개념 스키마 설계 ■ 트랜잭션 모델링(입력 데이터, 출력 데이터, 내부 제어 흐름 명세) ■ E-R 모델 이용
논리적 설계	■ 목표 DBMS에 맞는 논리 스키마 설계 ■ 트랜잭션 인터페이스 설계 ■ 관계 DBMS에서는 ER 스키마를 릴레이션들로 사상
물리적 설계	■ 목표 DBMS에 맞는 물리적 구조 설계 ■ 트랜잭션 상세 설계
구현	■ 목표 DBMS DDL로 스키마 작성 ■ 트랜잭션(응용 프로그램) 작성 및 실행

⑮ 이상(anomaly) 현상

불필요한 데이터 중복으로 인해 릴레이션에 대한 데이터 삽입·수정·삭제 연산을 수행할 때 발생할 수 있는 부작용

① **삽입 이상**(Insertion Anomaly) ⋯ 새 데이터를 삽입하기 위해 불필요한 데이터도 함께 삽입해야 하는 문제

② **삭제 이상**(Delection Anomaly) ⋯ 데이터를 삭제할 때 필요한 데이터까지 함께 삭제되는 문제

③ **갱신 이상**(Update Anomaly) ⋯ 중복 투플 중 일부만 변경하여 데이터가 불일치하게 되는 모순의 문제

16 정규화(Normalization)

① **정규화의 의미** … 논리적 설계 단계에서 발생할 수 있는 종속으로 인한 이상(Anomaly) 현상의 문제점을 해결하기 위해, 속성들 간의 종속 관계를 분석하여 여러 개의 릴레이션으로 분해하는 과정을 말한다.

② **정규화의 특징**

　㉠ 논리적 설계 단계에서 수행한다.

　㉡ 일반적으로 검색 시간이 증가한다.

　㉢ 논리적 처리 및 품질에 영향을 미치는 것이지 물리적인 구조나 처리에 영향을 주는 것은 아니다.

③ **정규화 과정**

비정규 릴레이션	
↓	모든 속성의 도메인이 원자값으로만 구성되도록 분해
1정규형(1NF)	릴레이션에 속한 모든 속성의 도메인이 원자값으로만 구성되어 있으면 제1정규형에 속한다.
↓	부분적 함수 종속 제거
2정규형(2NF)	릴레이션이 제1정규형에 속하고, 기본키가 아닌 모든 속성이 기본키에 완전 함수 종속되면 제2정규형에 속한다.
↓	이행적 함수 종속 제거
3정규형(3NF)	릴레이션이 제2정규형에 속하고, 기본키가 아닌 모든 속성이 기본키에 이행적 함수 종속이 되지 않으면 제3정규형에 속한다.
↓	결정자이면서 후보키가 아닌 것 제거
BCNF (Boyce/Codd Normal Form)	릴레이션의 함수 종속 관계에서 모든 결정자가 후보키이면 BCNF(보이스/코드 정규형)에 속한다.
↓	다치 종속 제거
4정규형(4NF)	다치 종속을 제거하면 제4정규형이 된다.
↓	후보키를 통하지 않은 조인 종속 관계 제거
5정규형(5NF)	조인 종속 관계를 제거하면 제5정규형이 된다.

17 트랜잭션

(1) 트랜잭션의 개념

① 논리적인 작업의 단위

② 하나의 트랜잭션은 COMMIT되거나 ROLLBACK되어야 한다.

③ 장애 발생 시 복구 작업이나 병행 제어 작업을 위한 중요한 단위로 사용됨

④ 하나의 작업을 수행하기 위해 필요한 데이터베이스 연산들을 모아놓은 것

⑤ 작업 수행에 필요한 SQL 문들의 모임

(2) 트랜잭션의 특성

① **원자성**(Atomicity) … 원자성이란 트랜잭션의 처리가 완전히 끝나지 않았을 경우에는 전혀 이루어지지 않은 것과 같아야 한다는 것이다. 즉, "All or nothing"이어야 한다.

② **일관성**(Consistency) … 트랜잭션이 성공적으로 수행된 후에도 데이터베이스가 일관성 있는 상태를 유지해야 함을 의미한다.

③ **고립성, 격리성**(Isolation) … 수행 중인 트랜잭션이 완료될 때까지 다른 트랜잭션들이 중간 연산 결과에 접근할 수 없음을 의미한다.

④ **지속성**(durability) … 트랜잭션이 일단 그 실행을 성공적으로 완료하면 그 결과는 영속적이다. 따라서 시스템은 어떤 경우에도 완료된 결과의 영속성을 보장해야 한다.

(3) 트랜잭션의 주요 연산

① **Commit 연산** … 트랜잭션의 수행이 성공적으로 완료되었음을 선언하는 연산을 말한다. commit 연산이 실행되면 트랜잭션의 수행 결과가 데이터베이스에 반영되고 일관된 상태를 지속적으로 유지하게 된다.

② **Rollback 연산** … 트랜잭션의 수행이 실패했음을 선언하는 연산을 말한다. rollback 연산이 실행되면 지금까지 트랜잭션이 실행한 연산의 결과가 취소되고 데이터베이스가 트랜잭션 수행 전의 일관된 상태로 되돌아간다.

18 병행 제어(동시성 제어, Concurrency Control)

(1) 병행 제어의 의미

병행 수행 시 같은 데이터에 접근하여 연산을 실행해도 문제가 발생하지 않고 정확한 수행 결과를 얻을 수 있도록 트랜잭션의 수행을 제어하는 것을 의미한다.

(2) 병행제어의 목적

① 데이터베이스의 공유를 최대화한다.

② 시스템의 활용도를 최대화한다.

③ 데이터베이스의 일관성을 유지한다.

④ 사용자에 대한 응답시간을 최소화한다.

(3) 병행 수행의 문제점

① **갱신 분실**(lost update) ··· 두 개 이상의 트랜잭션이 같은 자료를 공유하여 갱신할 때 갱신 결과의 일부가 없어지는 현상. 하나의 트랜잭션이 수행한 데이터 변경 연산의 결과를 다른 트랜잭션이 덮어써 변경 연산이 무효화되는 것이다.

② **비완료 의존성**(Uncommitted Dependency) ··· 하나의 트랜잭션 수행이 실패한 후 회복되기 전에 다른 트랜잭션이 실패한 갱신 결과를 참조하는 현상이다.

③ **모순성**(inconsistency) ··· 하나의 트랜잭션이 여러 개 데이터 변경 연산을 실행할 때 일관성 없는 상태의 데이터베이스에서 데이터를 가져와 연산함으로써 모순된 결과가 발생하는 것을 말한다.

④ **연쇄 복귀**(cascading rollback) ··· 병행수행되던 트랜잭션들 중 어느 하나에 문제가 생겨 Rollback하는 경우 다른 트랜잭션도 함께 Rollback되는 현상이다.

출제예상문제

1 다음 중 데이터베이스의 용어에 대한 설명으로 옳은 것은?

① 자료(Data)란 관찰이나 측정을 통해 얻은 사실을 말한다.
② 정보(Information)는 자료를 목적에 따라 가공하여 만든 것으로, 주관적인 가치 판단이 개입되어서는 안된다.
③ 애트리뷰트(attribute)는 특정한 상황에서 사용하기 위하여 데이터로부터 가공한 상태이다.
④ 투플(tuple)은 테이블의 열을 나타낸다.
⑤ 카디널리티(cardicality)는 하나의 릴레이션에서 속성의 전체 개수를 의미한다.

2 데이터베이스의 특징으로 가장 거리가 먼 것은?

① 실시간 접근성   ② 계속적인 변화
③ 동시공유   ④ 내용에 의한 참조
⑤ 데이터 간의 종속성 유지

ANSWER | 1.① 2.⑤

1 데이터베이스의 용어
  ㉠ **자료(Data)** : 발생된 사실 그 자체를 말하며 가공되지 않은 상태이다.
  ㉡ **정보(Information)** : 특정한 상황에서 사용하기 위하여 데이터로부터 가공한 것을 말하며, 주관적인 가치 판단이 개입될 수 있다.
  ㉢ **애트리뷰트(attribute)** : 테이블의 열을 나타내며, 데이터의 항목과 유사한 용어이다.
  ㉣ **투플(tuple)** : 테이블의 행을 나타내며 만약 테이블이 n개의 요소를 가졌다면 n-투플이라고 한다.
  ㉤ **차수(degree)** : 하나의 릴레이션에서 속성의 전체 개수를 말한다.
  ㉥ **카디널리티(cardicality)** : 하나의 릴레이션에서 투플의 전체 개수를 말한다.

2 데이터베이스의 특징
  ㉠ 실시간 접근성(real-time accessibility)
  ㉡ 계속적인 변화(continuous evolution)
  ㉢ 동시공유(concurrent sharing)
  ㉣ 내용에 의한 참조(content reference)

3 다음은 데이터베이스 관리 시스템의 어떤 특성에 대한 설명인가?

> - 하위 스키마를 변경하더라도 상위 스키마가 영향을 받지 않는 특성이다.
> - 데이터베이스의 논리적 구조를 변경하더라도 응용 프로그램에는 영향을 주지 않는다.
> - 데이터의 물리적 구조를 변경하더라도 데이터베이스의 논리적 구조와 응용 프로그램에 영향을 주지 않는다.

① 데이터 중복성

② 데이터 무결성

③ 데이터 일관성

④ 데이터 공용성

⑤ 데이터 독립성

4 다음 중 데이터베이스 관리 시스템(DBMS)의 장점으로 옳지 않은 것은?

① 데이터 중복(redundancy)의 최소화

② 데이터의 무결성(integrity) 유지

③ 데이터의 공용성(sharing)

④ 데이터의 종속성(dependency)

⑤ 데이터의 보안성(security)

ANSWER | 3.⑤ 4.④

3 데이터 독립성은 하위 스키마를 변경하더라도 상위 스키마가 영향을 받지 않는 특성이다. 데이터 독립성에는 논리적 데이터 독립성과 물리적 독립성이 있다.

　㉠ 논리적 데이터 독립성(logical data independency) : 개념 스키마가 변경되더라도 외부 스키마가 영향을 받지 않는 것이다. 즉, 데이터베이스의 논리적 구조를 변경하더라도 기존 응용 프로그램에는 영향을 주지 않는 것이다.

　㉡ 물리적 데이터 독립성(physical data independency) : 내부 스키마가 변경되더라도 개념 스키마가 영향을 받지 않는 것이다. 그래서 결과적으로 외부 스키마도 영향을 받지 않는다. 즉, 데이터의 물리적 구조를 변경하더라도 데이터베이스의 논리적 구조와 응용 프로그램에 영향을 주지 않는 것이다.

4 데이터베이스 관리 시스템(DBMS)의 장점에는 데이터 중복(redundancy)의 최소화, 데이터의 공용(sharing), 데이터 무결성(integrity) 유지, 데이터의 일관성(consistency) 유지, 데이터 보안(security) 보장, 응용 프로그램과 데이터의 독립성(independence) 유지 등이 있다.

5 다음 중 데이터베이스의 단점으로 옳지 않은 것은?

① 비용이 많이 든다.
② 프로그래밍이 간단하다.
③ 백업과 복원이 복잡하다.
④ 데이터의 집약과 중앙집중화로 어느 한 부분의 오류는 전체 시스템에 영향을 준다.
⑤ 데이터베이스를 설계하기가 까다롭다.

6 다음 중 데이터베이스를 구성하는 데이터의 개체, 이들의 속성, 이들 간에 존재하는 관계, 데이터 조작 시 이들 데이터 값들이 갖는 제약 조건에 관한 정의 등을 총칭한 것으로 옳은 것은?

① 튜플(tuple)
② 스키마(schema)
③ 데이터베이스(database)
④ 데이터(data)
⑤ 속성(attribute)

7 다음 중 데이터베이스 스키마의 종류로 옳지 않은 것은?

① 외부 스키마
② 내부 스키마
③ 종속 스키마
④ 개념 스키마
⑤ 서브 스키마

ⓒ ANSWER | 5.② 6.② 7.③

5 데이터베이스의 단점
㉠ 비용이 많이 든다.
㉡ 프로그래밍이 복잡하다.
㉢ 백업과 복원이 복잡하다.
㉣ 데이터의 집약과 중앙집중화로 어느 한 부분의 오류는 전체 시스템에 영향을 준다.
㉤ 데이터베이스를 설계하기가 까다롭다.

6 스키마는 데이터베이스를 구성하는 데이터의 개체, 이들의 속성, 이들 간에 존재하는 관계, 데이터 조작 시 이들 데이터 값들이 갖는 제약 조건에 관한 정의 등을 총칭한 것이다.

7 데이터베이스 스키마의 종류에는 외부·내부·개념 스키마가 있다. 외부 스키마는 보통 전체 데이터베이스의 한 논리적 부분이 되기 때문에 서브 스키마라고도 한다.

8 다음 중 사용자 또는 응용 프로그래머가 개별적으로 직접 필요로 하는 데이터베이스의 논리적 구조로서 일명 서브 스키마라고도 하는 스키마의 종류로 옳은 것은?

① 개념 스키마
② 외부 스키마
③ 내부 스키마
④ 기본 스키마
⑤ 저장 스키마

9 다음 중 기관이나 조직체 입장에서 본 데이터베이스의 전체 논리적 구조로 옳은 것은?

① 개념 스키마
② 내부 스키마
③ 기본 스키마
④ 외부 스키마
⑤ 저장 스키마

10 다음 데이터베이스 설계 중 데이터의 저장 또는 물리적 표현 방법을 정의한 것으로 옳은 것은?

① 외부 스키마
② 내부 스키마
③ 논리 스키마
④ 개념 스키마
⑤ 물리 스키마

✓ ANSWER | 8.② 9.① 10.②

8 외부 스키마는 사용자 또는 응용 프로그래머가 개별적으로 직접 필요로 하는 데이터베이스의 논리적 구조로서 일명 서브 스키마라고도 한다.

9 개념 스키마는 기관이나 조직체 입장에서 본 데이터베이스의 전체 논리적 구조이다.

10 내부 스키마는 데이터베이스 설계 중 데이터의 저장 또는 물리적인 표현 방법을 정의한 것이다.

11 데이터 언어 중 데이터 정의어(DDL)에 대한 설명으로 옳은 것을 〈보기〉에서 모두 고른 것은?

〈보기〉

㉠ DB의 실질적인 조작과 운용을 하는 언어이다.

㉡ 접근권한과 보안유지를 위해 사용한다.

㉢ 데이터베이스 스키마를 컴퓨터가 이해할 수 있게끔 기술하는데 사용된다.

㉣ 주로 DBA나 DB 설계자가 사용한다.

① ㉠, ㉡

② ㉠, ㉢

③ ㉡, ㉢

④ ㉡, ㉣

⑤ ㉢, ㉣

12 다음 중 E-R 다이어그램 표기법의 마름모 기호의 의미로 옳은 것은?

① 의존개체타입

② 개체타입

③ 속성타입

④ 관계타입

⑤ 유도속성타입

✅ **ANSWER** | 11.⑤ 12.④

11 데이터 언어는 데이터 정의어(DDL), 데이터 조작어(DML), 데이터 제어어(DCL)로 나눌 수 있다.

㉠ : 데이터 조작어(DML)에 대한 설명이다.

㉡ : 데이터 제어어(DCL)에 대한 설명이다.

12 E-R 다이어그램 표기법의 마름모 기호의 의미는 관계타입이다.

13 다음은 E-R 다이어그램을 그래프로 표현한 표기법과 그 의미를 나타낸 〈표〉이다. ㉠, ㉡에 들어갈 내용으로 옳은 것은?

기호	의미
▭	개체(Entity) 타입
▣	약한 개체 타입
◇	㉠
◯	㉡
──	개체에 속하는 속성을 연결할 때, 개체와 관계를 연결할 때 사용

	㉠	㉡
①	유도속성	부분키
②	기본키	링크
③	링크	기본키
④	속성	관계(relationship) 타입
⑤	관계(relationship) 타입	속성

13 E-R 다이어그램 표기법

기호	의미	기호	의미
▭	개체(Entity) 타입	◯	부분키 속성
▣	약한 개체 타입	◎	다중값 속성
◇	관계(Relationship) 타입	⬡	복합 속성
◈	식별 관계 타입	◯	유도 속성
◯	속성	◇▭	전체 참여 개체 타입
◯	기본 키 속성	──	개체에 속하는 속성을 연결할 때, 개체와 관계를 연결할 때 사용

14 다음 중 릴레이션의 특징으로 옳지 않은 것을 고르면?

① 하나의 릴레이션에서 투플의 순서는 존재한다.
② 각 속성은 릴레이션 내에서 유일한 이름을 가진다.
③ 모든 투플은 서로 다른 값을 갖는다.
④ 모든 속성 값은 원자 값이다
⑤ 릴레이션을 구성하는 속성 사이에는 순서가 없다.

15 다음은 데이터베이스의 후보키(Candidate key)에 대한 설명이다. ㉠와 ㉡에 들어갈 말로 옳은 것은?

데이터베이스에서 후보키(Candidate key)는 각 릴레이션 투플들의 키 값은 모두 다르고 유일하다는 (㉠)과 키를 구성하고 있는 여러 속성 중에서 하나라도 없으면 투플을 유일하게 구별할 수 없는, 각 투플을 유일하게 식별하는데 꼭 필요한 최소한의 속성으로만 구성되어야 한다는 (㉡)을 만족해야 한다.

	㉠	㉡
①	최소성	무결성
②	유일성	최소성
③	무결성	최소성
④	최소성	종속성
⑤	독립성	최소성

✅ **ANSWER | 14.① 15.②**

14 릴레이션은 투플들 사이에는 순서가 없다는 무순서성을 가진다.

15 후보키란 유일성과 최소성을 만족하는 속성 또는 속성들의 집합이다.
　㉠ **유일성**: 하나의 릴레이션에서 키로 지정된 속성의 값은 투플마다 달라야한다는 의미이다. 즉, 릴레이션 투플들의 키 값은 모두 다르고 유일하다.
　㉡ **최소성**: 키를 구성하고 있는 여러 속성 중에서 하나라도 없으면 투플을 유일하게 구별할 수 없는, 각 투플을 유일하게 식별하는데 꼭 필요한 최소한의 속성으로만 구성되어야 하는 성질이다.

16 관계형 데이터베이스의 키(key)에 대한 설명으로 맞지 않는 것은?

① 후보키(Candidate key)는 유일성과 최소성을 만족한다.

② 기본키(Primary key)는 후보키(Candidate key) 중에서 기본적으로 사용하기 위해 선택한 키이며, Null 값을 가질 수 없다.

③ 슈퍼키(Super key)는 유일성은 만족하지만 최소성을 만족시키지 못한다.

④ 기본키(Primary key)로 선택되지 못한 후보키를 외래키라고 한다.

⑤ 외래키(Foreign key)는 Null 값을 가질 수 있다.

17 (가)의 [학생] 테이블에 (나)의 새로운 튜플을 삽입하려고 했으나 삽입되지 않았다. 어떤 무결성 제약 조건의 위반 때문인가?

(가)

[학생]

학번	이름	학년	학과
100	조창수	1	컴퓨터공학과
200	이한범	4	작곡과
300	김한결	3	국문과
400	이한비	3	의상학과

(나)

	김수희	4	컴퓨터공학과

① 관계 무결성
② 개체 무결성
③ 참조 무결성
④ 도메인 무결성
⑤ 애트리뷰트 무결성

---

16 ④ 기본키(Primary key)로 선택되지 못한 후보키를 대체키(Alternate key)라고 한다.

17 개체 무결성이란 기본키를 구성하는 속성은 널(NULL) 값이나 중복값을 가질 수 없다는 것이다. 이 문제에서는 학번이 NULL이므로 개체 무결성을 위반한 경우이다.

18 SQL의 DROP문은 어떤 목적으로 사용되는가?

① 데이터베이스를 최적화하는데 사용된다.
② 스키마, 테이블 및 뷰의 정의 시 사용된다.
③ 스키마, 테이블 및 뷰의 제거 시 사용된다.
④ 데이터베이스 무결성을 체크하는데 사용된다.
⑤ 테이블의 정의를 변경하는데 사용된다.

19 주문 릴레이션에서 "3개 이상 주문한 주문제품을 검색하라"는 질의에 대한 SQL문을 작성하였다. 잘못된 부분은?

> ① SELECT 주문제품
> ② FROM 주문
> ③ GROUP BY 주문제품
> ④ WHERE ⑤ COUNT(*) >= 3;

18 DROP문은 테이블(table), 뷰(view), 인덱스(index)등을 삭제할 때 사용한다.

19 그룹에 대한 조건은 HAVING을 써야 하므로 WHERE 대신 HAVING이 들어가야 한다.

20 SQL 명령어 중 DML에 해당하는 것을 〈보기〉에서 모두 고른 것은?

〈보기〉

㉠ create ㉡ commit
㉢ insert ㉣ drop
㉤ select ㉥ delete

① ㉠, ㉡, ㉢ ② ㉡, ㉢, ㉣
③ ㉢, ㉣, ㉤ ④ ㉢, ㉤, ㉥
⑤ ㉣, ㉤, ㉥

20 〈DDL〉

명령어	기능
CREATE	SCHEMA, DOMAIN, TABLE, VIEW, INDEX를 정의한다.
ALTER	Table에 대한 정의를 변경한다.
DROP	SCHEMA, DOMAIN, TABLE, VIEW, INDEX를 삭제한다.

〈DML〉

명령어	기능
SELECT	테이블에서 조건에 맞는 투플을 검색한다.
INSERT	테이블에 새로운 투플을 삽입한다.
UPDATE	테이블에서 조건에 맞는 투플의 내용을 변경한다.
DELETE	테이블에서 조건에 맞는 투플을 삭제한다.

〈DCL〉

명령어	기능
GRANT	사용권한 부여
REVOKE	사용권한 취소
COMMIT	정상적인 완료
ROLLBACK	비정상적인 종료

21 다음 중 문법적으로 옳은 SQL 문장은?

① SELECT 학번, 성명 FROM 학생 WHERE 학년(1, 2)

② SELECT 성명 FROM 학생 WHERE 연락처 = '%2535';

③ SELECT 학번 FROM 학생 WHERE 연락처 = NULL;

④ SELECT 주문제품, SUM(수량) AS 총주문수량 FROM 주문 GROUP 주문제품;

⑤ SELECT 주문고객, 주문제품, 수량, 주문일자 FROM 주문 WHERE 수량 >= 10 ORDER BY 주문제품 ASC, 수량 DESC;

22 다음 중 뷰(VIEW)에 대한 설명으로 바르지 않은 것은?

① 뷰는 하나 이상의 기본 테이블로부터 유도되어 만들어지는 가상 테이블이다.

② 뷰는 INSERT, DELETE, UPDATE 등을 이용한 삽입, 삭제, 갱신 연산이 항상 허용된다.

③ 뷰의 정의는 ALTER 문을 이용하여 변경할 수 없다.

④ 뷰는 SQL에서 CREATE VIEW 명령어로 작성한다.

⑤ 뷰는 DROP문을 사용하여 제거한다.

ⓒ ANSWER | 21.⑤ 22.②

21 ① SELECT 학번, 성명 FROM 학생 WHERE 학년 IN(3, 4)
② SELECT 성명 FROM 학생 WHERE 연락처 LIKE '%2535';
③ SELECT 학번 FROM 학생 WHERE 연락처 IS NULL;
④ SELECT 주문제품, SUM(수량) AS 총주문수량 FROM 주문 GROUP BY 주문제품;

22 뷰는 삽입, 삭제, 변경에 대한 연산에는 많은 제약 사항이 따른다.

23 뷰(VIEW)에 대한 설명으로 옳은 것은?

① 뷰는 논리적으로는 존재하지 않고 물리적으로 존재하는 테이블이다.

② 뷰에 대한 삽입, 수정, 삭제 연산은 제한없이 사용할 수 있다.

③ 뷰에 대한 정의는 변경 가능하다.

④ 뷰에 대한 삽입, 수정, 삭제 연산은 기본 테이블을 변경시키지는 않는다.

⑤ 뷰가 정의된 기본 테이블이나 뷰를 삭제하면 그 테이블이나 뷰를 기초로 정의된 다른 뷰도 자동으로 삭제된다.

24 관계형 데이터베이스에서 논리적 설계 단계에서 발생할 수 있는 종속으로 인한 이상(Anomaly) 현상의 문제점을 해결하기 위해, 속성들 간의 종속 관계를 분석하여 여러 개의 릴레이션으로 분해하는 과정을 의미하는 것은?

① 조인(join)   ② 스키마

③ 무손실 분해   ④ 질의어 최적화

⑤ 정규화

✅ **ANSWER | 23.⑤ 24.⑤**

---

23 ① 뷰는 물리적으로 저장하지 않고 논리적으로만 존재하는 테이블이다.
　　② 뷰에 대한 삽입, 수정, 삭제 연산은 제한적으로 수행된다.
　　③ 뷰의 정의를 변경할 수는 없다.
　　④ 뷰에 대한 삽입, 수정, 삭제 연산은 실제로 기본 테이블에 수행되므로 결과적으로 기본 테이블이 변경된다.

24 ① 조인(join) : 공통 속성을 중심으로 관련된 투플들을 하나의 투플로 결합하여 2개의 릴레이션을 하나의 릴레이션으로 구성하는 것을 의미한다.
　　② 스키마 : 스키마는 데이터베이스에 저장되는 데이터 구조와 제약조건을 정의한 것이다.
　　③ **무손실 분해** : 무손실 분해는 릴레이션 R을 분해하여 두 개의 릴레이션 R1과 R2를 만들었을 때, 다시 조인을 하면 원래의 릴레이션 R이 만들어진다는 의미이다.
　　④ **질의어 최적화** : 질의어 최적화는 질의문을 어떤 형식의 내부 표현으로 변환시키는데 이 내부 표현을 논리적 변환 규칙을 이용해 의미적으로 동등한, 그러나 처리하기에는 보다 효율적인 내부 표현으로 변환시킨다.

25 데이터베이스의 정규화에 대한 설명으로 옳지 않는 것은?

① 논리적 설계 단계에서 수행한다.
② 일반적으로 검색시간이 짧아질 수 있다.
③ 물리적인 구조나 처리에 영향을 주지는 않는다.
④ 정규화를 수행하면 종속으로 인한 이상(anomaly) 현상의 문제점을 줄일 수 있다.
⑤ 이상(anomaly) 현상을 제거하면서 데이터베이스를 올바르게 설계해 나가는 과정이 정규화이다.

26 데이터베이스 시스템에서 트랜잭션의 특성이 아닌 것은?

① 원자성(Atomicity)
② 일관성(Consistency)
③ 격리성(Isolation)
④ 지속성(durability)
⑤ 무결성(integrity)

⊘ **ANSWER** | 25.② 26.⑤

25 일반적으로 검색시간이 증가한다.

26 트랜잭션의 특성
　㉠ **원자성(Atomicity)** : 원자성이란 트랜잭션의 처리가 완전히 끝나지 않았을 경우에는 전혀 이루어지지 않은 것과 같아야 한다는 것이다. 즉, "All or nothing"이어야 한다.
　㉡ **일관성(Consistency)** : 트랜잭션이 성공적으로 수행된 후에도 데이터베이스가 일관성 있는 상태를 유지해야 함을 의미한다.
　㉢ **고립성, 격리성(Isolation)** : 수행 중인 트랜잭션이 완료될 때까지 다른 트랜잭션들이 중간 연산 결과에 접근할 수 없음을 의미한다.
　㉣ **지속성(durability)** : 트랜잭션이 일단 그 실행을 성공적으로 완료하면 그 결과는 영속적이다. 따라서 시스템은 어떤 경우에도 완료된 결과의 영속성을 보장해야 한다.

27 다음은 관계형 데이터베이스의 정규화 과정을 서술한 것이다. 정규화 작업 순서를 바르게 나열한 것은?

> ⊙ 결정자이면서 후보키가 아닌 것을 제거한다.
> ⓛ 부분적 함수 종속성을 제거한다.
> ⓒ 릴레이션에 속한 모든 속성의 도메인이 원자값으로만 구성되도록 한다.
> ⓔ 다치 종속성을 제거한다.
> ⓜ 이행적 함수 종속성을 제거한다.

① ⊙ → ⓛ → ⓒ → ⓔ → ⓜ
② ⊙ → ⓒ → ⓔ → ⓛ → ⓜ
③ ⓛ → ⊙ → ⓒ → ⓜ → ⓔ
④ ⓒ → ⓛ → ⓜ → ⊙ → ⓔ
⑤ ⓒ → ⊙ → ⓛ → ⓜ → ⓔ

27 정규화 과정

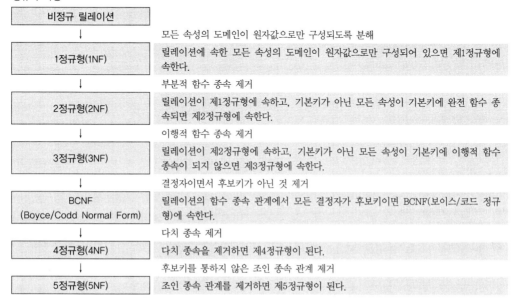

28 정규화의 과정 중 BCNF에 대한 설명이다. ㉠에 들어갈 말은?

> 정규화 과정에서 릴레이션의 함수 종속 관계에서 모든 결정자가 (㉠)이면 BCNF(보이스/코드 정규형)에 속한다.

① 기본키   ② 외래키

③ 후보키   ④ 복합키

⑤ 대체키

29 다음 중 데이터베이스에서 하나의 논리적 기능을 수행하기 위한 작업의 단위 또는 한꺼번에 모두 수행되어야 할 일련의 연산을 의미하는 것은?

① 트랜잭션   ② 블루투스

③ 버킷   ④ 커널

⑤ 질의어

ANSWER | 28.③   29.①

28 정규화 과정에서 릴레이션의 함수 종속 관계에서 모든 결정자가 후보키이면 BCNF(보이스/코드 정규형)에 속한다.

29 트랜잭션은 데이터베이스에서 하나의 논리적 기능을 수행하기 위한 작업의 단위 또는 한꺼번에 모두 수행되어야 할 일련의 연산이다.

30 데이터베이스에서 다음의 설명이 의미하는 트랜잭션의 특성은 무엇인가?

> 트랜잭션의 처리가 완전히 끝나지 않았을 경우에는 전혀 이루어지지 않은 것과 같아야 한다는 것이다.
> 즉, "All or nothing"이어야 한다.

① 원자성(Atomicity)
② 일관성(Consistency)
③ 격리성(Isolation)
④ 지속성(durability)
⑤ 무결성(integrity)

31 동시성 제어(Concurrency Control)의 문제점이 아닌 것은?

① 갱신 분실(lost update)
② 비완료 의존성(Uncommitted Dependency)
③ 모순성(inconsistency)
④ 연쇄 복귀(cascading rollback)
⑤ 로킹(Locking)

✅ **ANSWER** | 30.① 31.⑤

30 ② 일관성(Consistency) : 트랜잭션이 성공적으로 수행된 후에도 데이터베이스가 일관성 있는 상태를 유지해야 함을 의미한다.
③ 고립성, 격리성(Isolation) : 수행 중인 트랜잭션이 완료될 때까지 다른 트랜잭션들이 중간 연산 결과에 접근할 수 없음을 의미한다.
④ 지속성(durability) : 트랜잭션이 일단 그 실행을 성공적으로 완료하면 그 결과는 영속적이다. 따라서 시스템은 어떤 경우에도 완료된 결과의 영속성을 보장해야 한다.
⑤ 무결성은 트랜잭션의 특성이 아니다.

31 동시성 제어(Concurrency Control)의 문제점
㉠ 갱신 분실(lost update) : 두 개 이상의 트랜잭션이 같은 자료를 공유하여 갱신할 때 갱신 결과의 일부가 없어지는 현상
㉡ 비완료 의존성(Uncommitted Dependency) : 하나의 트랜잭션 수행이 실패한 후 회복되기 전에 다른 트랜잭션이 실패한 갱신 결과를 참조하는 현상
㉢ 모순성(inconsistency) : 하나의 트랜잭션이 여러 개 데이터 변경 연산을 실행할 때 일관성 없는 상태의 데이터 베이스에서 데이터를 가져와 연산함으로써 모순된 결과가 발생하는 것
㉣ 연쇄 복귀(cascading rollback) : 병행 수행되던 트랜잭션들 중 어느 하나에 문제가 생겨 Rollback하는 경우 다른 트랜잭션도 함께 Rollback되는 현상

02 컴퓨터구조

❶ 컴퓨터의 발전 과정

(1) 에니악(ENIAC)

① 미국 펜실베니아 대학의 모클리와 에커트 교수가 만든 진공관을 이용한 최초의 전자식 컴퓨터

② 외부 프로그램 방식

③ 10진법 체계 사용

④ 이 컴퓨터의 가장 큰 단점은 프로그램을 저장하고 변경하는 것이 불가능하다는 것이다.

(2) 에드삭(EDSAC)

① 영국 캠브리지 대학 출신인 윌크스는 동료들과 함께 최초의 프로그램 내장 방식인 에드삭을 개발(폰노이만이 참여함)

② 프로그램 내장 방식은 프로그램을 컴퓨터에 미리 저장시켜 놓았다가 순서대로 실행하게 하는 방식

③ 2진법 체계 사용

(3) 에드박(EDVAC)

① 미국 에커트와 모클리, 폰 노이만의 참여로 애니악을 개량해 프로그램 내장 방식 완성

② 2진법 체계 사용

(4) 유니박(UNIVAC I)

① 최초의 상업용 전자식 컴퓨터

② 미국 통계국에서 구입

> **cf** 폰 노이만 구조란? 폰 노이만 구조란 기존 대부분의 컴퓨터가 채택하고 있는 제어장치, 연산장치, 기억장치로 이루어진 프로그램 내장방식의 설계구조이다. 프로그램 내장방식은 '전자계산기에 기억장치를 갖추고 연산의 순서를 부호화해 기억시킨 후 기억된 내용을 순차적으로 꺼내 명령을 해독하고 연산을 실행한다.'는 현대적인 컴퓨터의 개념을 갖고 있다.

② 컴퓨터의 세대별 발전

	1세대 (1946~1956)	2세대 (1957~1964)	3세대 (1965~1979)	4세대 (1980~현재)	5세대 (미래)
회로	진공관	트랜지스터	집적회로 (IC : Integrated Circuit)	• 고밀도 집적회로 (LSI : Large Scale Integrated circuit) • 초고밀도 집적회로 (VLSI : Very LargeScale Integrated Circuit)	• 초고밀도 집적회로 • 극대규모 집적회로 (ULSI : Ultra Large Scale IC)
대표 시스템	에니악(ENIAC) 유니박(UNIVAC) 에드삭(EDSAC) 에드박(EDVAC)	IBM 7094 CDC 1604	IBM 360 시리즈 UNIAC9000 시리즈 PDP-11	system/370 계열(IBM) PDP-8(DEC) 매킨토시(애플) PC/XT PC/AT(IBM)	
주기억장치	자기 드럼, 수은 지연 회로	자기 코어	IC(RAM, ROM)	LSI, VLSI	VLSI
보조기억장치	천공 카드, 종이 테이프	자기 드럼, 자기 디스크	자기 디스크, 자기 테이프	자기 디스크, 자기 테이프	자기 디스크, 광 디스크
처리 속도	ms($10-3$)	μs($10-6$)	ns($10-9$)	ps($10-12$)	fs($10-15$)
사용 언어	기계어, 어셈블리어	고급언어 (COBOL, FORTRAN, ALGOL)	고급 언어(LISP, PASCAL, BASIC, PL/I)	고급 언어(ADA 등), 문제 지향적 언어	객체 지향 언어 (C++, 자바)
특징	• 진공관을 사용함에 따라 컴퓨터 크기가 매우 크며, 열 발생량이 많고 전력 소모가 큰 단점이 있다. • 폰 노이만이 제안한 프로그램 내장의 개념을 도입했다. • 수치 계산, 통계 등에 사용되었다.	• 자기 드럼이나 자기 디스크 같은 대용량의 보조 기억 장치가 사용되었다. • 운영체제의 개념을 도입했다. • 다중 프로그래밍 기법을 사용했다. • 온라인 실시간 처리 방식을 도입했다. • 과학 계산, 일반 사무용으로 사용되었다.	• 캐시 기억 장치가 등장했다. • OMR, OCR, MICR이 도입되었다. • 패밀리 개념의 출현에 따라 프로그램의 호환성이 이루어졌다. • 시분할 처리를 통해 멀티프로그래밍을 지원했다. • 경영 정보 시스템이 확립되었다.	• 마이크로프로세서가 개발되었다. • 가상 기억 장치의 개념이 도입되었다. • 컴퓨터 네트워크가 발전되었다.	• 기존 시스템의 수준을 벗어나 경영 정보, 지식 정보, 인공지능, 신경망, 퍼지, 멀티미디어, 가상 현실을 목표로 하고 있다. • 컴퓨터의 성능을 향상시키기 위해 다중 프로세서를 사용한 병렬 처리 컴퓨터 시스템, 광 컴퓨터, 신경망 컴퓨터 등의 개발과 인공지능의 연구가 활발히 진행되고 있다.

③ 데이터 표현 단위

(1) 비트(BIT)
① 2진법 한자리를 기억하는 자료(정보) 표현의 최소 단위.
② 0과 1을 기억하는 단위

(2) 니블(Nibble)
① 4개의 비트들이 기억공간에 연속적으로 모여서 이루어진 단위를 의미.
② 1Nibble = 4비트

(3) 바이트(BYTE)
① 하나의 문자 또는 숫자를 표현하는 최소 단위
② 8개의 비트(Bit)가 모여 1Byte를 구성한다.
③ 1Byte는 256($=2^8$)가지의 정보를 표현할 수 있다.

(4) 워드(Word)
컴퓨터가 한 번에 처리할 수 있는 명령 단위이다.

(5) 필드(Field)
필드란 특정한 의미를 나타내기 위해서 하나 이상의 바이트로 구성된 것을 말하는데, 이는 프로그램의 처리 단위가 된다.

(6) 레코드(Record)
하나 이상의 관련된 필드가 모여서 구성된다.

(7) 파일(File)
프로그램 구성의 기본 단위로, 같은 종류의 여러 레코드가 모여서 구성된다.

(8) 데이터베이스(Database)
여러 개의 관련된 파일(file)의 집합이다.

❹ 진법 변환

① 2진수, 8진수, 16진수 ⇒ 10진수

각 자리의 숫자에 자릿값을 곱한 후 모두 더한다.

예 $1011_{(2)} = 1 \times 2^3 + 0 \times 2^2 + 1 \times 2^1 + 1 \times 2^0 = 11_{(10)}$

$0.1_{(2)} = 1 \times 2{-1} = 1 \times \dfrac{1}{2^1} = 1 \times \dfrac{1}{2} = 0.5_{(10)}$

$135_{(8)} = 1 \times 8^2 + 3 \times 8^1 + 5 \times 8^0 = 64 + 24 + 5 = 93_{(10)}$

$57.5_{(8)} = 5 \times 8^1 + 7 \times 8^0 . 5 \times 8^{-1} = 40 + 7 . 0.625 = 47.625_{(10)}$

$20C_{(16)} = 2 \times 16^2 + 0 \times 16^1 + 12(C) \times 16^0 = 512 + 0 + 12 = 524_{(10)}$

$4F.2_{(16)} = 4 \times 16^1 + 15(F) \times 16^0 + 2 \times 16^{-1} = 64 + 15 + 0.125 = 79.125_{(10)}$

② 10진수 ⇒ 2진수, 8진수, 16진수

10진수를 다른 진수로 바꿀 때 유의할 점은 정수와 소수의 변환 과정이 다르다는 점이다. 따라서 소수점이 있으면 정수와 소수를 구분하여 바꾼 다음 결과를 조합해야 한다. 10진수를 다른 진수로 변환하는 방법은 모두 같다.

㉠ 10진수가 정수인 경우

예 1) 10진수 19를 2진수로 변환해보기

```
 2) 19
 2)  9  …  1
 2)  4  …  1
 2)  2  …  0
      1  …  0      19(10)=10011(2)
```

예 2) 10진수 75를 8진수로 변환해 보기

```
 8) 75
 8)  9  …  3
      1  …  1      75(10)=113(8)
```

예 3) 10진수 52를 16진수로 변환해 보기

```
 16) 52
      3  …  4      52(10)=34(16)
```

㉡ 10진수가 실수인 경우 : 소수점의 왼쪽 부분인 정수는 상기와 같이 밑수 2로 나누어주고, 소수점의 오른쪽 부분인 소수점 이하의 부분은 밑수 2를 곱하여 0이 나올 때까지 혹은 표현하고자 하는 자릿수가 모자랄 때까지 계속 2를 곱한다.

예 1) 10진수 41.6875를 2진수로 변환해 보자. ($41.6875_{(10)} \rightarrow 101001.1011_{(2)}$)

㉠ 41에 해당하는 정수 부분은 101001_2로 구한다.

㉡ 소수점 이하 수인 0.6875는 아래와 같이 2로 계속 곱하여 소수 부분이 0이 될 때까지 계산한다.

ⓒ 위의 결과를 조합하여 101001.1011(2)라는 결과값을 구한다.

```
0.    6875
X       2
1.    3750
X       2
0.    7500
X       2
1.    5000
X       2
1.      0
```

예 2) 10진수 43.25를 8진수로 변환해보자. (43.25(10) → 53.2(8))

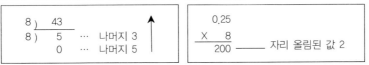

예 3) 10진수 43.25를 16진수로 변환해 보자. (43.25(10) → 2B.4(16))

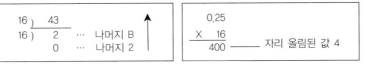

ⓒ 정해진 가중치를 결정하고, 그 합이 10진수의 값과 같게 하는 방법

☞ 10진수 12를 2진수로 변환하여 보자

10진수 12를 4비트 크기로 변환해 보면,

$12 = 8 + 4 + 0 + 0$

$2^3 + 2^2 + 2^1 + 2^0$

가중치를 가지는 위치인 23과 22에 1이 놓이고 다른 위치 즉 2^1과 2^0에는 0이 놓이게 된다. 그러므로 10진수 12에 대한 등가의 2진수는 아래와 같다.

$2^3 2^2 2^1 2^0$

1 1 0 0

③ **2진수 ⇒ 8진수, 16진수**

㉠ 2진수 → 8진수

☞ 110101111011(2) → 6573(8)

```
110  101  111  011
 ↓    ↓    ↓    ↓
 6    5    7    3
```

㉡ 2진수 → 16진수

☞ 101110100110(2) → BA6(16)

```
1011  1010  0110
 ↓     ↓     ↓
 B     A     6
```

④ 8진수, 16진수 → 2진수

　㉠ 8진수 → 2진수

　　☞ $6573_{(8)}$ → $110101111011_{(2)}$

$$\begin{array}{ccc} 6 & 5 & 3 \\ \downarrow & \downarrow & \downarrow \\ 110 & 101 & 011 \end{array}$$

　㉡ 16진수 → 2진수

　　☞ $BA6_{(16)}$ → $110101111011_{(2)}$

$$\begin{array}{ccc} B & A & 6 \\ \downarrow & \downarrow & \downarrow \\ 1011 & 1010 & 0110 \end{array}$$

⑤ **진법 변환의 관계** … 진법 변환은 2진수를 중심으로 실시하는 것이 가장 간편하다. 즉, 10진수를 8진수로 변환하는 문제라도 10진수를 2진수로 변환해서 8진수로 변환하는 것이 더 간편하다는 의미임

⑤ 2진수의 1의 보수와 2의 보수 쉽게 구하기

· 1의 보수는 0은 1로, 1은 0으로 바꿔준다.
· 2의 보수는 1의 보수에 1을 더한다.

　예 $101101_{(2)}$
　　1의 보수 : 010010 / 2의 보수 : 010011

⑥ 디지털 코드

(1) BCD 코드(binary coded decimal) = 8421 코드

① 대표적인 가중치 코드
② 10진수의 1자리의 수를 2진수 4bit로 표현
③ 코드가 0과 1로만 표시되어 디지털 시스템에 바로 적용할 수 있고, 2진수 4비트가 10진수의 한 자리에 1대 1로 대응되므로 상호 변환이 쉬운 장점이 있다.

(2) 3초과 코드

① 8421 코드를 3초과 시켜서 만든 코드(즉, 3초과 코드 = 8421 코드 + 0011)

② 비가중치 코드

③ 자기보수 코드

(3) 그레이(Gray) 코드

아날로그 신호를 디지털 신호로 변환하는데 사용할 수 있는 코드(A/D 변환기, D/A 변환기)

① 2진수를 Gray 코드로 변환하기

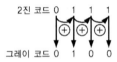

② Gray 코드를 2진수로 변환하기

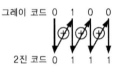

(4) 패리티 비트

① 오류 검출 코드

② 오류를 검사하기 위해 데이터 비트 외에 1비트의 패리티 비트를 추가하여 전송

③ 1bit의 오류만 검출할 수 있다.

(5) 해밍코드

① 에러검출 뿐 아니라 교정도 할 수 있는 코드

② 데이터 비트에 추가되는 패리티 비트가 복수개가 된다.

③ 해밍코드 중 2^n(1, 2, 4, 8, 16, …)번째는 오류 검출을 위한 패리티 비트이다.

(6) 2진 문자 코드

① 표준 BCD 코드 = 2진화 10진 코드(10진수가 2진코드 형태로 표현된 것)

　㉠ 초기의 컴퓨터에서 사용된 코드로 BCD 코드(8421 코드)를 확장한 코드 방식

　㉡ 1개의 문자를 2개의 Zone 비트의 4개의 Digit 비트로 표현한다.

　㉢ 6비트로 구성되어 2^6(=64) 가지의 문자 표현이 가능하다.

② 영문 대문자와 소문자를 구별하지 못한다.

Parity	Z	Z	D	D	D	D

Zone Bit / Digit Bit

② **ASCII 코드**

㉠ 미국 국립 표준 연구소(ANSI)가 제정한 정보 교환용 미국 표준 코드

㉡ 1개의 문자를 3개의 Zone 비트의 4개의 Digit 비트로 표현한다.

㉢ 7비트로 구성되어 $128(= 2^7)$가지의 문자를 표현할 수 있다.

㉣ 컴퓨터 상호 간의 데이터 전송과 컴퓨터 내부에서 문자 데이터 처리에 주로 사용되는 표준화된 코드이다.

㉤ 데이터 처리 장치 간의 통신을 표준화하기 위한 용도로 개발되었는데 현재는 개인용 컴퓨터에서 표준 문자 코드로 사용되고 있다.

Parity	Z	Z	Z	D	D	D	D

Zone Bit / Digit Bit

③ **EBCDIC = 확장 2진화 10진 코드**

㉠ 표준 BCD 코드를 확장한 코드

㉡ IBM의 대형 컴퓨터 등에서 많이 사용되는 8비트 코드

㉢ 1개의 문자를 4개의 Zone 비트의 4개의 Digit 비트로 표현한다.

㉣ 2^8 = 256가지의 문자를 표현할 수 있다.

Parity	Z	Z	Z	Z	D	D	D	D

Zone Bit / Digit Bit

④ **유니코드**

㉠ 세계 모든 나라의 언어를 통일된 방법으로 표현할 수 있는 국제 코드

㉡ 16비트를 이용하여 총 $65,536(2^{16})$ 개의 서로 다른 문자를 표현할 수 있다.

7 불대수(Boolean algebra)

(1) 개념

① 인간의 지식이나 사고과정의 논리를 수학적으로 해석하여 어떤 명제가 '참'인지, '거짓'인지를 논하는 논리대수

② 현재 불대수는 논리회로를 다룰 때 기본적으로 사용하고 있는데, 그 이유는 논리 변수가 가지는 0과 1의 값이 논리회로에서 전기신호 상태와 서로 대응되기 때문이다.

(2) 기본 논리 연산

① **논리부정**(NOT)

    ㉠ 기호는 – 또는 '를 사용.

        예 F=A, F=A'

    ㉡ 입력되는 정보의 반대값이 출력됨

② **논리곱**(AND)

    ㉠ 기호는 · 또는 생략함.

        예 F=A · B, F=AB

    ㉡ 입력 정보의 값이 모두 1일 때만 결과가 1이 됨

③ **논리합**(OR)

    ㉠ 기호는 + 를 사용

        예 F=A+B

    ㉡ 입력 정보의 값 중 한 개라도 1이면 결과가 1이 됨

(3) 진리표

입력에 나타날 수 있는 모든 경우를 표시해서 각각의 입력에 대한 출력을 표로 만든 것

입력의 수 : 출력의 수 = $N : 2^N$

NOT

A	F
0	1
1	0

AND

A	B	F
0	0	0
0	1	0
1	0	0
1	1	1

OR

A	B	F
0	0	0
0	1	1
1	0	1
1	1	1

⑷ 불대수의 기본 정리

① $A+0=A$

② $A+1=1$

③ $A \cdot 0=0$

④ $A \cdot 1=A$

⑤ **멱등 법칙** ⋯ $A+A=A$, $A \cdot A=A$

⑥ **교환법칙** ⋯ $A+B=B+A$, $A \cdot B=B \cdot A$

⑦ **결합 법칙** ⋯ $A+(B+C)=(A+B)+C$, $A \cdot (B \cdot C)=(A \cdot B) \cdot C$

⑧ **분배 법칙** ⋯ $A+(B \cdot C)=(A+B) \cdot (A+C)$, $A \cdot (B+C)=(A \cdot B)+(A \cdot C)$

⑨ **흡수 법칙** ⋯ $A+(A \cdot B)=A$, $A \cdot (A+B)=A$

⑩ **보수의 법칙** ⋯ $A+A'=1$, $A \cdot A'=0$

⑪ **드모르간의 법칙**

드모르간(De Morgan)의 정리는 논리 부정에 관한 정리이다.

논리식을 간소화시키는 데 널리 이용하는 것으로, 논리식에서 논리곱의 표현은 논리합으로, 논리합의 표현은 논리곱으로 상호 교환이 가능하도록 응용할 수 있는 정리이다.

[제1정리] 논리합의 전체 부정은 각각 변수의 부정을 논리곱한 것과 같다.

$$(A + B)' = A' \cdot B'$$

[제2정리] 논리곱의 전체 부정은 각각 변수의 부정을 논리합한 것과 같다.

$$(A \cdot B)' = A' + B'$$

8 논리 게이트

- **논리회로**(logic circuit) : 적절하게 입력된 신호를 가지고 논리적 연산을 수행하여 출력신호를 생성시키는 전자적 회로
- 디지털 컴퓨터에서 이진 정보는 0과 1로 표현된다.
- 게이트
- 이진 정보의 처리는 게이트(gate)라고 불리는 논리 회로에서 행해지는데, 이러한 게이트는 입력 논리의 필요조건을 만족할 때 1 또는 0의 신호를 만드는 하드웨어의 블록이다.
- 각 게이트는 기호가 다르고 그것의 동작은 대수 함수의 방법으로 표시된다.
- 입출력 관계는 진리표라는 표의 형식으로 표시된다.

(1) NOT연산[혹은 인버터(Inverter)]

① 하나의 논리 변수에 대하여 부정을 하는 연산

② 1의 보수연산과 같으며 1은 0으로 0은 1로 바꾼다.

게이트	진리표	논리식
$A \longrightarrow\!\!\triangleright\!\!\circ\longrightarrow F$	<table><tr><td>A</td><td>F</td></tr><tr><td>0</td><td>1</td></tr><tr><td>1</td><td>0</td></tr></table>	$F = \bar{A}$ $F = A'$

(2) AND(논리곱) 게이트

① 2개 이상의 논리 변수들을 논리적으로 곱하는 연산

② 두 입력이 모두 1의 값을 가져야만 출력이 1이 되며, 그 이외의 입력에 대해서는 출력이 0이 된다.

게이트	진리표	논리식	스위칭 회로
$\begin{matrix} A \\ B \end{matrix} \!\!\Big)\!\!\!- F$	<table><tr><td>A</td><td>B</td><td>F</td></tr><tr><td>0</td><td>0</td><td>0</td></tr><tr><td>0</td><td>1</td><td>0</td></tr><tr><td>1</td><td>0</td><td>0</td></tr><tr><td>1</td><td>1</td><td>1</td></tr></table>	$F = A \cdot B$ $F = AB$	$X \quad Y$ 회로 ⇒ 스위치 X, Y 둘 다 닫혔을 때만 전구에 불이 켜진다.

(3) OR(논리합) 게이트

① 2개 이상의 논리 변수들을 논리적으로 합하는 연산

② 입력단자 중 최소한 하나 이상의 입력이 1을 가지고 있으면 출력은 1이 된다.

게이트	진리표	논리식	스위칭 회로
A B ─▷─ F	A B F 0 0 0 0 1 1 1 0 1 1 1 1	$F = A + B$	

(4) NAND 게이트

① AND + NOT

② AND 게이트의 출력을 부정(NOT)하여 출력시키는 게이트이다.

게이트	진리표	논리식
A B ─▷o─ F	A B F 0 0 1 0 1 1 1 0 1 1 1 0	$F = \overline{A \cdot B}$

(5) NOR 게이트

① OR + NOT

② OR 게이트의 출력을 부정(NOT)하여 출력시키는 게이트이다.

③ 입력 중 입력이 하나라도 1인 경우 0이 출력된다.

게이트	진리표	논리식
A B ─▷o─ F	A B F 0 0 1 0 1 0 1 0 0 1 1 0	$F = \overline{A + B}$ $F = (A + B)'$

(6) XOR(배타적 논리합) 게이트

① 배타적 논리합, 배타적-OR, exclusive-OR

② 두 입력 변수의 값이 같을 때에는 출력이 0이 되고 서로 다른 입력일 때에는 출력이 1이 되는 연산이다. 이것은 반일치 회로라고도 하며, 보수 회로에 응용된다.

③ 여러 개의 입력 중 1의 개수가 홀수면 1을 출력한다.

게이트	진리표	논리식
A ─⫛─ F B	<table><tr><td>A</td><td>B</td><td>F</td></tr><tr><td>0</td><td>0</td><td>0</td></tr><tr><td>0</td><td>1</td><td>1</td></tr><tr><td>1</td><td>0</td><td>1</td></tr><tr><td>1</td><td>1</td><td>0</td></tr></table>	$F = \overline{A}B + A\overline{B} = A \oplus B$

(7) XNOR 게이트

① XOR + NOT, 배타적-NOR, exclusive-NOR

② 두 입력이 같을 때에는 출력이 1이 되고, 다르면 0이 된다. 이것은 일치 회로라고도 하며, 비교 회로에 응용된다.

③ 여러 개의 입력 중에서 1의 개수가 짝수면 1을 출력한다.

게이트	진리표	논리식
A ─⫛o─ F B	<table><tr><td>A</td><td>B</td><td>F</td></tr><tr><td>0</td><td>0</td><td>1</td></tr><tr><td>0</td><td>1</td><td>0</td></tr><tr><td>1</td><td>0</td><td>0</td></tr><tr><td>1</td><td>1</td><td>1</td></tr></table>	$F = AB + \overline{AB}$ $= \overline{A \oplus B}$ $= A \odot B$

9 조합논리회로와 순서논리회로

(1) 조합논리회로

① **조합논리회로의 개념** ⋯ 기억 능력 없이 현재의 출력은 오직 현재의 입력 값에 의해서 결정되는 회로이다.

② **조합논리회로의 종류** ⋯ 반가산기, 전가산기, 병렬가산기, 반감산기, 전감산기, 인코더, 디코더, 멀티플렉서, 디멀티플렉서, 비교기 등이 있다.

    ㉠ 가산기

        ⓐ 반가산기(HA : Half Adder)

          • 한 비트의 2진수에 다른 한 비트 2진수를 더하는 산술회로이다.

          • 두개의 입력과 두 개의 출력을 갖는다.

          • 입력 변수는 더해질 피가수와 가수이고 출력 변수는 합(sum)과 자리올림수(carry)를 만든다.

• 반가산기의 진리표와 논리회로

입력		출력	
A	B	S	C
0	0	0	0
0	1	1	0
1	0	1	0
1	1	0	1

- A, B : 두 개의 2진수
- S : 두 2진수의 합
- C : 자리올림수(Carry)

‣ S = A'B + AB'= A $\oplus$ B ‣ C = A · B

ⓑ 전가산기(Full Adder)

• 반가산기는 2진수 한자리 덧셈을 하므로 아랫자리에서 발생한 캐리를 고려하지 않기 때문에 2비트 이상인 2진수 덧셈은 할 수 없다. 이 캐리를 고려하여 만든 덧셈 회로가 전가산기이다.
• 바로 전에 생성된 자리올림 수와 현재의 2비트를 덧셈하는 가산기
• 세 입력비트의 합을 계산하는 조합논리회로로서 세 개의 입력과 두 개의 출력으로 구성된다.
• 전가산기의 진리표와 논리회로

입력			출력	
A	B	C0	S	C
0	0	0	0	0
0	0	1	1	0
0	1	0	1	0
0	1	1	0	1
1	0	0	1	0
1	0	1	0	1
1	1	0	0	1
1	1	1	1	1

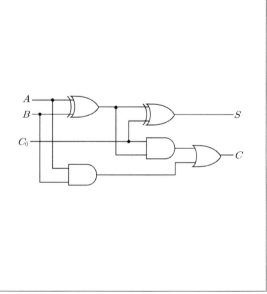

- A, B : 두 개의 2진수
- C0 : 뒤에서 자리 올림된 2진수
- S : 3개의 2진수를 합산한 결과
- C : 3개의 2진수를 합산했을 때 자리올림되는 수

‣ S = A'B'C + A'BC' +AB'C' + ABC = A $\oplus$ B $\oplus$ C
‣ C = A'BC + AB'C +ABC' + ABC = C · (A $\oplus$ B) + A · B

ⓒ 감산기 : 두 개 이상의 입력에서 하나 입력으로부터 나머지 입력들을 뺄셈해서 그 차를 출력하는 조합 논리회로다. 가산기를 응용한 것으로 가산기에서의 합(sum)은 감산기에서 차(difference)가 되며, 가산기에서는 올림수(carry)가 발생했지만 감산기에서는 빌림수(borrow)가 발생한다.

ⓐ 반감산기
- 1비트 길이를 갖는 두 개의 입력과 1비트 길이를 갖는 두 개의 출력으로 차(D)와 빌림수(Br)가 존재한다.
- 두 입력 간의 뺄셈으로 얻은 결과가 출력에서 차가 되고, 이 차가 음의 값을 갖는 경우 출력에서 빌림수가 활성화된다.
- 반감산기의 진리표와 논리회로

A	B	빌림수 (Br)	차(D)
0	0	0	0
0	1	1	1
1	0	0	1
1	1	0	0

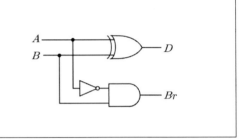

‣ $Br = A'B$

‣ $D = A'B + AB' = A \oplus B$

ⓑ 전감산기 : 반감산기가 단지 두 입력 간의 차이를 구하는 논리회로라면, 전감산기는 추가적으로 아랫자리(하위 비트)에서 요구하는 빌림수에 의한 뺄셈까지도 수행한다.

A	B	Br_0	Br	D
0	0	0	0	0
0	0	1	1	1
0	1	0	1	1
0	1	1	1	0
1	0	0	0	1
1	0	1	0	0
1	1	0	0	0
1	1	1	1	1

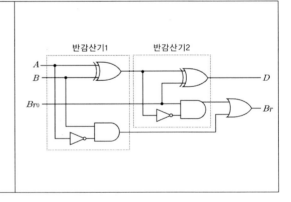

‣ $Br = A'B + (A \oplus B)'Br0$

‣ $D = A \oplus B \oplus Br0$

(2) 순서논리회로

① 출력이 현재의 입력과 과거의 입력들에 의해서 결정된다.

② 조합회로와 기억소자로 구성되어 있다.

③ 순서논리회로는 현재의 입력 신호뿐만 아니라 일정 시간이 지난 후에 출력 신호의 일부가 입력으로 피드백(feedback)되어 출력 신호에 영향을 주는 회로이다.

④ 순서논리회로의 종류에는 플립플롭, 카운터, 레지스터, RAM, CPU 등이 있다.

⑤ **플립플롭**

  ㉠ 가장 대표적인 기억소자는 플립플롭이라고 하며 입력신호에 의해서 상태를 바꾸도록 지시할 때까지는 현재의 2진 상태를 유지하는 논리소자이다.

  ㉡ 한 비트의 정보를 기억할 능력을 가지고 있다.

  ㉢ 컴퓨터의 주기억장치 RAM이나 캐시기억장치, 레지스터를 구성하는 기본 회로다.

  ㉣ 입력에 따른 출력 하나가 지연되면, 이를 다시 입력에 궤환(feedback)하는 것으로 정보를 기억한다.

  ㉤ 전원이 있을 때만 정보가 기억 유지되며 전원이 차단되면 정보가 사라지는 휘발성 기억소자다.

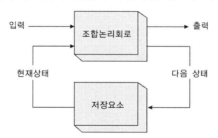

⑩ CPU(중앙처리장치)의 기본구조

CPU는 산술논리연산장치(ALU), 레지스터 집합, 제어장치 그리고 이들을 연결하는 버스로 구성된다.

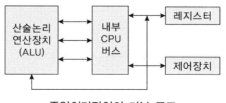

중앙처리장치의 기본 구조

(1) 제어장치(Control Unit)

① 주기억장치에 기억되어 있는 프로그램의 명령을 하나씩 꺼내어 해독하고, 그 의미에 따라 필요한 장치에 신호를 보내어 동작시킨 후, 그 결과를 검사, 제어하는 역할을 담당한다.

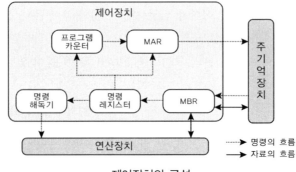

제어장치의 구성

② 제어장치의 구성 요소

    ㉠ **프로그램 카운터**(PC ; Program Counter)=프로그램 계수기=명령 계수기 : 다음번에 수행할 명령어의 주소가 저장된다. 각 명령어가 인출된 후에는 그 내용이 자동적으로 1(혹은 명령어 길이에 해당하는 주소 단위의 수만큼)이 증가되며, 분기 명령어가 실행되는 경우에는 그 목적지 주소로 갱신된다.

    ㉡ **메모리 주소 레지스터**(MAR ; Memory Address Register) : 메모리의 주소를 기억하기 위한 레지스터이다.

    ㉢ **메모리 버퍼 레지스터**(MBR ; Memory Buffer Register) : 주기억장치의 데이터를 임시로 저장한다.

    ㉣ **명령어 레지스터**(IR ; Instruction Register) : 실행할 명령어를 MBR로부터 받아 임시로 보관하는 레지스터이다.

    ㉤ **명령 해독기**(instruction decoder) : 명령어 레지스터로부터 연산 코드를 받아서 해석하고, 결과를 제어 신호 발생기로 보낸다.

    ㉥ **제어 신호 발생기**(Control Signal) : 명령 해독기로부터 보내 온 신호를 명령을 실행하는 데 필요한 신호로 바꾸어 각 장치에 제어신호를 보내는 장치이다.

(2) 산술논리연산장치(ALU : Arithmetic and Logic Unit)

① 주기억장치로부터 연산에 필요한 데이터를 제공받아 제어 장치가 지시하는 순서에 따라 연산을 실행하는 장치이다. 연산 장치는 사칙연산은 물론 비교, 논리 연산 등의 기능을 수행한다.

② **산술논리연산장치의 구성 요소**

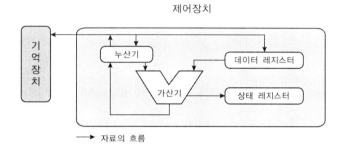

제어장치

기억장치

누산기

데이터 레지스터

가산기

상태 레지스터

→ 자료의 흐름

㉠ **누산기**(AC, Accumulator) : 연산 장치에서 중심이 되는 레지스터로서, 산술 연산 및 논리 연산의
실행 결과를 일시적으로 기억한다. 이 레지스터의 비트수는 CPU가 한 번에 처리할 수 있는 데이터
비트의 수, 즉 단어 길이와 같다.

㉡ **데이터 레지스터**(Data Register) : 연산에 필요한 데이터가 두 개인 경우, 주기억 장치에서 읽어 온
데이터를 일시적으로 보관하는 레지스터로, 모든 종류의 수, 논리 값, 문자들이 기억될 수 있다.
데이터 레지스터에는 AC, 범용 레지스터, 스택과 같은 것들이 있다.

㉢ **가산기** : 누산기와 데이터 레지스터에 보관된 데이터 값을 더하여 그 결과를 다시 누산기에 보낸다.

㉣ **상태 레지스터**(status register) : 연산 결과로 나타나는 부호, 자리올림의 발생 여부, 오버플로가 발
생했는지 등의 연산에 관계되는 상태와 인터럽트 신호를 기억한다.

(3) 레지스터 집합

주기억장치로부터 읽어온 명령어와 데이터 또는 연산의 중간 결과 등을 일시적으로 저장하는 임시 기억
장소이다.

(4) 버스

데이터 이동을 위한 통로

⑪ 주소지정방식

① **묵시적 주소 지정 방식**(implied addressing mode, 암시적 주소 지정 방식) … 명령어 실행에 필요한 데
이터의 위치를 지정하지 않아도 묵시적으로 정해져 있다.

② **즉시(즉치) 주소 지정 방식**(immediate addressing mode) … 명령어의 오퍼랜드 부분에 데이터의 값을
직접 넣어 주는 방식이다.

③ **직접 주소 지정 방식**(direct addressing mode) … 명령어의 오퍼랜드 부분에 직접 피연산자의 유효 주소(EA ; effective address, 기억장치의 실제주소)가 들어 있는 주소 지정 방식

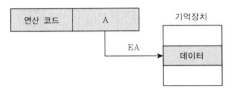

직접 주소 지정 방식

④ **간접 주소 지정 방식**(indirect addressing mode) … 명령어의 오퍼랜드에 필드에 실제 데이터의 주소가 아니라 실제 데이터의 주소가 저장된 곳의 주소가 표현되어 있으며, 두 번의 기억장치 액세스가 필요하다.

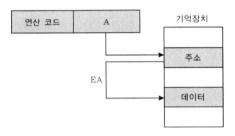

간접 주소 지정 방식의 예

⑤ **레지스터 주소 지정**(register addressing) **방식** … 중앙처리장치 내의 레지스터에 실제 데이터가 기억되어 있는 방식. 데이터 인출을 위해 주기억장치에 접근할 필요가 없기 때문에 명령어 실행 시간이 빨라지지만 내부 레지스터들로 제한되어 사용된다.

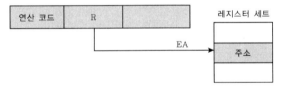

레지스터 주소 지정 방식

⑥ **레지스터 간접 주소 지정**(register indirect addressing) **방식** … 간접 주소 지정 방식과 레지스터 주소 지정 방식을 혼합하여 만든 방식. 명령어의 주소부가 레지스터를 지정하고, 그 레지스터의 값이 실제 데이터가 기억된 기억 장소의 주소를 지정한다.

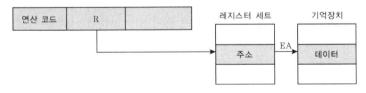

레지스터 간접 주소 지정 방식

⑦ **변위 주소 지정 방식**(displacement addressing) **= 직접 번지 지정 방식 + 레지스터 간접 주소 지정 방식** … 변위 주소 지정 방식은 두 개의 주소 필드를 가지며 하나는 기준이 되는 주소이고 다른 하나는 변위를 지정하는 방식으로 유효 주소는 이 두 개의 주소를 더해서 이루어진다.

　　㉠ **상대 주소 지정 방식**(relative addressing mode) : 상대 주소 지정 방식은 명령어 주소 필드에 프로그램 카운터의 값이 더해 져서 유효 주소가 결정되는 방식이다.

> 유효 주소 = 명령어의 주소 부분 + 프로그램 카운터의 내용

　　㉡ **베이스 레지스터 주소 지정 방식**(base register addressing mode) : 베이스 레지스터의 내용이 명령어의 주소 필드에 더해져서 유효 주소가 결정된다.

> 유효 주소 = 명령어의 주소 부분 + 베이스 레지스터의 내용

⑫ 인터럽트

(1) 인터럽트의 개념

① 프로그램을 실행하는 도중에 예기치 않은 상황이 발생했을 때, 현재 실행중인 작업을 즉시 중단하고 발생된 상황을 우선 처리한 후 실행 중이던 작업으로 복귀하여 계속 처리하는 것을 말한다.

② 인터럽트를 처리하기 위한 기본 요소

　　㉠ **인터럽트 요청 신호** : 인터럽트 요청 신호는 CPU에게 전달된다.

　　㉡ **인터럽트 처리 루틴** : 인터럽트를 요청한 장치를 판별하고, 인터럽트 서비스 루틴을 실행시킨다.

　　㉢ **인터럽트 서비스 루틴**(ISR ; Interrupt Service Routine) : 인터럽트를 처리하기 위해 실행되는 새로운 프로그램 루틴을 인터럽트 서비스 루틴이라고 한다.

(2) 인터럽트 동작 순서

인터럽트 발생 → 현재 명령어의 실행을 끝낸 후 프로그램의 실행을 중단한다. → 현재의 프로그램 상태를 보존한다. 프로그램의 상태는 다음에 실행할 명령의 번지를 말하는 것으로, PC에 저장되어 있는 다음 실행할 명령어의 주소를 0번지 또는 스택(stack)에 저장한다. 이때 사용되는 스택은 일반적으로 주기억장치의 특정 부분에 해당한다. → 인터럽트 처리 루틴을 실행하여 인터럽트를 요청한 장치를 식별한다. → 인터럽트 서비스(취급) 루틴을 실행하여 실질적인 인터럽트를 처리한다 → 메모리의 0번지 또는 스택에 저장되었던 PC의 값을 다시 PC에 저장한다. → 인터럽트 발생 이전에 수행 중이던 프로그램을 계속 실행한다.

(3) 인터럽트의 종류

① 하드웨어(hardware)적인 원인에 의한 인터럽트

    ㉠ 외부 인터럽트(external interrupt) : 외부 인터럽트는 운영자가 콘솔을 통해 강제로 인터럽트를 요청하는 경우, 타이머 등에 의해 정해진 시간이 경과되었을 경우, 정전에 의한 경우 등 외부적인 요인으로 인해 발생되는 인터럽트

    ㉡ 기계 착오 인터럽트(machine check interrupt) : CPU가 프로그램을 수행하는 중에 하드웨어적인 결함으로 인하여 발생되는 인터럽트

    ㉢ I/O 인터럽트(I/O interrupt) : 입출력의 종료나 입출력 오류에 의해 발생되는 인터럽트

② 소프트웨어(software)적인 원인에 의한 인터럽트

    ㉠ 프로그램 검사 인터럽트(program check interrupt) : 내부적인 인터럽트로 프로그램 실행 중에 잘못된 명령어를 사용하거나 프로그램 오류로 인해 발생되는 인터럽트이다. 예를 들어 0으로 나누는 경우, 메모리 보호 구역에 접근을 시도하는 경우, 범람이 발생하는 경우 등이다.

    ㉡ 슈퍼바이저 호출 인터럽트(SVC ; Supervisor Call Interrupt) : 소프트웨어 인터럽트로 수행중인 프로그램 내부에서 슈퍼바이저 기능을 요구한 경우 발생되는 인터럽트로 슈퍼바이저 호출(supervisor call)에 의해 발생된다.

(4) 인터럽트 우선순위

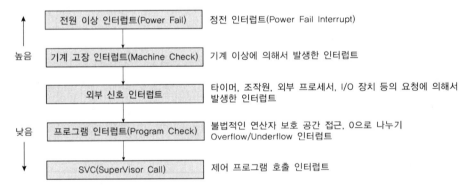

⑬ 기억장치

(1) 기억장치의 분류

① 사용 용도에 따른 분류

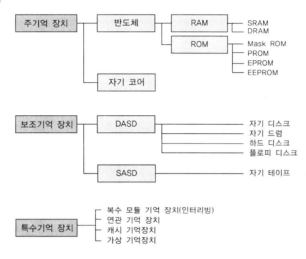

② 특성에 따른 분류

내용의 보존 여부	파괴성 메모리	판독 후 저장된 내용이 파괴되는 메모리로, 파괴된 내용을 재생시키기 위한 재저장 시간이 필요하다. 예 자기 코어
	비파괴성 메모리	판독 후에도 저장된 내용이 그대로 유지된다. 예 자기 코어를 제외한 모든 기억 장치
전원 단절 시 내용 소멸 여부	휘발성 메모리	전원이 단절되면 모든 정보가 지워지는 메모리 예 RAM
	비휘발성 메모리	전원이 단절되더라도 기억된 정보가 보존되는 메모리 예 ROM, 자기 코어, 보조기억장치
재충전(Refresh) 여부	정적 메모리 (SRAM)	전원이 공급되는 한 기억된 내용이 계속 유지되는 메모리
	동적 메모리 (DRAM)	전원이 공급되어도 일정 시간이 지나면 내용이 지워지므로 재충전해야 하는 메모리
접근 방식	순차접근저장 매체 (SASD)	자료가 저장된 위치에 접근할 때, 처음부터 순서대로 접근하여 원하는 위치를 검색하는 메모리 예 자기 테이프
	직접접근저장 매체 (DASD)	순서를 거치지 않고 자료가 저장된 위치를 직접 접근할 수 있는 메모리 예 자기 테이프를 제외한 모든 기억 장치

⑭ 입출력장치

(1) 입출력 데이터 전송 방식

① **스트로브 펄스**(strobe Pulse) **방식**

〈송신지 개시의 스트로브〉　　　〈수신지 개시의 스트로브〉

② **핸드셰이킹**(Handshaking) **방식**

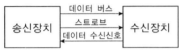
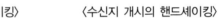

〈송신지 개시의 핸드셰이킹〉　　　〈수신지 개시의 핸드셰이킹〉

(2) 입출력 제어 기법

① **중앙처리장치에 의한 입출력** … 가장 간단한 입출력 방식으로 독자의 입출력 제어기는 없고, 중앙처리장치가 입출력 제어기의 역할을 하는 시스템이다.

　㉠ **프로그램에 의한 입출력**(programmed input output) : CPU와 입출력 장치 사이의 데이터 전달이 프로그램에 의해 제어되는 방법

　㉡ **인터럽트에 의한 입출력**(interrupted input output, 인터럽트-구동 입출력) : 중앙처리장치가 계속해서 플래그를 검사하고 있는 것이 아니라 전송할 데이터의 준비가 완료되면 인터럽트 기능을 이용하여 인터페이스가 중앙처리장치에게 입출력을 요청한다.

② **DMA**(Direct Memory Access, 직접 기억장치 액세스)**에 의한 입출력** … 기억장치와 입출력 모듈 간의 데이터 전송을 DMA 제어기가 처리하고 중앙처리장치는 개입하지 않도록 한다. 중앙처리장치는 전송의 시작과 마지막에만 입출력 동작에 관여한다.

③ **채널에 의한 입출력**

　㉠ **채널의 특징** : 중앙처리장치가 입출력 부담으로부터 자유롭도록 IOP를 별도로 두어 IOP가 입출력 장치와의 통신을 전담하게 된다. 여기서 입출력 장치와 직접 통신하는 전용 프로세서를 채널(channel)이라고 한다.

　㉡ **채널의 종류**

　　ⓐ **셀렉터 채널**(Selector Channel) : 채널 하나를 하나의 입출력 장치가 독점해서 사용하는 방식. 고속으로 전송

ⓑ 바이트 멀티플렉서 채널(Byte Multiplexor Channel) : 한 개의 채널에 여러 개의 입출력 장치를 연결하여 시분할 공유 방식으로 입출력하는 저속 입출력 방식
ⓒ 블록 멀티플렉서 채널(Block Multiplexor Channel) : 저속 입출력장치와 고속 입출력 장치를 공용시켜 동시에 동작(블록 단위로 자료 전송)

출제예상문제

1 다음 내용이 설명하는 것과 관련이 깊은 것을 고르면?

> • 이 시스템은 미 인구 통계국 및 19개 기업에 납품되었다.
> • 또한, 1952년 대통령 선거 시 CBS 방송 중 결과를 성공적으로 예측하면서 모든 주요 선거 방송에 채택되었다.

① EDVAC   ② UNIVAC – I

③ ENIAC   ④ EDSAC

⑤ IBM

2 1949년 존 폰 노이만의 제자인 영국 케임브리지 대학의 윌키스(M. Wilkes) 등이 개발한 최초의 프로그램 내장 방식의 컴퓨터는?

① ENIAC   ② EDVAC

③ EDSAC   ④ UNIVAC-I

⑤ Honeywell

✓ ANSWER | 1.② 2.③

1 UNIVAC – I은 1951년 자기테이프를 보조기억장치로 이용한 상업용 컴퓨터로 모클리와 에커트가 개발하였다.

2 EDSAC은 1949년, 영국 캠브리지 대학의 윌키스 교수에 의해 완성된 최초의 내부 명령 방식의 계산기로서, 2진 34비트의 512워드의 용량을 가지고 있다.

3 다음 중 1952년 폰노이만이 제작하여 프로그램 내장방식을 완성하고 이진법을 채택한 전자식 계산기로 옳은 것은?

① ENIAC
② EDSAC
③ EDVAC
④ UNIVAC−1
⑤ PDP−11

4 다음 중 진공관을 사용한 최초의 전자식 계산기로 옳은 것은?

① UNIVAC−1
② PC/XT
③ EDSAC
④ EDVAC
⑤ ENIAC

5 컴퓨터의 발전 과정 중 제1세대의 주요 소자로 옳은 것은?

① 진공관
② 트랜지스터
③ 집적회로
④ 고밀도 집적회로
⑤ 초고밀도 집적회로

6 컴퓨터의 발전 과정 중 제3세대의 특징으로 옳은 것은?

① OMR, OCR, MICR 도입
② 프로그램 내장의 개념 도입
③ 개인용 컴퓨터의 개발
④ 운영체제의 개념 도입
⑤ 가상 기억 장치의 개념 도입

 ANSWER | 3.③ 4.⑤ 5.① 6.①

3 EDVAC은 1952년 폰 노이만이 제작하여 프로그램 내장방식을 완성하고 이진법을 채택한 전자식 계산기이다.

4 ENIAC은 진공관을 사용한 최초의 전자식 계산기이다.

5 진공관은 제1세대 주요 소자이다.

6 제3세대 특징 … 주요 소자로 집적회로(IC)를 사용하였으며 OMR, OCR, MICR이 도입되었으며, 시분할 처리시스템을 통해 멀티프로그래밍을 지원하였고, 경영정보처리시스템이 확립되었다.

7 다음 중 제3세대의 주요 소자로 옳은 것은?

① 진공관   ② 트랜지스터(TR)

③ 집적회로(IC)   ④ 고밀도 집적회로

⑤ 초고밀도 집적회로

8 컴퓨터의 발전 과정 중 시분할 처리 시스템을 통해 멀티 프로그래밍을 지원했고, 경영정보시스템이 확립된 컴퓨터의 세대로 옳은 것은?

① 제1세대   ② 제2세대

③ 제3세대   ④ 제4세대

⑤ 제5세대

9 다음 중 롬-바이오스(ROM-BIOS)의 기능으로 옳지 않은 것은?

① POST

② 시스템 초기화

③ 디스크부트

④ 디스크공간 늘림

⑤ 컴퓨터 구동을 위한 기본 입출력 시스템 제어

⊘ ANSWER | 7.③ 8.③ 9.④

7 제3세대의 주요 소자는 집적회로(IC)이다.

8 제3세대는 집적회로를 주요 소자로 사용하며 OMR, OCR, MICR 및 시분할 처리방식과 경영정보시스템을 사용한 것이 특징이다.

9 롬-바이오스(ROM-BIOS)의 기능
㉠ 컴퓨터 구동을 위한 기본적인 기능을 제공하는 입출력 시스템
㉡ POST
㉢ 시스템 초기화
㉣ 디스크부트

10 다음 중 정보표현의 최소 단위로 옳은 것은?

① 비트 　　　　　　　　　　② 니블
③ 바이트 　　　　　　　　　④ 워드
⑤ 필드

11 다음 중 데이터 단위의 크기로 작은 것부터 큰 순으로 옳은 것은?

① 비트 – 바이트 – 워드 – 필드
② 바이트 – 비트 – 워드 – 필드
③ 비트 – 워드 – 필드 – 바이트
④ 비트 – 필드 – 바이트 – 워드
⑤ 바이트 – 비트 – 필드 – 워드

12 다음 중 11을 2진수로 변환한 것으로 옳은 것은?

① $1011_{(2)}$ 　　　　　　　② $1111_{(2)}$
③ $1110_{(2)}$ 　　　　　　　④ $0001_{(2)}$
⑤ $0100_{(2)}$

Ⓒ **ANSWER** | **10.**① **11.**① **12.**①

10 비트(Bit)는 정보표현의 최소 단위이다.

11 데이터 단위의 크기(작은 것→큰 것)는 비트 – 바이트 – 워드 – 필드 – 레코드 – 파일 – 데이터베이스 순이다.

12

$$2\,\underline{)\;11}$$
$$2\,\underline{)\;\;5}\;\cdots\;1$$
$$2\,\underline{)\;\;2}\;\cdots\;1$$
$$2\,\underline{)\;\;1}\;\cdots\;0$$
$$\qquad\;0\;\cdots\;1$$

$11 = 2 \times 5 + 1$
$5 = 2 \times 2 + 1$
$2 = 2 \times 1 + 0$
$1 = 2 \times 0 + 1$
$\therefore\; 11 = 1011_{(2)}$

13 다음 중 16진수 8B6을 2진수로 변환한 것으로 옳은 것은?

① 100010110110

② 100010110111

③ 100010110101

④ 100010110100

⑤ 100010110000

14 다음 중 8진수 456을 2진수로 변환한 것으로 옳은 것은?

① 100101110

② 100101111

③ 100101101

④ 100101100

⑤ 100101000

15 다음 중 10진수 23을 2진수로 변환하면?

① $(10111)_2$

② $(11011)_2$

③ $(10011)_2$

④ $(11101)_2$

⑤ $(11000)_2$

ANSWER | 13.① 14.① 15.①

13 16진수를 2진수로 변환할 때 각 자리를 2진수 4자리로 변환하면

8	B	6	16진수
1000	1011	0110	2진수

14 8진수를 2진수로 변환할 때 각 자리를 2진수 3자리로 변환하면

4	5	6	8진수
100	101	110	2진수

15 16 8 4 2 1식으로 자리값을 부여하면 1 0 1 1 1 이므로 1로 표기된 부분의 값을 다 더하면 23이 된다.

16 다음 중 $(1011)_2 - (1101)_2$의 값을 10진수로 나타낸 것으로 옳은 것은?

① -1
② -2
③ -3
④ -4
⑤ -5

17 다음 중 1의 보수로 옳은 것은?

0110110

① 1101101
② 1001001
③ 1111111
④ 1110000
⑤ 0110111

18 다음 중 2진수의 1011의 1의 보수는?

① 0100
② 1000
③ 0010
④ 1010
⑤ 1100

✓ ANSWER | 16.② 17.② 18.①

16 $(1011)_2 - (1101)_2 = 11-13 = -2$

17 0110110의 1의 보수는 1은 0으로 0은 1로 변환하여 주면 되므로 1001001이다.

18 1의 보수는 1은 0으로 0은 1로 바꾸어 준다.

19 다음 중 2의 보수로 옳은 것은?

0110111

① 1101100　　　　　　　　② 1001001

③ 1111111　　　　　　　　④ 1110000

⑤ 0111000

20 다음 중 오류를 검출하여 교정할 수 있는 에러검출코드로 옳은 것은?

① Bcd Code　　　　　　　② 패리티검사 코드

③ 해밍코드　　　　　　　④ Ascii Code

⑤ 그레이 코드

21 다음 중 AND 마이크로 동작과 유사한 것을 고르면?

① OR 동작　　　　　　　② mask 동작

③ insert 동작　　　　　　④ 패킹(packing) 동작

⑤ Selective-Set 동작

ⓒ ANSWER | 19.② 20.③ 21.②

19 1의 보수를 구한 다음 자릿수 맨 끝에다 1을 더해주면 1001001이 나온다.
0110111 → 1의 보수는 1001000이며 2의 보수는 1001001이다.

20 해밍코드는 오류를 검출하여 교정할 수 있는 에러검출코드이다.

21 AND 연산(Mask 동작)은 비수치 자료의 특정비트, 문자를 삭제하는 경우에 사용한다.

22 다음 중 불대수의 특징으로 옳지 않은 것은?

① 2진수의 값으로 논리적 동작을 취급하는 대수이다.

② 하나의 변수는 0또는 1의 값을 가진다.

③ 이미 분류된 2개 이상의 파일을 하나의 파일로 통합 처리하는 작업이다.

④ 불 대수의 연산자는 논리곱(AND), 논리합(OR), 논리부정(NOT)이 있다.

⑤ 인간의 지식이나 사고 과정의 논리를 수학적으로 해석하여 어떤 명제가 '참'인지 '거짓'인지를 논하는 논리대수이다.

23 다음 중 불(Boolean) 대수의 정리로 옳지 않은 것은?

① $1+A=A$

② $1 \cdot A=A$

③ $0+A=A$

④ $0 \cdot A=0$

⑤ $A+A=A$

24 다음 중 드 모르간의 법칙으로 옳지 않은 것은?

① 수리 논리학이나 집합론에서 논리곱, 논리합, 부정 연산 간의 관계를 기술하여 정리한 것이다.

② 수학자 오거스터스 드 모르간의 이름을 따서 지은 것이다.

③ 논리회로에서 응용하며 AND연산과 OR연산을 사용한다.

④ 논리식을 간소화시키는 데 널리 이용된다.

⑤ 일반적인 드 모르간의 법칙 공식에서는 +는 AND 연산자, *는 OR 연산자를 뜻한다.

✅ **ANSWER** | 22.③ 23.① 24.⑤

22 병합이란 이미 분류된 2개 이상의 파일을 하나의 파일로 통합 처리하는 작업이다.

23 $1+A=1$이다. 불 대수는 2진수로 표현하기 때문에 모든 것이 0과 1로 표현이 되며, 0은 신호 없음. 1은 신호 있음을 의미하여 1+1은 신호 있음+신호 있음으로 표현하여 결과는 신호 있음으로 1이 나온다.

24 드 모르간의 법칙
㉠ 수리 논리학이나 집합론에서 논리곱, 논리합, 부정 연산 간의 관계를 기술하여 정리한 것이다.
㉡ 수학자 오거스터스 드 모르간의 이름을 따서 지은 것이다.
㉢ 논리회로에서 응용하며 AND연산과 OR연산을 사용한다.
㉣ 일반적인 드 모르간의 법칙 공식에서는 +는 OR 연산자, *는 AND 연산자를 뜻한다.
㉤ 드모르간의 정리는 논리 부정에 관한 정리이다.
㉥ 논리식을 간소화시키는 데 널리 이용된다.

25 다음 중 $Y = A + \overline{A} \cdot B$를 간소화하면?

① A ② B

③ A+B ④ $A \cdot B$

⑤ 1

26 다음 중 두 개의 입력 값이 모두 1일 때만 출력 값이 1이 되는 기본논리회로로 옳은 것은?

① AND ② OR

③ NOT ④ NOR

⑤ NAND

25 $Y = A + (\overline{A} \cdot B)$

$Y = (A + \overline{A}) \cdot (A + B)$

$Y = A + B$

26 AND 회로는 두 개의 입력 값이 모두 1일 때만 출력 값이 1이 되는 기본 논리 회로이다.

논리함수	논리 게이트 기호	진리표				불 함수 표현	의미
버퍼 NOT (inverter)	A—▷—F 입력 출력 A—▷o—F	입력	출력			F=A F=$\overline{A}$	논리 부정
		A	F	F			
		0	0	1			
		1	1	0			
AND NAND	A—B—D—F 입력 출력 A—B—Do—F	입력		출력		F=A · B F=$\overline{A \cdot B}$	논리곱 부정논리곱
		A	B	F	F		
		0	0	0	1		
		0	1	0	1		
		1	0	0	1		
		1	1	1	0		
OR NOR	A—B—D—F 입력 출력 A—B—Do—F	입력		출력		F=A+B F=$\overline{A+B}$	논리합 부정논리합
		A	B	F	F		
		0	0	0	1		
		0	1	1	0		
		1	0	1	0		
		1	1	1	0		
Exclusive OR(XOR) Exclusive NOR(XNOR)	A—B—D—F 입력 출력 A—B—Do—F	입력		출력		F=A⊕B F=$\overline{A⊕B}$ =A⊙B	배타적 논리합 배타적 부정 논리합
		A	B	F	F		
		0	0	0	1		
		0	1	1	0		
		1	0	1	0		
		1	1	1	0		

27 다음 중 두 개의 입력 값 중 하나 이상이 1이면 출력값이 1이 되는 기본논리회로로 옳은 것은?

① AND ② NOT
③ OR ④ NAND
⑤ NOR

28 다음 진리표는 무슨 회로인가?

입력		출력
A	B	F
0	0	1
0	1	1
1	0	1
1	1	0

① AND ② NOT
③ OR ④ NAND
⑤ NOR

27 OR 회로는 두 개의 입력 값 중 하나 이상이 1이면 출력 값이 1이 되는 기본논리회로이다.

28 NAND 회로는 두 수 중 하나 이상 0이 입력 될 때 1이 출력된다.

29 다음 그림과 같은 논리게이트로 옳은 것은?

$$X = A \cdot B$$
$$X = A * B$$
$$X = AB$$

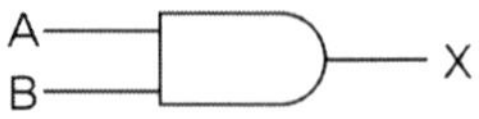

① AND

② OR

③ XOR

④ NOT

⑤ NOR

30 다음 그림과 같은 논리게이트로 옳은 것은?

$$X = A + B$$

① AND

② NAND

③ OR

④ XOR

⑤ NOT

29 AND게이트는 불대수의 AND 연산을 하는 게이트로, 두 개의 입력 A와 B를 받아 A와 B 둘 다 1이면 결과가 1이 되고, 나머지 경우에는 0이 된다.

30 OR 게이트는 불대수의 OR 연산을 하는 게이트로, 두 개의 입력(A와 B라 가정)을 받아 A와 B 둘 중 하나라도 1이면 결과가 1이 되고, 둘 다 0이면 0이 된다.

31 다음 그림과 같은 논리게이트로 옳은 것은?

$$X = A'$$

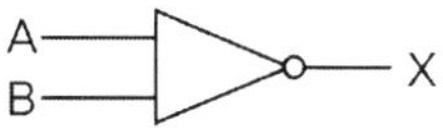

A ———▷○— X
B ———

① AND
② NOT
③ OR
④ XOR
⑤ NAND

32 다음 진리표에 해당하는 게이트로 옳은 것은?

입력		출력
A	B	C
0	0	0
0	1	1
1	0	1
1	1	0

① 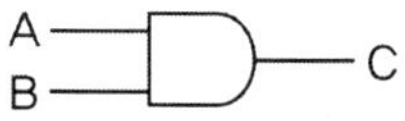 A B — C
② 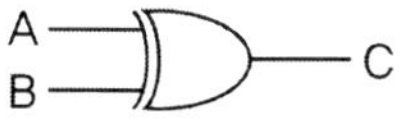 A B — C
③ 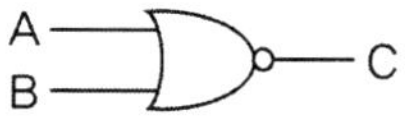 A B — C
④ 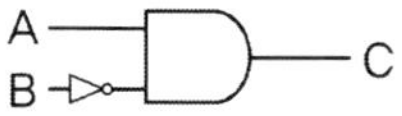 A B — C
⑤ 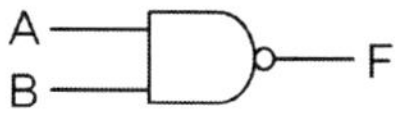 A B — F

31 NOT게이트는 불대수의 NOT 연산을 하는 게이트로, 한 개의 입력 A를 받는데 입력이 1이면 0을, 입력이 0이면 1을 출력한다.

32 같으면 0, 다르면 1인 XOR게이트이다.

33 다음 그림과 같이 두 개의 입력 A, B를 연산하여 합과 자리올림수를 얻는 회로로 옳은 것은?

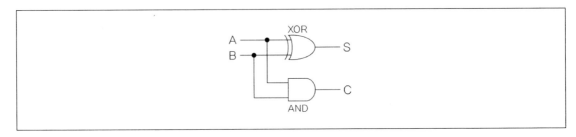

① 전가산기   ② 반가산기

③ 가산기   ④ 감산기

⑤ 플립플롭 회로

34 다음 그림에 해당하는 논리회로로 옳은 것은?

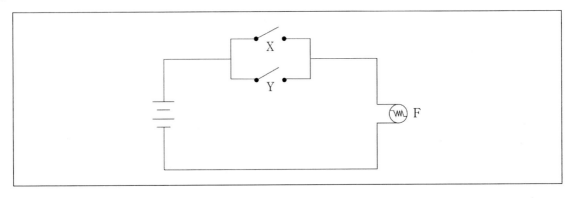

① OR   ② AND

③ NOT   ④ EX－OR

⑤ NOR

---

33 반가산기는 두 개의 입력 A, B를 연산하여 합과 자리올림수를 얻는 회로이다.

34 X 또는 Y 하나만 연결되어도 전구에 불이 들어오므로 OR 게이트이다.

35 다음 그림과 같은 논리회로에서 출력 X에 알맞은 것은?

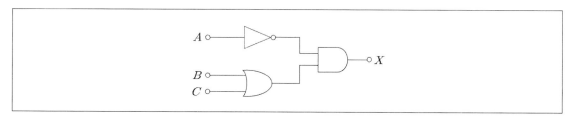

① $\overline{A} \cdot (B + C)$

② $\overline{A} \cdot \overline{(B + C)}$

③ $\overline{A} \cdot B \cdot C$

④ $\overline{A} \cdot \overline{B + C}$

⑤ $A \cdot (B \cdot C)$

36 다음 중 플립플롭이 가지고 있는 기능은 무엇인가?

① 증폭 기능

② 전원 기능

③ Gate 기능

④ 곱셈 기능

⑤ 기억 기능

37 다음 중 주기억장치에 기억된 프로그램의 명령과 데이터를 가져다가 해독하고 해독된 내용에 따라 필요한 장치에 신호를 보내 작동시키고 실행을 지시 통제하는 장치로 옳은 것은?

① 제어장치

② 연산장치

③ 논리장치

④ 저장장치

⑤ 기억장치

ANSWER | 35.① 36.⑤ 37.①

35 A는 NOT게이트, B와 C는 OR게이트이므로 (B+C), 마지막이 AND게이트이므로 $\overline{A} \cdot (B + C)$이다.

36 플립플롭은 순서논리회로를 구성하는 기본 기억소자로 1비트를 기억할 수 있는 2진 Cell을 의미한다.

37 제어장치는 주기억장치에 기억된 프로그램의 명령과 데이터를 가져다가 해독하고 해독된 내용에 따라 필요한 장치에 신호를 보내 작동시키고 실행을 지시 및 통제하는 장치이다.

38 다음 중 제어장치의 구성으로 옳은 것은?

> ㉠ 어드레스 레지스터　　　　　㉡ 기억 레지스터
> ㉢ 누산기　　　　　　　　　　㉣ 가산기
> ㉤ 프로그램 계수기　　　　　　㉥ 데이터 레지스터

① ㉠㉡㉢　　　　　　　　　　② ㉠㉡㉤
③ ㉡㉢㉣　　　　　　　　　　④ ㉡㉣㉥
⑤ ㉣㉤㉥

39 다음에 실행할 명령이 들어있는 주소를 알려주는 레지스터로 옳은 것은?

① 어드레스 레지스터　　　　　② 명령 레지스터
③ 프로그램 카운터　　　　　　④ 해독기
⑤ 누산기

40 자료의 비교, 판단, 이동, 산술, 관계, 논리연산 등을 수행하는 장치를 무엇이라고 하는가?

① Sequential Access Storage

② Arithmetic and Logic Unit

③ Magnetic Disk Memory

④ Control Unit

⑤ Program Counter

✓ **ANSWER** | 38.② 39.③ 40.②

38　제어장치의 구성은 어드레스 레지스터, 기억 레지스터, 명령 레지스터, 프로그램 계수기, 해독기, 부호기, 주소해독기로 구성되어 있다.

39　프로그램 계수기는 다음에 실행할 명령이 들어있는 주소를 알려주는 레지스터로서 프로그램 어드레스 레지스터라고도 한다.

40　연산장치는 컴퓨터의 처리가 이루어지는 곳으로서, 이는 연산에 필요한 데이터를 입력받아 제어장치가 지시하는 순서에 따라 연산을 수행하는 장치이다.

41 다음 중 연산장치의 구성으로 옳지 않은 것은?

① 가산기
② 누산기
③ 프로그램 계수기
④ 상태 레지스터
⑤ 데이터 레지스터

42 다음 중 주기억 장치로부터 데이터를 제공받아 가산기의 산술연산 및 논리연산의 결과를 일시적으로 기억하는 장치로 옳은 것은?

① 어드레스 레지스터
② 명령 레지스터
③ 누산기
④ 가산기
⑤ MAR

43 다음 중 산술논리 장치의 종류로 옳지 않은 것은?

① 누산기
② 가산기
③ 상태 레지스터
④ 명령 레지스터
⑤ 데이터 레지스터

⊘ **ANSWER** | 41.③ 42.③ 43.④

41 연산장치(ALU)의 구성은 누산기, 데이터 레지스터, 가산기, 상태 레지스터가 있다. 이러한 연산장치는 제어장치가 해독한 명령의 지시에 따라 데이터의 산술 및 논리연산을 수행하는 장치이다.

42 누산기(Accumulator)는 주기억장치로부터 데이터를 제공받아 가산기의 산술연산 및 논리연산의 결과를 일시적으로 기억하는 장치이다.

43 산술논리 장치의 종류 : 누산기, 가산기, 상태 레지스터, 데이터 레지스터가 있다.

44 다음 중 명령어 자신이 실제 데이터를 직접 포함하고 있는 경우로 명령이 인출됨과 동시에 Operand 메모리로부터 자동으로 인출되는 주소지정방식으로 옳은 것은?

① 즉시지정 주소방식
② 직접 주소지정방식
③ 간접 주소지정방식
④ 묵시적 주소지정방식
⑤ 레지스터 주소 지정 방식

45 다음 중 상대번지의 특징으로 옳은 것은?

① 번지표시를 위한 인스트럭션 비트 수를 줄일 수 있다.
② 자신의 번지를 가지고 직접 자료의 접근 방식에 따라 접근할 수 있는 번지를 말한다.
③ 속도가 빠른 장점이 있다.
④ 번지를 나타내기 위한 BIT 수가 같다는 단점이 있다.
⑤ 명령어 실행에 필요한 데이터의 위치를 지정하지 않아도 묵시적으로 정해져 있다.

46 다음 중 컴퓨터의 처리속도로 옳지 않은 것은?

① ms ② ns
③ ps ④ ts
⑤ as

ANSWER | 44.① 45.① 46.④

ⓥ ANSWER | 44.① 45.① 46.④

44 즉시지정 주소방식은 명령어 자신이 실제 데이터를 직접 포함하고 있는 경우로 명령이 인출됨과 동시에 Operand 메모리로부터 자동으로 인출되는 주소지정방식이다.

45 상대번지는 상대번지를 이용하면 기본번지와의 차이만 나타내면 되므로 번지표시를 위한 인스트럭션 비트 수를 줄일 수 있다.

46 컴퓨터의 처리속도
$ms - \mu s - ns - ps - fs - as(10^{-3} - 10^{-6} - 10^{-9} - 10^{-12} - 10^{-15} - 10^{-18})$

47 다음 중 컴퓨터의 기억용량단위로 옳지 않은 것은?

① KB

② MB

③ GB

④ SB

⑤ TB

48 다음 중 세대별 컴퓨터의 처리속도와 컴퓨터 기억용량 단위가 올바르게 연결된 것으로 옳지 않은 것은?

① KB−ms

② GB−ns

③ TB−ps

④ MB−as

⑤ PB−ms

49 다음 중 컴퓨터의 처리속도 단위의 순서를 바르게 나열한 것은?

① ms−us−ns−ps−fs−as

② ms−ns−ps−us−fs−as

③ us−ms−ns−ps−fs−as

④ us−ns−ps−ms−as−fs

⑤ us−ns−ms−as−fs−ps

50 다음 중 컴퓨터의 기억용량 단위를 작은 순서부터 바르게 나열한 것은?

① KB−GB−MB−TB−PB−EB

② KB−MB−GB−TB−PB−EB

③ MB−KB−GB−PB−TB−EB

④ MB−GB−KB−PB−TB−EB

⑤ MB−GB− KB−PB−EB−TB

ANSWER | 47.④ 48.④ 49.① 50.②

47 ㉠ 컴퓨터의 기억용량 단위 ⋯ KB−MB−GB−TB−PB−EB(2^{10}−2^{20}−2^{30}−2^{40}−2^{50}−2^{60})

ⓛ 컴퓨터의 처리속도 ⋯ ms−μs−ns−ps−fs−as(10^{-3}−10^{-6}−10^{-9}−10^{-12}−10^{-15}−10^{-18})

48 컴퓨터의 기억용량 단위 ⋯ KB−MB−GB−TB−PB−EB(2^{10}−2^{20}−2^{30}−2^{40}−2^{50}−2^{60})

49 컴퓨터의 처리속도(빠름→느림) ⋯ ms−μs−ns−ps−fs−as(10^{-3}−10^{-6}−10^{-9}−10^{-12}−10^{-15}−10^{-18})

50 KB(1,024(BYTE))−MB(1,024(KB))−GB(1,024(MB))−TB(1,024(GB))−PB(1,024(TB))−EB(1,024(PB))

51 다음 중 1초 간 백만 개의 명령어를 실행하는 기계어 명령의 수로 옳은 것은?

① BPS
② CPS
③ MIS
④ MIPS
⑤ TPS

52 다음 중 정상적인 프로그램 수행 도중 어떤 예기치 않은 일이 발생했을 때 이에 대응할 수 있도록 미리 정의된 기억장치의 주소로 프로그램이 자동적으로 분기된 후 슈퍼바이저 내의 처리루틴이 상황을 처리한 후 본래의 프로그램을 이어서 수행하는 것으로 옳은 것은?

① 인터럽트
② 명령레지스터
③ 부호기
④ 해독기
⑤ 명령어 파이프라이닝

53 다음 중 인터럽트의 우선순위 중 가장 높은 것으로 옳은 것은?

① 정전
② 기계착오
③ 외부신호
④ SVC
⑤ 프로그램 인터럽트

✅ **ANSWER** | 51.④ 52.① 53.①

51 MIPS는 1초 간 실행되는 기계어 명령의 수로서, 보통 기계어 명령의 수는 백만 단위이다.

52 인터럽트(Interrupt)란 정상적인 프로그램 수행 도중 어떤 예기치 않은 일이 발생했을 때 이에 대응할 수 있도록 미리 정의된 기억장치의 주소로 프로그램이 자동적으로 분기된 후 슈퍼바이저 내의 처리루틴이 상황을 처리한 후 본래의 프로그램을 이어서 수행하는 것이다. 인터럽트의 종류로는 외부 인터럽트, 내부 인터럽트, 소프트웨어 인터럽트가 있다.

53 인터럽트의 우선순위는 정전, 기계착오, 외부신호, 입출력, 명령어의 잘못 사용, 프로그램 인터럽트, SVC순이다.

54 다음 중 전원이 차단되어도 정보가 지워지지 않는 읽기만 가능한 비휘발성 메모리로 옳은 것은?

① RAM
② ROM
③ SRAM
④ DRAM
⑤ 캐시 메모리

55 다음 중 정적인 RAM이라고도 하며, 플립플롭으로 구성되어 전원공급이 계속되는 한 기억 내용을 지속하는 기억장치로 가격이 비싸고 용량이 적으며 속도가 빨라 캐시메모리 등에 사용되는 메모리로 옳은 것은?

① SRAM
② DRAM
③ ROM
④ EEPROM
⑤ Mask ROM

56 다음 중 아래의 설명으로 옳은 것은?

> CPU와 주기억장치 사이에 위치하며, CPU와 주기억장치의 처리속도 차이로 인한 조화를 위해서 만든 것으로 고속 버퍼 메모리라고도 한다.

① 채널
② 버퍼
③ 캐시메모리
④ 레지스터
⑤ RAID

ANSWER | 54.② 55.① 56.③

54 ROM(Read Only Memory)은 전원이 차단이 되어도 정보가 지워지지 않는 읽기만 가능한 비휘발성 메모리이다.

55 SRAM(Static RAM)은 정적인 RAM이라고도 하며 플립플롭으로 구성되어 전원공급이 계속되는 한 기억내용을 지속하는 기억장치이며, 가격이 비싸고 용량이 적으며 속도가 빨라 캐시메모리 등에 사용되는 장치이다.

56 캐시메모리는 CPU와 주기억장치 사이에 위치하며, CPU와 주기억장치의 처리속도 차이로 인한 조화를 위해서 만든 것으로 고속 버퍼 메모리라고도 한다.

57 다음 중 주기억 장치와 CPU의 속도 차이를 보완하며, 주기억장치의 정보를 일시적으로 저장하는 메모리로 옳은 것은?

① 캐시메모리　　　　　　　　　　② 주기억장치

③ 가상메모리　　　　　　　　　　④ 내장메모리

⑤ 연관기억장치

58 다음 중 주기억장치 용량의 한계를 극복하기 위하여 보조기억 장치의 일부분을 주기억 장치처럼 사용하는 기법으로 옳은 것은?

① 가상메모리　　　　　　　　　　② 연상메모리

③ 플래시메모리　　　　　　　　　④ 캐시메모리

⑤ 복수모듈메모리

59 다음 중 보조기억 장치의 특징으로 옳은 것은?

① 반영구적으로 데이터를 기록 보관할 수 있는 장치이다.

② 기억된 내용을 읽을 수만 있고 전원이 꺼져 있어도 내용이 지워지지 않는 비휘발성 메모리이다.

③ 원거리 통신에 사용되는 송수신이 가능한 장치이다.

④ 인쇄단계를 생략하고 결과를 비용이 적게 드는 마이크로 필름화하는 장치이다.

⑤ 수행 중인 프로그램이 사용할 임시 기억 장소이다.

Ⓥ **ANSWER** | 57.① 58.① 59.①

57 캐시메모리는 주기억 장치와 CPU의 속도 차이를 보완하며, 주기억장치의 정보를 일시적으로 저장하는 메모리이다.

58 가상메모리는 주기억장치 용량의 한계를 극복하기 위하여 보조기억장치의 일부분을 주기억장치처럼 사용하는 기법이다.

59 보조기억장치는 작업 중인 내용을 반영구적으로 기록 보관하는 장치이다.
　　※ 보조기억장치의 종류 … 하드디스크, CD-Rom, DVD, Zip디스크, 플로피디스크, 자기테이프

60 다음 중 주기억장치와 주변장치 사이에서 데이터를 주고 받을 때 존재하는 속도차 또는 시간차를 조화시켜 주는 임시기억 장치로 옳은 것은?

① 캐시메모리
② 버퍼
③ 클립보드
④ 가상기억장치
⑤ RAID

61 다음 중 하나의 채널에 하나의 주변장치를 연결하는 것으로 속도가 비교적 빠른 주변장치를 연결하는 것으로 옳은 것은?

① 채널
② 멀티플렉서 채널
③ 셀렉터 채널
④ 레지스터
⑤ 시스템 버스

62 다음 괄호 안에 들어갈 단어로 옳은 것은?

> 수행속도는 소프트웨어보다는 하드웨어가 (   ). 입출력은 채널을 이용한 방법이 가장 (   ) 인터페이스나 소프트웨어에 의한 방법이 가장 (   ).

① 빠르다, 빠르며, 늦다
② 늦다, 늦으며, 빠르다
③ 빠르다, 늦으며, 늦다
④ 늦다, 빠르며, 늦다
⑤ 늦다, 늦으며, 늦다

⊘ ANSWER | 60.② 61.③ 62.①

60 버퍼는 주기억장치와 주변장치 사이에서 데이터를 주고받을 때 존재하는 속도차 또는 시간 차를 조화시켜 주는 임시기억장치이다.

61 셀렉터 채널은 하나의 채널에 하나의 주변장치를 연결하는 것으로 속도가 비교적 빠른 주변장치를 연결하는 것이다.

62 수행속도는 소프트웨어보다는 하드웨어가 빠르다. 입출력은 채널을 이용한 방법이 가장 빠르며 인터페이스나 소프트웨어에 의한 방법이 가장 늦다.

63 다음 중 셀렉터 채널과 멀티플렉서 채널의 특징으로 옳은 것은?

① 셀렉터 채널은 하나의 채널에 하나의 주변장치를 연결하는 것이다.
② 셀렉터 채널은 속도가 비교적 느리고 빠른 주변장치를 연결한다.
③ 셀렉터 채널은 저속 입출력장치와 고속 입출력 장치를 공용시켜 동시에 동작한다.
④ 멀티플렉서 채널은 여러 개의 채널에 여러 개의 주변장치를 연결하는 것이다.
⑤ 멀티플렉서 채널은 속도가 빠른 주변장치를 연결한다.

64 다음 중 캐시메모리(Cache Memory)에 대한 설명으로 틀린 것은?

① CPU와 주기억장치 사이에 위치한다.
② CPU와 주기억장치의 처리속도 차이로 인한 조화를 위해 만들어졌다.
③ SRAM을 사용한다.
④ 내용에 의해 접근하는 기억장치로서 검색시간이 짧고 중요한 곳에 주로 이용한다.
⑤ 읽기와 쓰기 동작의 속도를 향상시켜서 전체적으로 CPU 속도에 영향을 준다.

65 다음 중 CPU와 외부 장치와의 데이터 전송의 방식으로 대량의 데이터를 메모리와 사이에서 직접 고속으로 전송하는 방식으로 옳은 것은?

① DMA   ② IRQ
③ 인터럽트   ④ 해독기
⑤ 채널

---

63 ㉠ 셀렉터 채널은 하나의 채널에 하나의 주변장치를 연결하는 것으로 속도가 비교적 빠른 주변장치를 연결한다.
　　㉡ 멀티플렉서 채널은 하나의 채널에 여러 개의 주변장치를 연결하는 것으로 비교적 속도가 느린 주변장치를 연결한다.

64 연관기억장치(Associative Memory)는 내용에 의해 접근하는 기억장치로서 검색시간이 짧고 중요한 곳에 주로 이용한다.

65 DMA는 CPU와 외부장치와의 데이터전송의 방식으로 대량의 데이터를 메모리와 사이에서 직접 고속으로 전송하는 방식이다.

66 다음 중 캐시메모리의 특징으로 옳은 것은?

① 주기억장치와 중앙처리장치 사이에서 데이터와 명령어를 일시적으로 저장하는 소형의 고속기억장치이다.

② 주기억장치와 입출력장치의 중간에 위치하는 임시기억장치이다.

③ 컴퓨터의 주기억장치와 주변장치 사이에서 데이터를 주고받을 때, 둘 사이의 전송속도 차이를 해결하기 위해 전송할 정보를 임시로 저장하는 고속기억장치이다.

④ 컴퓨터에서 임시 저장 공간으로 사용하기 위해 확보된 메모리 영역이다.

⑤ 기억장치 접근 시 주소에 의해 해당 위치에 접근하는 것이 아니라 찾고자 하는 내용 일부를 가지고 원하는 내용을 찾아 그 위치의 내용 모두를 제공하는 원리의 기억장치이다.

67 다음 중 설명으로 옳은 것은?

> 주기억장치를 접근하는 속도를 빠르게 하는데 사용되며 인접한 메모리 위치를 서로 다른 뱅크에 둠으로써 동시에 여러 곳을 접근할 수 있게 하는 것이다.

① 인터페이스 　　　　　　② 블록킹
③ 핸드셰이킹 　　　　　　④ 캐시메모리
⑤ 메모리인터리빙

✅ A N S W E R | 66.① 67.⑤

66 캐시메모리는 주기억장치와 중앙처리장치 사이에서 데이터와 명령어를 일시적으로 저장하는 소형의 고속기억장치이다.

67 메모리 인터리빙은 주기억장치를 접근하는 속도를 빠르게 하는데 사용되며 인접한 메모리 위치를 서로 다른 뱅크에 둠으로써 동시에 여러 곳을 접근할 수 있게 하는 것이다.

03 운영체계

❶ 운영체제의 목적

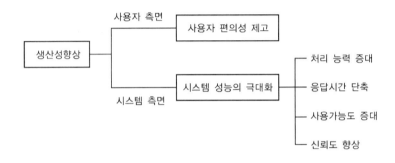

운영체제의 성능 평가 기준

성능요소	의미
처리량(Throughput)	일정 시간 내에 시스템이 처리하는 일의 양
반환시간(Turn-around Time)	요청한 작업에 대하여 그 결과를 사용자에게 되돌려 줄 때까지 소요되는 시간
사용가능도(Availability)	시스템을 사용할 필요가 있을 때 즉시 사용 가능한 정도
신뢰도(Reliability)	시스템이 주어진 문제를 정확하게 처리하는 정도

❷ 운영체제의 종류

(1) 일괄처리 시스템(Batch Processing System)

초기의 컴퓨터 시스템에서 사용된 형태. 일정량 또는 일정 기간 동안 데이터를 모아서 한꺼번에 처리하는 방식이다.

(2) 다중 프로그래밍 시스템(Multiprogramming System)

여러 사용자 프로그램들이 동시에 주기억 장치에 공존하여 프로세서를 번갈아 가면서 이용하는 기법

(3) 시분할 처리 시스템(Time-sharing Processing System)

다중 프로그래밍 + 대화형. 각 사용자들에게 CPU에 대한 일정시간(time slice)을 할당하여 다수의 사용자가 터미널을 이용하여 동시에 시스템에 접근할 수 있다.

(4) 다중 처리 시스템(Multiprocessing System)

CPU가 다수 존재하여 다중 작업을 구현함

(5) 실시간 처리 시스템(Real Time Processing System)

처리를 요구하는 자료가 발생할 때마다 즉시 처리하여 그 결과를 출력하거나 요구에 대하여 응답하는 방식이다.

(6) 다중 모드 시스템(Multi Mode System)

일괄처리 시스템, 시분할, 다중처리, 실시간 처리 시스템을 한 시스템에서 모두 제공

(7) 분산처리 시스템(Distributed Processing System)

하나의 대형 컴퓨터에서 수행하던 기능을 지역적으로 분산된 여러 개의 미니 컴퓨터에 분담시킨 후 통신망을 통하여 상호간에 교신·처리 하는 방식을 말한다.

3 프로세스의 개념

① CPU에 의해 현재 실행중인 프로그램
② PCB를 가진 프로그램
③ 프로세서가 할당되는 개체로서 디스패치(Dispatch)가 가능한 단위
④ 비동기적 행위를 일으키는 주체

4 교착상태의 개념

① 프로세스들이 자원을 차지하기 위해 경쟁하거나 프로세스 간 통신 도중에 더 이상 진행을 못하고 영구적으로 블록(Block)되어 있는 상태를 말한다.

② 두 개 이상의 프로세스들이 자원을 점유한 상태에서 서로 다른 프로세스가 점유하고 있는 자원을 요구하며 무한정 기다리는 현상이다.

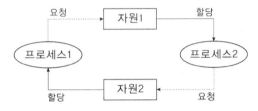

❺ CPU 스케줄링(scheduling)

(1) 스케줄링의 개념

프로세스들이 작업을 수행하기 위해서는 CPU 스케줄러(scheduler)에 의해 CPU를 할당받아야 한다. 이러한 할당 작업은 운영체제에 의해서 취급되며 CPU들이 언제, 어느 프로세스에게 배당되는지를 결정하는 작업을 CPU 스케줄링(프로세서 스케줄링)이라고 한다.

(2) 스케줄링의 분류

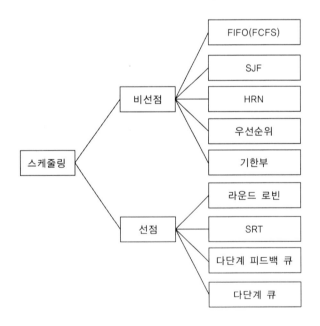

① **비선점형 방식**
  ㉠ FIFO(First Input Fist Out put) = FCFS(First Come First Served) 스케줄링 : 준비 큐에 도착한 순서에 따라 CPU를 할당받는 기법이다.

ⓒ SJF(Shortest Job First) 스케줄링 : 짧은 작업 우선 알고리즘. 즉, 대기하고 있는 작업 중에서 수행 시간이 가장 짧은 프로세스가 가장 먼저 CPU를 할당받는 기법이다.

ⓒ HRN(Highest Response-ratio Next) 스케줄링 : 우선 순위를 계산하여 그 숫자가 가장 큰 것부터 작은 순으로 우선 순위가 부여되며, 우선 순위에 따라 CPU를 할당 받는다.

② **선점형 방식**

㉠ 라운드 로빈(RR ; Round-Robin) 스케줄링 : FCFS의 방식과 같이 준비 큐에 먼저 들어온 프로세스가 먼저 CPU를 할당받는다. 각 프로세스는 같은 크기의 시간 할당량(Time Slice)을 부여받지만 할당된 시간 동안 실행이 완료되지 않으면 다음 프로세스에게 CPU를 넘겨주고 준비 큐의 가장 뒤로 배치된다.

ⓒ SRT(Shortest Remaining Time) 스케줄링 : SJF 알고리즘을 선점 형태로 수정한 기법으로, 준비 큐에 있는 프로세스들 중에서 처리가 완료되기까지 가장 짧은 시간이 소요된다고 판단되는 프로세스를 먼저 수행하는 방법이다.

ⓒ 다단계 큐(MLQ ; Multi-level Queue) : 프로세스를 특정 그룹으로 분류할 수 있을 때 그룹에 따라 각기 다른 준비 큐를 사용하는 기법이다. 상위 단계의 큐는 자신보다 낮은 단계의 큐들에 대해서 우선순위를 갖는다. 예를 들어, 일괄 처리 큐에 있는 작업들은 상위 단계 큐인 시스템 작업, 대화형 작업, 대화형 편집 작업 큐가 비어 있지 않으면 실행될 수 없다. 일괄 처리 작업이 실행 중일지라도 상위 단계 큐에 작업이 들어오면 일괄 처리 작업은 CPU를 내주어야 하므로 선점 현상이 발생할 수 있다.

㉣ 다단계 피드백 큐(MFQ ; Multi level Feedback Queue) 스케줄링 : 다단계 피드백 큐 스케줄링(MFQ)은 MLQ의 단점을 보완한 형태의 스케줄링 기법이다 MLQ 알고리즘에서는 상위의 준비 큐가 완전히 비어야 하위의 준비 큐에 있는 작업이 시행될 수 있기 때문에 하위 큐에 입력된 작업이 무한정 기다리는 문제점을 갖고 있었다. 그러나 MFQ 알고리즘에서는 준비 큐 사이의 프로세스 이동이 가능하도록 설계하여 입출력 위주와 CPU 위주의 프로세스 특성에 따라서 서로 다른 CPU의 우선 순위를 부여하여 처리하는 방식이다.

❻ 가상 기억 장치 관리

(1) 가상 기억 장치의 개념

보조기억장치의 일부를 주기억장치의 일부처럼 활용하는 것으로 주기억장치에서 사용가능한 공간보다 크기가 큰 프로그램을 실행하기 위한 방법이다. 따라서 가상기억장치 기법은 주기억장치의 가용 공간 부족 문제를 해결할 수 있으며, 주기억장치보다 큰 프로그램도 실행시킬 수 있다.

(2) 가상 기억 장치의 구현 방법

① **페이징 기법**(고정 블록) – 물리적인 단위로 나눔 … 가상 기억 장치에 보관된 프로그램과 주기억 장치의 영역을 동일한 크기로 나눈 후, 나눠진 프로그램(Page)을 동일하게 나눠진 주기억 장치의 영역(Page Frame)에 적재시켜 실행하는 기법

② **세그먼테이션 기법**(가변 블록) – 논리적인 단위로 나눔 … 가상 기억 장치에 보관된 프로그램을 다양한 크기의 논리적인 단위(Segment)로 나눈 후 주기억 장치에 적재시켜 실행시키는 기법

(3) 페이지 교체(Replacement, 재배치) 전략

① **OPT**(OPTimal Replacement, 최적) … 가장 오랫동안 사용되지 않을 페이지를 교체한다.

② **FIFO**(First Input First Output) … 가장 먼저 주기억 장치에 들어온 페이지와 교체하는 방법

③ **LRU**(Least Recently Used) … 최근에 가장 오랫동안 사용하지 않은(참조된 지 오래된) 페이지를 교체한다.

④ **LFU**(Least Frequently Used) … 사용 빈도(호출된 횟수)가 가장 적은 페이지를 교체한다.

⑤ **NUR**(Not Used Recently) … 최근에 사용하지 않은 페이지를 교체하는 기법. 최근의 사용 여부를 확인하기 위해서 각 페이지마다 두 개의 하드웨어 비트(참조 비트, 변형 비트)를 두고 페이지를 교체한다.

❼ 보조 기억 장치 관리

(1) 디스크의 구조

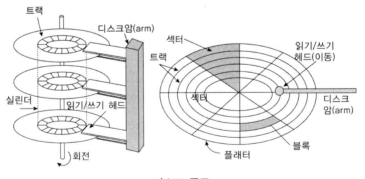

디스크 구조

① **트랙**(Track) … 디스크 각 표면의 동심원을 이루고 있는 원형의 기록 위치. 디스크의 종류마다 개수가 모두 다르다.

② **실린더**(cylinder) … 디스크의 중심축으로부터 동일한 거리에 위치하고 있는 트랙의 모임

③ **섹터**(Sector) ··· 부채꼴 모양으로 나누어지는 구역

④ **블록** ··· 보통 몇 개의 섹터를 모아 블록이라고 함. 디스크 저장과 입출력의 기본 단위로 사용됨

⑤ **읽기/쓰기 헤드** ··· 고정된 디스크 암(arm)을 좌우로 이동하게 되며, 디스크가 회전하여 디스크의 표면에 헤드가 위치하여 정보를 읽어냄

(2) 디스크 접근 시간

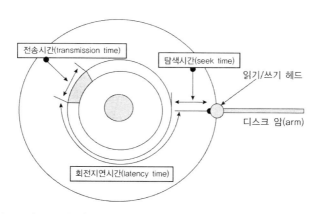

① **탐색 시간**(seek time) ··· 헤드를 움직여서 적절한 트랙 위에 갖다 놓는데 걸리는 시간

② **회전 지연 시간**(latency time 또는 rotational delay time) ··· 헤드를 움직여 적절한 섹터 위에 갖다 놓는데 걸리는 시간

③ **전송 시간**(transmission time) ··· 디스크와 주기억장치간의 실제 데이터를 주고받는데 걸리는 시간

(3) 디스크 스케줄링

① **FIFO**(FCFS) ··· 가장 먼저 들어온 요청을 가장 먼저 서비스하는 기법으로 모든 작업에 대한 공평성이 유지되고, 알고리즘이 단순하다.

② **SSTF**(Shortest Seek Time First) ··· 현재의 헤드 위치에서 가장 가까운 요청을 먼저 서비스한다. 제일 안쪽과 바깥쪽에서 서비스를 덜 받게 될 수 있어 기아 상태가 발생할 수 있다.(응답 시간의 편차 발생)

③ **SCAN**(엘리베이터 알고리즘) ··· SSTF가 갖는 응답시간의 편차를 줄이기 위해 개발되었다. SSTF와 같이 동작을 하지만 헤드 진행 방향상의 가장 짧은 거리에 있는 요청을 먼저 서비스하는 기법이다. 현재 헤드의 위치에서 진행 방향이 결정되면 탐색 거리가 짧은 순서에 따라 그 방향의 모든 요청을 서비스하고, 끝까지 이동한 후 역방향으로 이동하면서 요청한 트랙을 처리한다.

④ **C-SCAN**(Circular-Scan) ··· SCAN의 문제점인 안쪽과 바깥쪽의 차별을 없애기 위한 방법으로 항상 바깥쪽에서 안쪽으로 움직이면서 가장 짧은 탐색 시간을 갖는 요청을 서비스하는 기법(반대는 서비스하지 않음)이다. 헤드는 트랙의 바깥쪽에서 안쪽으로 한 방향으로만 움직이며 서비스하여 끝까지 이동한 후, 그 방향의 더 이상의 요청이 없으면 다시 같은 방향으로 처음부터 처리를 진행하는 방법이다.

⑤ **LOOK과 C-LOOK**
  ㉠ LOOK 스케줄링 : LOOK 스케줄링은 SCAN 스케줄링과 같지만, LOOK에서는 움직이고 있는 방향 쪽으로 더 이상의 트랙 요청이 있는가를 검사(디스크 대기 큐를 look)하여, 그 방향으로 더 이상의 트랙 요청이 없으면, 그 쪽 끝까지 가지 않고 그 자리에서 방향을 바꾸어 다른 한쪽으로 움직여 나가며 처리한다는 점에서 차이가 있다.
  ㉡ C-LOOK 스케줄링 : C-LOOK 스케줄링은 C-SCAN 스케줄링과 같지만, C-LOOK에서는 입출력 헤드가 이동하고 있는 방향으로 더 이상의 트랙 요청이 없을 때에는 그 쪽 끝까지 가지 않고 원래의 시작 방향으로 되돌아가서 그 때 처음으로 나타나는 트랙부터 서비스를 시작해 나간다는 점에서 차이가 있다.

⑥ **N-Step SCAN** ··· SCAN 기법의 무한 대기 발생 가능성을 제거한 것. 어떤 방향의 진행이 시작될 당시에 대기 중이던 요청들만 서비스하고, 진행 도중 도착한 요청들은 한데 모아서 다시 반대 방향으로 진행하면서 서비스하는 기법 ⇒ 방향은 SCAN처럼, 도중 요청 사항에 관한 것은 C-SCAN처럼

⑧ 분산 처리 시스템(Distributed Processing System)

(1) 분산 처리 시스템의 개념
분산 처리 시스템은 약결합 시스템으로, 독립적인 처리 능력을 가진 컴퓨터 시스템을 통신망으로 연결한 시스템이다.

(2) 분산 처리 시스템의 분류(위상에 따른 분류)
① **망형 – 완전 연결**(Fully Connected) **구조**
  ㉠ 네트워크의 각 사이트는 시스템 내의 모든 다른 사이트들과 직접 연결된 구조
  ㉡ 모든 사이트를 연결해야 하므로 기본 비용은 많이 들지만 각 사이트가 직접 연결되므로 통신 비용은 적게 든다.

ⓒ 하나의 링크가 고장 나도 다른 링크를 이용할 수 있으므로 신뢰성이 높다.

완전 연결 구조

② **망형 – 부분 연결**(Partially Connected) **구조**

　ⓐ 부분적으로 연결됨

　ⓑ 시스템 내의 일부 사이트들 간에만 직접 연결하는 것으로, 직접 연결되지 않은 사이트는 연결된 다른 사이트를 통해 통신하는 구조

　ⓒ 기본 비용은 완전 연결형보다 적게 들고, 통신 비용은 완전 연결형보다 많이 든다.

　ⓓ 완전 연결형에 비해 신뢰성이 낮다.

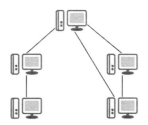

부분 연결 구조

③ **트리**(Tree), **계층**(Hierarchy)**형**

　ⓐ 트리 형태로 구성됨

　ⓑ 기본 비용은 부분 연결형보다 적게 들고, 통신 비용은 트리의 깊이에 비례한다.

　ⓒ 부모(상위) 사이트의 자식(하위) 사이트들은 그 부모 사이트를 통해 통신이 이루어진다.

　ⓓ 부모 사이트가 고장나면 그 자식 사이트들은 통신이 불가능하다.

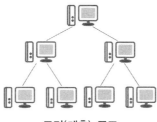

트리(계층) 구조

④ 성(Star)형

　㉠ 모든 사이트가 하나의 중앙 사이트에 직접 연결되어 있고, 그 외 다른 사이트와는 연결되어 있지 않은 구조

　㉡ 기본 비용은 사이트의 수에 비례하며, 통신 비용은 적게 든다.

　㉢ 제어가 집중되고 모든 동작이 중앙 컴퓨터에 의해 감시된다.

　㉣ 중앙 컴퓨터에 장애가 발생되면 전체 시스템이 마비된다.

성형 구조

⑤ 링(Ring)형 = 환형

　㉠ 시스템 내의 각 사이트가 인접하는 다른 두 사이트와만 직접 연결된 구조

　㉡ 기본 비용은 사이트 수에 비례하고, 목적 사이트에 데이터를 전달하기 위해 링을 순환할 경우 통신 비용이 증가한다.

　㉢ 정보 전달은 단방향 또는 양방향일 수 있다.

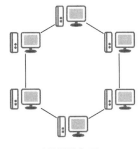

링형(환형) 구조

⑥ **다중 접근 버스 연결**(Multi Access Bus Connection)

　　㉠ 시스템 내의 모든 사이트들이 공유 버스에 연결된 구조

　　㉡ 기본 비용은 사이트 수에 비례하고, 통신 비용은 일반적으로 저렴하다.

　　㉢ 물리적 구조가 단순하고, 사이트의 추가와 삭제가 용이하다.

　　㉣ 사이트의 고장은 다른 사이트의 통신에 영향을 주지 않지만, 버스의 고장은 전체 시스템에 영향을 준다.

다중 접근 버스 연결

❾ UNIX 운영체제

(1) UNIX의 개념 및 특징

① 주로 서버용 컴퓨터에서 사용되는 운영체제

② 시분할 시스템을 위해 설계된 대화식 운영체제

③ 소스가 공개된 개방형 시스템(Open System)

④ 대부분의 코드가 C언어로 작성되었다.

⑤ 이식성과 확장성이 높다.

(2) UNIX 시스템의 구성

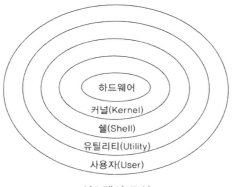

시스템의 구성

① **커널**(Kernel)

　㉠ UNIX의 가장 핵심적인 부분

　㉡ 하드웨어를 보호하고, 프로그램과 하드웨어 산의 인터페이스 역할을 담당한다.

　㉢ 컴퓨터가 부팅될 때 주기억장치에 적재된 후 상주하면서 실행된다.

　㉣ 프로세스(CPU 스케줄링) 관리, 기억장치 관리, 파일 관리, 입·출력 관리, 프로세스간 통신, 데이터 전송 및 변환 등 여러 가지 기능을 수행한다.

② **쉘**(Shell)

　㉠ 사용자의 명령어를 인식하여 프로그램을 호출하고 명령을 수행하는 명령어 해석기

　㉡ 시스템과 사용자 간의 인터페이스 담당

　㉢ 주기억장치에 상주하지 않음

(3) UNIX 파일 시스템의 구조

① **UNIX 파일 시스템** … UNIX 파일 시스템의 디렉터리 구조는 트리 구조로 이루어져 있다.

② **UNIX 파일 시스템의 구조**

　㉠ **부트 블록**(Boot Block) : 부팅에 필요한 코드를 저장하고 있는 블록이다.

　㉡ **슈퍼 블록**(Super Block) : 전체 파일 시스템에 대한 정보를 저장하고 있는 블록이다.

　㉢ **I-node 블록**(Index Node Block)

　　ⓐ 각 파일에 대한 정보를 저장하고 있는 블록이다.

　　ⓑ 파일 소유자의 식별 번호, 파일 크기, 파일의 생성 시간, 파일의 최종 수정 시간, 파일 링크 수 등이 기록된다.

　㉣ **데이터 블록**(Data Block) : 실제 데이터를 저장하고 있는 블록이다.

출제예상문제

1 다음 중 컴퓨터와 사용자 간의 중계적인 역할을 담당하며 시스템의 효율을 극대화시키기 위해 하드웨어 및 소프트웨어를 관리하는 프로그램으로 구성되어 있는 것으로 옳은 것은?

① 응용소프트웨어　　　　　　　　　　② 하드웨어
③ 시스템 소프트웨어　　　　　　　　　④ 운영체제
⑤ 어셈블러

2 다음 중 하나의 프로그램 내에서 동일한 어셈블리어 명령들이 반복되는 경우, 이를 피하기 위해서 사용하는 것으로 중앙처리 장치 내에 저장하여 매크로논리부 시스템에 의해 변환되어지는 기본 명령어들의 집합으로 옳은 것은?

① 어셈블러　　　　　　　　　　　　　② 로더
③ 인터프리터　　　　　　　　　　　　④ 고급언어
⑤ 매크로 프로세서

3 다음 중 매크로 프로세서의 종류로 옳지 않은 것은?

① 매크로 정의인식　　　　　　　　　　② 매크로 정의보관
③ 매크로 호출인식　　　　　　　　　　④ 매크로 호출저장
⑤ 매크로 확장 및 인수

ANSWER | 1.④ 2.⑤ 3.④

1　운영체제는 컴퓨터와 사용자 간의 중계적 역할을 담당하며 시스템의 효율을 극대화시키기 위해 하드웨어 및 소프트웨어를 관리하는 프로그램으로 구성되어 있다.

2　매크로 프로세서는 하나의 프로그램 내에서 동일한 어셈블리어 명령들이 반복되는 경우, 이를 피하기 위해서 사용하는 것으로 중앙처리 장치 내에 저장하여 매크로논리부 시스템에 의해 변환되어지는 기본 명령어들의 집합이다.

3　매크로 프로세서의 종류는 매크로 정의인식, 매크로 정의보관, 매크로 호출인식, 매크로 확장 및 인수가 있다.

4 다음 중 운영체제의 목적으로 옳지 않은 것은?

① 처리능력 향상   ② 응답시간 증가

③ 사용가능도 향상   ④ 신뢰도 향상

⑤ 사용자 편의성 제고

5 다음 중 운영체제의 평가기준으로 옳지 않은 것은?

① 처리능력   ② 저장시간

③ 사용가능도   ④ 신뢰도

⑤ 응답시간

6 다음 설명으로 옳은 것은?

> 원시 프로그램을 컴퓨터가 목적 프로그램으로 바꾸어주는 프로그램으로, 컴파일러, 인터프리터, 어셈블러가 있다.

① 데이터 관리 프로그램   ② 언어번역 프로그램

③ 작업 관리 프로그램   ④ 서비스 프로그램

⑤ 감시 프로그램

ⓒ **ANSWER** | 4.② 5.② 6.②

4 운영체제의 목적
　　㉠ **사용자 측면**: 사용자 편의성 제고
　　㉡ **시스템 측면**: 처리능력 향상, 응답시간 단축, 사용가능도 향상, 신뢰도 향상

5 운영체제의 평가기준
　　㉠ 처리능력
　　㉡ 응답시간
　　㉢ 사용가능도
　　㉣ 신뢰도

6 언어번역 프로그램은 원시프로그램을 컴퓨터가 목적프로그램으로 바꾸어주는 프로그램으로, 컴파일러, 인터프리터, 어셈블러가 있다.

7 작업준비시간을 줄이기 위해 처리할 여러 개의 작업들을 일정기간 또는 일정량이 될 때까지 모아 두었다가 한꺼번에 처리하는 시스템 방식은?

① 다중 처리 시스템   ② 일괄 처리 시스템

③ 실시간 시스템   ④ 시분할 처리 시스템

⑤ 다중 프로그래밍 시스템

8 다음 설명으로 옳은 것은?

하나의 CPU를 이용하여 여러 개의 프로그램을 실행시킴으로써 짧은 시간에 많은 작업을 수행할 수 있게 하여 시스템의 효율을 높여 주는 방식의 시스템이다.

① 실시간 시스템   ② 다중 프로그래밍 시스템

③ 분산처리 시스템   ④ 시분할 처리 시스템

⑤ 다중 처리 시스템

9 다음 중 분산 처리 시스템의 설계목적에 대한 설명으로 옳지 않은 것은?

① 자원 공유   ② 연산속도 향상

③ 신뢰성 향상   ④ 보안성 향상

⑤ 컴퓨터 통신

ⓧ ANSWER | 7.② 8.② 9.④

7 일괄처리 시스템은 작업준비시간을 줄이기 위해 처리할 여러 개의 작업들을 일정기간 또는 일정량이 될 때까지 모아 두었다가 한꺼번에 처리하는 방식의 시스템이다.

8 다중 프로그래밍 시스템은 하나의 CPU를 이용하여 여러 개의 프로그램을 실행시킴으로써 짧은 시간에 많은 작업을 수행할 수 있게 하여 시스템의 효율을 높여 주는 방식을 말한다.

9 분산운영체제의 설계목적
　㉠ **자원 공유** : 각 시스템이 통신망을 통해 연결되어 있으므로 자원을 공유하여 사용할 수 있다.
　㉡ **연산속도 향상** : 하나의 일을 여러 시스템에 분산시켜 처리함으로써 연산 속도가 향상된다.
　㉢ **신뢰성 향상** : 여러 시스템 중 하나의 시스템에 오류가 발생하더라도 다른 시스템은 계속 일을 처리할 수 있으므로 신뢰도가 향상된다.
　㉣ **컴퓨터 통신** : 지리적으로 멀리 떨어져 있더라도 통신망을 통해 정보를 교환할 수 있다.

10 다음 중 시분할 시스템의 설명으로 옳은 것은?

① 다중 프로그래밍의 변형된 형태로, 각 작업에 CPU에 대한 일정 시간을 할당하여 주어진 시간 동안 직접 컴퓨터와 대화형식으로 프로그램을 수행 할 수 있도록 개발된 시스템이다.

② 지역적으로 분산된 여러 컴퓨터에 기능을 분담시킨 후, 통신망을 통하여 상호 간에 교신하여 처리하는 방식의 시스템이다.

③ 단말기나 제어대상으로부터 처리요구자료가 발생할 때마다 즉시 처리하여 그 요구에 응답하는 방식의 시스템이다.

④ 자료가 발생한 지점에서 단말기를 통하여 직접 입출력되기 때문에 사용자의 노력이 절감된다.

⑤ CPU가 다수 존재하여 다중 작업을 구현한다.

11 다음 중 데커(Dekker) 알고리즘에 관한 설명 중 바르지 않은 항목은?

① 공유 데이터에 대한 처리에 있어 상호 배제를 보장한다.

② 별도의 특수 명령어 없이 순수하게 소프트웨어로써 해결된다.

③ 교착상태가 발생하지 않음을 보장한다.

④ 프로세스가 임계 영역에 들어가는 것이 무한정 지연될 수 있다.

⑤ 공유데이터를 두 개의 프로세스가 한 번씩 번갈아 가면서 접근할 수 있도록 하는 방식이다.

✅ ANSWER | 10.① 11.④

10 ② **분산처리 시스템** : 지역적으로 분산된 여러 컴퓨터에 기능을 분담시킨 후, 통신망을 통하여 상호 간에 교신하여 처리하는 방식의 시스템이다.

　③ **실시간 시스템** : 단말기나 제어대상으로부터 처리요구자료가 발생할 때마다 즉시 처리하여 그 요구에 응답하는 방식의 시스템이다.

　④ 자료가 발생한 지점에서 단말기를 통하여 직접 입출력되기 때문에 사용자의 노력이 절감되는 것은 실시간 시스템의 장점이다.

　⑤ **다중 처리 시스템** : CPU가 다수 존재하여 다중 작업을 구현한다.

11 데커(Dekker) 알고리즘은 공유데이터를 두 개의 프로세스가 한 번씩 번갈아 가면서 접근할 수 있도록 하는 방식이다. 이는 두 개의 프로세스 중 하나의 프로세스가 반드시 먼저 접근해야 한다는 것과 임의의 프로세스가 공유데이터를 사용하지 않더라도 타 프로세스를 위해 공유데이터를 의미 없이 접근해야 하는 부담이 있는 방식이다.

12 다음 중 다중 프로그래밍의 변형된 형태로, 각 작업에 CPU에 대한 일정 시간을 할당하여 주어진 시간 동안 직접 컴퓨터와 대화형식으로 프로그램을 수정할 수 있도록 개발된 시스템으로 옳은 것은?

① 시분할 시스템　　　　　　　　　　② 일괄처리 시스템
③ 즉시처리 시스템　　　　　　　　　　④ 분산처리 시스템
⑤ 실시간 처리 시스템

13 다음 중 다중처리 시스템의 장점으로 옳은 것은?

① 여러 사람이 공동으로 CPU를 사용하며 여러 개의 프로그램을 기억장치에 적재한다.
② 처리시간이 단축되고 처리비용이 절감된다.
③ 여러 개의 CPU를 사용하여 작업속도와 신뢰성을 높일 수 있다.
④ 결과를 곧바로 받아 볼 수 있어 응답시간이 짧다.
⑤ Turn around time이 길다.

14 다음 중 프로세스 제어 블록을 갖고 있으며, 현재 실행 중이거나 곧 실행 가능하며, CPU를 할당받을 수 있는 프로그램으로 옳은 것은?

① 태스크　　　　　　　　　　　　　　② 세그먼테이션
③ 스레드　　　　　　　　　　　　　　④ 프로세스
⑤ 페이징

Ⓖ ANSWER | 12.① 13.③ 14.④

12 시분할 시스템은 다중 프로그래밍의 변형된 형태로, 각 작업에 CPU에 대한 일정 시간을 할당하여 주어진 시간 동안 직접 컴퓨터와 대화형식으로 프로그램을 수정할 수 있도록 개발된 시스템이다.

13 다중처리 시스템은 여러 개의 CPU를 사용하여 작업속도와 신뢰성을 높일 수 있다.

14 프로세스(Process) … 동작중인 프로그램으로 정의하며 프로그램은 디스크에 저장되어 있는 실행 가능한 파일의 형태를 말한다.

15 둘 이상의 프로세서들이 서로 다른 프로세서가 차지하고 있는 자원을 무한정 기다리고 있어 프로세서의 진행이 중단되는 상태를 무엇이라고 하는가?

① 기아상태
② 스풀링
③ 오버레이
④ 버퍼링
⑤ 교착상태

16 다음 중 RR(Round Robin) 스케줄링에 대한 설명으로 옳지 않은 것은?

① Time slice에 의해 CPU 사용 시간이 제한된다.
② 대화식 사용자를 위한 Time Sharing System을 위하여 개발 되었다.
③ FCFS 방식을 선점 형태로 변형한 방식이다.
④ CPU를 요청하는 순서대로 CPU 사용권을 할당하는 방식이다.
⑤ 시분할 시스템을 위해 고안된 방식이다.

17 다음 중 가상기억장치에 관한 내용으로 적절하지 않은 것을 고르면?

① 주기억장소의 물리적 공간보다 큰 프로그램은 실행될 수 없다.
② 연속 배당 방식에서의 기억 장소 단편화 문제를 적극적으로 해결할 수 있다.
③ 가상기억장치의 일반적인 구현방법은 페이징 기법과 세그먼테이션 기법이 있다.
④ 기억 장치의 이용률과 다중 프로그래밍의 효율을 높일 수 있다.
⑤ 주기억장치의 가용 공간 부족 문제를 해결할 수 있다.

⊘ ANSWER | 15.⑤ 16.④ 17.①

15 교착상태(Dead Lock)는 둘 이상의 프로세서들이 서로 다른 프로세서가 차지하고 있는 자원을 무한정 기다리고 있어 결국 프로세서의 진행이 중단되는 것을 말한다.

16 라운드 로빈(Round-robin) 방식 … 시분할 시스템을 위해 고안된 방식으로, FCFS 방식처럼 프로세스들이 도착하는 순서대로 디스패치 되지만 10~100msec 정도의 시간 할당량 또는 시간 조각에 의해 CPU 사용시간이 제한되며 대화식 사용자를 위한 Time Sharing System을 위하여 개발되었다. 또한 FCFS 방식을 선점형으로 변형한 방식이다.

17 가상기억장치는 디스크(보조기억장치를 주기억장치처럼 사용하는 기술)를 주기억장치보다 큰 프로그램을 실행하기 위해 사용되는 기술을 의미한다.

18 다음 중 4개의 페이지 프레임으로 구성된 기억장치에서 다음과 같은 순서대로 페이지 요청이 일어날 때, 페이지 교체 알고리즘으로 LFU(Least Frequently Used)를 사용한다면 몇 번의 페이지 부재가 발생하는가? (단, 초기 페이지 프레임은 비어있다고 가정한다.)

요청된 페이지의 순서 : 1, 2, 6, 1, 4, 5, 1, 2, 1, 4, 5, 6, 4, 5

① 4번
② 5번
③ 6번
④ 7번
⑤ 8번

19 최초의 사용 여부를 확인하기 위해서 페이지마다 2개의 비트, 즉 참조비트와 변형비트가 사용되는 페이지 교체 알고리즘으로 옳은 것은?

① LRU
② LIFO
③ FIFO
④ NUR
⑤ LFU

18

시간	1	2	3	4	5	6	7	8	9	10	11	12	13	14
참조 스트링	1	2	6	1	4	5	1	2	1	4	5	6	4	5
주기억장치 상태	1	1	1	1	1	1	1	1	1	1	1	1	1	1
		2	2	2	2	5	5	5	5	5	5	5	5	5
			6	6	6	6	6	2	2	2	2	6	6	6
					4	4	4	4	4	4	4	4	4	4
페이지부재 발생여부	F	F	F		F	F		F				F		

처음에 참조 스트링에 1이 있고 페이지 프레임도 4개가 존재한다.
모든 프레임에 1이 없고 비어있기 때문에 첫 번째 프레임에 1을 넣어주고 F를 표시한다.
그 다음 2와 6도 마찬가지로 두 번째 세 번째 프레임에 각각 2와 6을 넣어준다.
이 또한 프레임에 데이터가 존재하지 않아 1이 존재하므로 다음으로 넘어간다.
4도 마찬가지로 프레임에 4가 없고 네 번째 프레임이 비었으므로 4를 넣어주고 F를 표시한다. 그 다음 5가 오는데 LFU는 가장 적은 참조횟수를 갖는 페이지를 교체하기 때문에 두 번째 프레임에 5가 들어간다. (첫 번째 프레임은 4초에 한번 더 참조되었다) 2, 3, 4 프레임 모두 한번씩 참조되었기 때문에 2 프레임부터부터 순서대로 들어가게 된다. 따라서 2프레임에 5가 들어간다.
위와 같은 방법으로 가장 적은 참조가 된 순서대로 페이지를 교체한다.
페이지 부재횟수는 총 7번이다.

19 NUR은 최근의 사용 여부를 확인하기 위해서 페이지마다 2개의 비트, 즉 참조비트와 변형비트가 사용되는 페이지 교체 알고리즘이다.

20 다음 중 캐시메모리 시스템을 구성할 때 하나의 기억장소가 참조되면 그 근처의 기억장소가 계속 참조될 가능성이 높다는 메모리 참조의 특성으로 옳은 것은?

① 시간적 지역성　　　　　　　　　② 공간적 지역성
③ 영속적 지역성　　　　　　　　　④ 근거리 지역성
⑤ 참조적 지역성

21 다음 중 자기디스크의 구성 중 동일한 수직선 상의 트랙들의 집합으로 옳은 것은?

① 디스크 팩　　　　　　　　　　　② 섹터
③ 헤드　　　　　　　　　　　　　　④ 실린더
⑤ 블록

22 다음 중 읽기/쓰기 헤드가 원하는 데이터가 있는 트랙까지 이동하는 데 걸리는 시간을 의미하는 것으로 옳은 것은?

① 탐색시간　　　　　　　　　　　　② 회전지연시간
③ 접근시간　　　　　　　　　　　　④ 반환시간
⑤ 전송시간

ANSWER | 20.② 21.④ 22.①

20 공간적 지역성은 캐시메모리 시스템을 구성할 때 하나의 기억장소가 참조되면 그 근처의 기억장소가 계속 참조될 가능성이 높다는 메모리 참조의 특성이다.

21 자기디스크 구성에는 디스크 팩, 실린더, 트랙, 섹터 등으로 구성되어 있으며 실린더는 동일한 수직선 상의 트랙들의 집합이다.

22 탐색시간은 읽기/쓰기 헤드가 원하는 데이터가 있는 트랙까지 이동하는데 걸리는 시간이다.

23 다음 중 파일보호기법에 대한 설명으로 옳은 것은?

> 파일에 판독 및 기록 비밀번호를 부여하여 불법 액세스를 방지한다.

① File Naming
② Password
③ Cryptogrephy
④ Access Control
⑤ Fingerprinting

24 다음 중 보안 유지 방식 중 사용자의 신원을 확인한 후 권한이 있는 사용자에게만 시스템에 접근하게 하는 방법으로 옳은 것은?

① 운용보안
② 시설보안
③ 사용자 인터페이스보안
④ 내부보안
⑤ 외부보안

25 다음 중 프로세스의 상호 연결 구조 중 하이퍼 큐브 구조에서 프로세서의 총 개수가 256일 때 하나의 프로세서에 연결되는 연결점의 수로 옳은 것은?

① 4
② 8
③ 16
④ 32
⑤ 256

Ⓥ **ANSWER** | 23.② 24.③ 25.②

23 ① 파일명명(File Naming) : 접근하고자 하는 파일 이름을 모르는 사용자는 접근대상에서 제외시킨다.
③ 암호화(Cryptogrephy) : 파일 내용을 알 수 없도록 한다.
④ 접근제어(Access Control) : 사용자의 신원에 따라 서로 다른 접근 권한을 허용한다.

24 ㉠ **외부 보안** : 외부인 또는 화재나 천재지변으로부터 컴퓨터 기재를 보호하는 것이다. 외부보안은 시설보안과 운용보안으로 나뉜다.
㉡ **내부 보안** : 하드웨어나 운영체제에 내장된 보안 기능을 이용하여 시스템의 신뢰성을 유지하고, 보안 문제를 해결하는 기법
㉢ **사용자 인터페이스 보안** : 운영체제가 사용자의 신원을 확인한 후 권한이 있는 사용자에게만 시스템의 프로그램과 데이터를 사용할 수 있게 하는 보안 방법

25 하이퍼 큐브구조에서 CPU의 수는 2(CPU 연결점의 수)이다.
∴ $256 = 2^8$

26 다음 분산 운영체제 구조 중 아래와 같은 특징을 지니는 구조를 고르면?

> • 통신비용이 저렴
> • 모든 사이트는 하나의 호스트로 직접적으로 연결
> • 중앙 컴퓨터 장애 시 모든 사이트 간의 통신 불가

① 링 연결구조(RING)
② 성형 연결구조(STAR)
③ 계층 연결구조(HIERARCHY)
④ 다중접근 버스 연결구조(MULTI ACCESS BUS)
⑤ 트리 연결구조(TREE)

27 다음 중 UNIX 운영체제의 특징에 대한 내용으로 가장 옳지 않은 것은?

① 높은 이식성 및 확장성이 있다.
② 대부분의 코드가 어셈블리 언어로 기술되어 있다.
③ 다중 사용자 시스템(Multi-user system)이다.
④ 대화식 운영체제이다.
⑤ 소스가 공개된 개방형 시스템이다.

26 하나의 중앙 호스트에 모든 단말기에 연결되어 있는 분산 시스템으로 중앙 컴퓨터 장애 시에 모든 사이트(컴퓨터 단말기)의 통신이 중단되는 것은 성형(Star) 연결구조이다.

27 UNIX는 90%가 C 언어로 10%가 어셈블리 언어로 작성되었다.

28 다음 중 미국의 벨 연구소에서 개발한 미니 컴퓨터용 운영체제로서 C언어로 작성되어 다양한 컴퓨터에서 사용되는 운영체제로 옳은 것은?

① LISP　　　　　　　　　　　　② UNIX
③ MS－DOS　　　　　　　　　　④ WINDOWS
⑤ NFS

29 다음 중 유닉스 시스템의 파일구조로 옳지 않은 것은?

① 부트 블록　　　　　　　　　　② 슈퍼 블록
③ inode 블록　　　　　　　　　　④ 커널 블록
⑤ 데이터 블록

ANSWER | 28.② 29.④

28 UNIX는 미국의 벨 연구소에서 개발한 미니 컴퓨터용 운영체제로서 C언어로 작성되어 다양한 컴퓨터에서 사용되는 운영체제이다.

29 유닉스 시스템의 파일구조는 부트 블록, 슈퍼 블록, inode 블록, 데이터 블록이 있다.

04 소프트웨어공학

① 좋은 소프트웨어의 기준

① **신뢰도**(reliability) ··· 사용자가 소프트웨어를 신뢰하는 정도. 오랜 시간 작동되며 치명적 오류가 없으며 오류가 발생 후에 무난히 복구되며 강건해야 한다.

② **정확성**(corretness) ··· 소프트웨어의 정확성은 신뢰도와 매우 밀접한 관계가 있다. 차이점을 설명하면, 소프트웨어의 행위가 요구사항에 비추어 아주 작은 차이가 있는 경우에 이것은 결함으로 간주되고 소프트웨어는 정확하지 못하다는 것이다. 그러나 이런 경우에도 소프트웨어가 실제 고장으로 연결되지 않을 수 있고, 따라서 신뢰도가 있다고 판단될 수 있다.

③ **성능**(performance) ··· 지정된 시간 안에 컴퓨터 시스템이 처리할 수 있는 작업량을 말한다.

④ **사용성**(usability) ··· 본래의 목적으로 효율성 있게 사용할 수 있는가의 정도이다.

⑤ **상호운영성**(interoperability) ··· 다른 시스템과 공존하며 협력할 수 있는 능력을 말한다.

⑥ **유지보수성**(maintainability) ··· 소프트웨어의 변경이 용이한 정도. 변경을 고려하여 설계하면 전체 비용을 줄이고 제품의 가치를 높일 수 있다.

⑦ **이식성**(portability) ··· 다른 환경에서 동작할 수 있는 능력. 소프트웨어에서 환경이란 하드웨어, 운영체제, 상호작용하는 시스템 등을 말한다.

⑧ **검사성**(verifiability) ··· 소프트웨어의 속성들을 쉽게 검사할 수 있는 경우에 검사성이 좋다고 한다.

② 소프트웨어 프로세스 모델

(1) 폭포수 모형(Waterfall Mode)

① 소프트웨어 공학에서 가장 오래되고 가장 폭넓게 사용된 전통적인 소프트웨어 생명주기 모형으로, 고전적 생명주기 모형이라고도 한다.

② 각 단계의 결과가 확인된 후에 다음 단계로 진행하는 선형 순차적인 모형이다.

③ 두 개 이상의 과정이 병행되어 수행되거나 이전 단계로 되돌아가는 것을 허용하지 않는다.

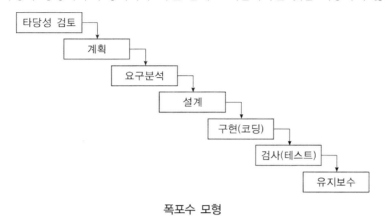

폭포수 모형

(2) 프로토타이핑 모형(Prototype Model)

① 실제 개발될 소프트웨어의 일부분을 직접 개발하여 사용자의 요구 사항을 미리 정확하게 파악하기 위한 모형을 말한다.

② 시스템 개발 초기에 사용자가 개발에 참여함으로써 오류를 조기에 발견할 수 있다.

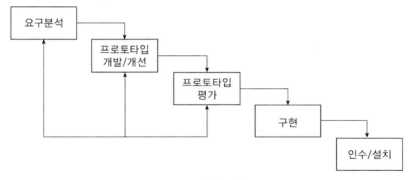

프로토타입 모형

(3) 나선형모형(Spiral Model, 점진적 모형)

① 보헴(Boehm)이 제안하였다.

② 폭포수 모형과 프로토타입 모형의 장점에 위험 분석 기능을 추가한 모형이다.

③ 소프트웨어를 개발하면서 발생할 수 있는 위험을 관리하고 최소화하는 것을 목적으로 한다.

④ 나선을 따라 돌듯이 여러 번의 소프트웨어 개발 과정을 거쳐 점진적으로(프로토타입을 지속적으로 발전시켜) 완벽한 최종 소프트웨어를 개발하는 것으로, 점진적 모형이라고도 한다.

⑤ 대규모의 소프트웨어 개발에 적합하다.

⑥ **개발 순서** … 계획 및 정의(Planning) → 위험 분석(Risk Analysis) → 공학적 개발(Engineering) → 고객 평가(Customer Evaluation)

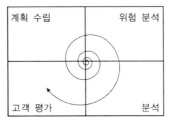

나선형 모형

⑷ V 모델

① 폭포수 모델에 시스템 검증과 테스트 작업을 강조한 것이다.

② V 모델은 개발 작업과 검증 작업 사이의 관계를 명백히 드러내 놓은 폭포수 모델의 변형이라고 할 수 있다.

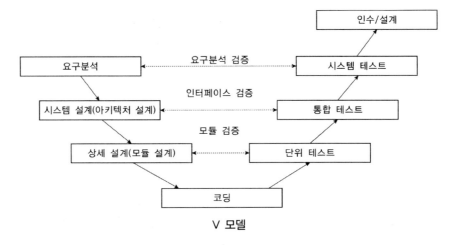

V 모델

⑸ 애자일 방법

① 개발팀은 설계나 문서화보다 소프트웨어 자체에 집중하고 기본적으로 명세, 개발 및 제품 인도에 반복적 방법을 적용한다.

② 요구 사항이 개발 중에도 변경되기 쉬운 중소형의 비즈니스 시스템이나 전자상거래 응용의 개발에 적합하다.

③ 소프트웨어 프로젝트 계획 관리

(1) 소프트웨어 비용 측정

① **LOC**(Line of Code, 원시 코드 라인 수) **기법** … 소프트웨어 각 기능별 원시 코드 라인수의 비관치, 낙관치, 기대치를 측정하여 예측치를 구하고 이를 이용하여 비용을 산정하는 기법

② **COCOMO**(Constructive Cost Model) **기법** … 보헴(Boehm)이 제안한 것으로 원시 프로그램 규모인 LOC수에 의한 비용 산정 기법으로서, 같은 규모의 프로그램이라도 그 성격에 따라 비용이 다르게 책정된다.

③ **COCOMO II** … COCOMO II 방법은 개발 초기 단계에서 원시 코드의 라인 수를 정확히 예측하기 어렵다는 점을 고려해, 단계별로 나름의 방법으로 값을 예측한 후 이를 바탕으로 필요한 인건비를 예측하는 방식이다.

④ **기능 점수**(FP : Function Point) **모형** … 기능 점수는 소프트웨어 시스템이 가지는 기능을 정량화한 것이다. 원시 코드가 아직 작성되지 않은 상태에서는 정확한 라인수의 예측은 불가능하다. 따라서 일반적인 소프트웨어가 갖는 기능(예를 들면, 입력, 출력, 질의, 파일, 인터페이스)의 개수로 소프트웨어의 규모와 복잡도를 나타내고 이를 시스템 개발에 필요한 기관과 소요 인력 계산의 기초로 삼는 방법이다. 즉 라인 수와 무관하게 기능이 많으면 규모도 크고 복잡도도 높다고 판단하는 것이다.

(2) 프로젝트 일정 계획

① **WBS**(작업 분할 구조도, Work Breakdown Structure) … WBS는 프로젝트 목표를 달성하기 위해 필요한 활동과 업무를 세분화하는 작업이다. 프로젝트 구성 요소들을 계층 구조로 분류하여 프로젝트의 전체 범위를 정의하고, 프로젝트 작업을 관리하기 쉽도록 작게 세분화한다.

② **PERT**(Program Evaluation and Review Technique, 프로그램 평가 및 검토 기술) … 프로젝트에 필요한 전체 작업의 상호 관계를 표시하는 네트워크로 각 작업별로 낙관치, 기대치, 비관치로 나누어 각 단계별 종료 시기를 결정하는 방법이다.

③ **CPM**(Critical Path Method, 임계 경로 기법) … 프로젝트 완성에 필요한 작업을 나열하고 작업에 필요한 소요 기간을 예측하는 데 사용하는 기법이다.

④ **간트 차트**(Gantt Chart) … 프로젝트의 각 작업들이 언제 시작하고 언제 종료되는지에 대한 작업 일정을 막대 도표를 이용하여 표시하는 프로젝트 일정표이다.

PLUS CHECK 브룩스(Brooks)의 이론

개발 일정이 지연된다고 해서 말기에 새로운 인원을 투입하면 일정이 더욱 지연된다.

---

(3) 조직 구성 계획

① **중앙집중형**(책임 프로그래머) **팀**

   ⓐ 프로젝트 수행에 따른 모든 권한과 책임이 한명의 관리자(책임 프로그래머)에게 있다.

   ⓑ 의사 결정이 빠르다.

   ⓒ 구성원의 작업 참여도와 만족도가 적다.

   ⓓ 한 사람에 의해 통제할 수 있는 비교적 소규모 프로젝트에 적합하다.

② **분산형**(민주적) **팀**

   ⓐ 팀원 모두가 의사결정에 참여하는 민주주의식

   ⓑ 구성원의 참여도와 작업 만족도를 높이고 이직률을 낮게 한다.

   ⓒ 여러 사람이 의사교류를 하므로 복잡하고 이해되지 않는 문제가 많은 장기 프로젝트 개발에 적합하다.

③ **혼합형**(계층형) **팀** … 중앙집중형과 분산형을 혼합한 형태

❹ 결합도와 응집도

① **결합도**(Coupling) … 결합도란 모듈 간의 관계성(상호 의존성)의 척도로, 결합도가 약할수록 좋은 결합 이다.

   ⓐ **자료 결합도**(Data Coupling) : 모듈들이 매개변수를 통해 데이터만 주고 받음으로써 서로 간섭을 최소화한다. 한 모듈의 내용을 변경하더라도 다른 모듈에는 전혀 영향을 미치지 않는 가장 바람직한 결합도이다.

   ⓑ **구조 결합도**(Stamp Coupling) : 모듈 간의 인터페이스로 배열이나 레코드 등의 자료구조가 전달될 때의 결합도로, 두 모듈이 동일한 자료 구조를 조회하는 경우의 결합도이다..

   ⓒ **제어 결합도**(Control Coupling) : 한 모듈에서 다른 모듈로 논리적인 흐름을 제어하는데 사용하는 제어 요소가 전달될 때의 결합도이다.

   ⓓ **외부 결합도**(Extern Coupling) : 어떤 모듈에서 외부로 선언한 데이터(변수)를 다른 모듈에서 참조할 때의 결합도이다.

   ⓔ **공통 결합도**(Common Coupling) : 공유되는 공통 데이터 영역을 여러 모듈이 사용할 때의 결합도이다.

   ⓕ **내용 결합도**(Content Coupling) : 한 모듈이 다른 모듈의 내부 기능 및 그 내부 자료를 직접 참조하거나 수정할 때의 결합도이다.

자료 결합도	스탬프 결합도	제어 결합도	외부 결합도	공통 결합도	내용 결합도
결합도 약함 ◀──▶ 결합도 강함					

② **응집도**(Cohesion) ⋯ 한 모듈을 이루고 있는 각 요소(명령어)들이 공통적인 목적 달성을 위하여 어느 정도의 관련성(상호 의존성)이 있는가를 파악하는 척도. 응집도는 강할수록 좋다.

ㄱ **우연적 응집도**(Coincidental Cohesion) : 모듈 내부의 각 구성 요소들이 서로 관련 없는 요소로만 구성된 경우의 응집도

ㄴ **논리적 응집도**(Logical Cohesion) : 유사한 성격을 갖거나 특정 형태로 분류되는 처리 요소들로 하나의 모듈이 형성되는 경우의 응집도이다.

ㄷ **시기적 응집도**(Temporal Cohesion)=시간적 응집도 : 특정 시간에 처리되는 몇 개의 기능을 모아 하나의 모듈로 작성할 경우의 응집도이다.

ㄹ **절차적 응집도**(Procedural Cohesion) : 모듈이 다수의 관련 기능을 가질 때 모듈 안의 구성 요소들이 그 기능을 순차적으로 수행할 경우의 응집도이다.

ㅁ **교환적**(통신적, 정보적) **응집도**(Communication Cohesion) : 동일한 입력과 출력을 사용하여 서로 다른 기능을 수행하는 구성 요소들이 모였을 경우의 응집도이다.

ㅂ **순차적 응집도**(Sequential Cohesion) : 모듈 내의 하나의 활동으로부터 나온 출력 데이터를 그 다음 활동의 입력 데이터로 사용할 경우의 응집도이다.

ㅅ **기능적**(함수적) **응집도**(Functional Cohesion) : 모듈 내부의 모든 기능 요소들이 단일 문제와 연관되어 수행될 경우의 응집도이다. 기능적 응집은 함수적 응집이라고도 한다. 응집도가 가장 높은 경우이며 단일 기능의 요소로 하나의 모듈을 구성한다.

기능적 응집도	순차적 응집도	교환적 응집도	절차적 응집도	시간적 응집도	논리적 응집도	우연적 응집도
응집도 강함 ◀						▶ 응집도 약함

5 객체지향 설계

(1) 객체 지향의 의미

① 객제지향 기법은 현실 세계의 개체(Entity)를 기계의 부품처럼 하나의 객체(Object)로 만들어, 기계적인 부품들을 조립하여 제품을 만들듯이 소프트웨어를 개발할 때에도 객체들을 조립해서 작성할 수 있도록 하는 기법이다.

② 소프트웨어의 재사용 및 확장 용이

③ 유지보수가 쉽다.

④ 현실세계를 모형화하여 사용자와 개발자가 쉽게 이해할 수 있다.

(2) 객체 지향 기법의 구성요소

① **객체**(Objcet)

객체 = 속성(애트리뷰트) + 메소드

- ㉠ 객체란 현실세계에 존재할 수 있는 유형, 무형의 모든 대상을 말한다. → 명사형
- ㉡ 속성(Attribute) = 데이터 = 자료구조 = 상태 = 변수
- ㉢ 메소드(Method) = 연산 = 동작(Operation) = 함수 = 기능 → 동사형

② **클래스**(Class)

- ㉠ 공통된 행위와 특성을 갖는 객체의 집합
- ㉡ 객체의 일반적인 타입(Type)
- ㉢ 클래스에 속한 각각의 객체를 인스턴스(instance)라 하며, 클래스로부터 새로운 객체를 생성하는 것을 인스턴스화(instantiation)라고 한다.

③ **인스턴스**(instance) … 인스턴스는 같은 클래스에 속하는 개개의 객체로, 하나의 클래스에서 생성된 객체를 말한다. 즉 클래스가 구체화되어, 클래스에서 정의된 속성과 성질을 가진 실제적인 객체로 표현된 것을 의미한다. 이때 추상적인 개념인 클래스에서 실제 객체를 생성하는 것을 인스턴스화라고 한다.

④ **메시지**(Message) … 메시지는 객체들 간에 상호작용을 하는 데 사용되는 수단으로, 객체에게 어떤 행위를 하도록 지시하는 명령 또는 요구 사항이다.

(3) 객체 지향 기법의 기본 원칙

① **캡슐화**(Encapsulation)

- ㉠ 데이터(속성)과 데이터를 처리하는 함수를 하나로 묶는 것을 의미한다.
- ㉡ 캡슐화된 객체의 세부 내용이 외부에 은폐(정보 은닉)되어 변경이 발생할 때 오류의 파급 효과가 적다.
- ㉢ 캡슐화된 객체들은 재사용이 용이하다.
- ㉣ 객체들 간의 메시지를 주고받을 때 각 객체의 세부 내용은 알 필요가 없으므로 인터페이스가 단순해지고, 객체 간의 결합도가 낮아진다.

② **정보 은닉**(Information Hiding)

- ㉠ 다른 객체에게 자신의 정보를 숨기고 자신의 연산만을 통하여 접근을 허용하는 것이다.
- ㉡ 각 객체의 수정이 다른 객체에게 주는 영향을 최소화하는 기술이다.
- ㉢ 외부 객체가 특정 객체의 데이터와 함수를 직접 접근하여 사용하거나 변경하지 못하므로 유지보수와 소프트웨어 확장 시 오류를 최소화할 수 있다.

③ **추상화**(Abstration) … 추상화는 불필요한 부분을 생략하고 객체의 속성 중 가장 중요한 것에만 중점을 두어 개략화하는 것, 즉 모델화하는 것이다.

④ **상속성**(Inheritance)

  ㉠ 이미 정의된 상위 클래스(부모 클래스)의 모든 속성과 연산을 하위 클래스가 물려 받는 것이다.

  ㉡ 클래스의 재사용을 증대시킬 수 있다.

⑤ **다형성**(Polymorphism) … 하나의 메시지에 대해 각 클래스(객체)가 가지고 있는 고유의 방법으로 응답을 하는 능력을 말한다. 즉, 여러 가지 형태의 응답이 있다는 것을 의미한다.

6 화이트박스 검사와 블랙박스 검사

(1) 화이트 박스(White Box) 검사

• 모듈 안의 작동을 자세히 관찰하는 검사 방법으로, 원시코드의 논리적인 구조를 체계적으로 점검한다.

• 프로그램의 제어 구조에 따라 선택, 반복 등의 부분들을 수행함으로써 논리적 경로를 점검한다.

① **기초 경로 검사**(Basic Path Test) … 제어 흐름도를 작성하고, 프로그램의 논리적 복잡도를 측정한다. 검사 사례 설계자가 절차적 설계의 논리적 복잡성을 측정할 수 있게 해주고, 이 측정 결과는 실행 경로의 기초를 정의하는데 지침으로 사용한다.

② **조건 검사**(Condition test) … 프로그램 모듈 내에 있는 논리적 조건을 검사하는 기법

③ **루프 검사**(Loop test) … 프로그램의 반복(Loop) 구조에 초점을 맞춰 실시하는 기법

④ **데이터 흐름 검사**(Data Flow Test) … 프로그램에서 변수의 정의와 변수 사용의 위치에 초점을 맞춰 실시하는 기법

(2) 블랙 박스(Black Box) 검사

기능 검사라고도 한다. 모듈이 요구에 맞게 잘 작동하는가에 초점을 맞춘 기능 위주의 검사이다.

① **동치 분할**(Equivalence Partitioning, 동등 분할) **검사** … 입력 자료에 초점을 맞춰 검사 사례를 만들고 검사하는 방법이다. 프로그램의 입력 조건에 타당한 입력 자료와 타당하지 않은 입력 자료의 개수를 균등하게 하여 검사 사례를 정하고, 해당 입력 자료에 맞는 결과가 출력되는지 확인하는 방법이다.

② **경계값 분석**(Boundary Value Analysis) … 입력 자료에만 치중한 균등분할 기법을 보완하기 위한 기법이다. 입력 조건의 중간값보다 경계값에서 오류가 발생할 확률이 높다는 점을 이용하여 입력 조건의 경계값을 검사 사례로 선정하여 검사한다.

③ **원인-결과 그래프 검사** … 입력 데이터 간의 관계와 출력에 영향을 미치는 상황을 체계적으로 분석하여 효용성 높은 검사 사례를 선정하여 검사하는 기법이다. 프로그램의 외부 명세에 의한 입력 조건과 입력으로부터 발생되는 출력을 논리적으로 연결시킨 그래프로 표현하여 검사한다.

④ **오류 예측 검사**(Fault Based Testing) … 과거의 경험이나 확인자의 감각으로 검사하는 기법이다. 다른 블랙 박스 테스트 기법으로는 찾아낼 수 없는 오류를 찾아내는 일련의 보충적 검사 기법이며, 데이터 확인 검사라고도 한다.

⑤ **비교 검사**(Comparison Testing) = **back-to-back 검사** … 여러 버전의 프로그램에 동일한 검사 자료를 제공하여 동일한 결과가 출력되는지 검사하는 기법이다.

CHAPTER

04

출제예상문제

1 좋은 소프트웨어의 기준과 그것에 대한 설명에 대한 연결로 가장 적절하지 않은 것은?

① 신뢰도(reliability) – 사용자가 소프트웨어를 신뢰하는 정도
② 성능(performance) – 지정된 시간 안에 컴퓨터 시스템이 처리할 수 있는 작업량
③ 상호운영성(interoperability) – 다른 시스템과 공존하며 협력할 수 있는 능력
④ 유지보수성(maintainability) – 소프트웨어의 변경이 용이한 정도
⑤ 이식성(portability) – 요구나 환경의 변화에 따라 적절히 변형시킬 수 있는 능력

2 소프트웨어 생명주기의 일반적인 순서로 맞는 것은?

① 타당성 검토 → 계획 → 요구사항 분석 → 설계 → 구현 → 테스트 → 유지보수
② 타당성 검토 → 요구사항 분석 → 계획 → 설계 → 구현 → 테스트 → 유지보수
③ 타당성 검토 → 요구사항 분석 → 계획 → 설계 → 테스트 → 구현 → 유지보수
④ 타당성 검토 → 계획 → 설계 → 요구사항 분석 → 구현 → 테스트 → 유지보수
⑤ 타당성 검토 → 계획 → 요구사항 분석 → 설계 → 테스트 → 구현 → 유지보수

✅ ANSWER | 1.⑤ 2.①

1 요구나 환경의 변화에 따라 적절히 변형시킬 수 있는 것은 순응성을 말하는 것으로, 순응성은 소프트웨어의 특징이다.
　※ 좋은 소프트웨어의 기준
　　㉠ 신뢰도(reliability) : 사용자가 소프트웨어를 신뢰하는 정도
　　㉡ 성능(performance) : 지정된 시간 안에 컴퓨터 시스템이 처리할 수 있는 작업량
　　㉢ 상호운영성(interoperability) : 다른 시스템과 공존하며 협력할 수 있는 능력
　　㉣ 유지보수성(maintainability) : 소프트웨어의 변경이 용이한 정도
　　㉤ 이식성(portability) : 다른 환경에서 동작할 수 있는 능력

2 소프트웨어 생명주기의 일반적인 순서
　타당성검토 → 계획 → 요구사항 분석 → 설계 → 구현 → 테스트 → 유지보수

3 소프트웨어 생명주기 모형 중 폭포수 모형(Waterfall Model)에 대한 설명으로 옳지 않은 것은?

① 가장 오래되고 가장 폭넓게 사용된 모형이다.

② 고전적 생명주기 모형이라고도 한다.

③ 각 단계의 결과가 확인된 후에 다음 단계로 진행하는 선형 순차적인 모형이다.

④ 위험을 관리하고 최소화하는 것을 목적으로 한다.

⑤ 두 개 이상의 과정이 병행되어 수행되거나 이전 단계로 되돌아가는 것을 허용하지 않는다.

4 소프트웨어 생명주기 모형 중 나선형 모형(Spiral Model)의 개발 순서로 옳은 것은?

① 위험 분석→계획 및 정의→개발→고객평가

② 계획 및 정의→위험 분석→개발→고객평가

③ 위험 분석→고객평가→계획 및 정의→개발

④ 고객평가→계획 및 정의→위험 분석→개발

⑤ 계획 및 정의→개발→위험 분석→고객평가

5 LOC 기법에 의하여 예측된 총 라인수가 50,000라인이고, 프로그래머가 10명이다. 그리고 각 프로그래머가 1인당 월 평균 500라인을 코딩한다면 개발 기간은 얼마나 걸리겠는가?

① 1개월 ② 10개월

③ 20개월 ④ 30개월

⑤ 50개월

✅ ANSWER | 3.④ 4.② 5.②

3 ④ 나선형 모델에 대한 설명이다.

4 소프트웨어 생명주기 모형 중 나선형 모형의 개발 순서
계획 및 정의(Planning)→위험 분석(Risk Analysis)→공학적 개발(Engineering)→고객평가(Customer Evaluation)

5 1개월 코딩량은 10명 × 500line = 5,000line이다. 총 라인은 50,000이므로 개발 기간은 10개월이 된다.

6 다음 그림은 폭포수 모형의 변형인 V모델이다. V모형의 단계를 순서대로 나열한 것으로 옳은 것은?

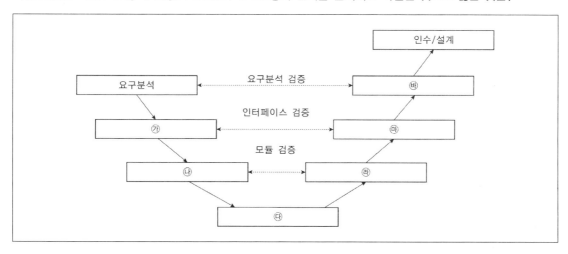

① 시스템 설계 → 상세 설계 → 코딩 → 단위 테스트 → 시스템 테스트 → 통합 테스트
② 시스템 설계 → 시스템 테스트 → 상세 설계 → 단위 테스트 → 통합 테스트 → 코딩
③ 시스템 설계 → 상세 설계 → 코딩 → 단위 테스트 → 통합 테스트 → 시스템 테스트
④ 시스템 테스트 → 단위 테스트 → 통합 테스트 → 코딩 → 시스템 설계 → 상세 설계
⑤ 시스템 테스트 → 시스템 설계 → 단위 테스트 → 상세 설계 → 통합 테스트 → 코딩

6 V모델

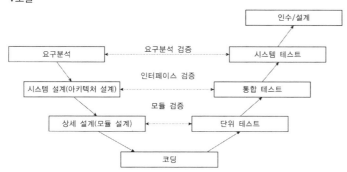

7 다음 중 LOC 기법에 의해 예측된 모듈의 라인 수가 40,000라인이고 개발에 투입된 프로그래머의 수가 5명, 프로그래머의 월 평균 생산량이 400라인이라고 할 때, 이 소프트웨어를 완성하기 위해 개발에 필요한 기간은 얼마인가?

① 10개월
② 15개월
③ 20개월
④ 25개월
⑤ 30개월

8 소프트웨어 개발의 계획 단계에서 사용되는 방법을 모두 고른 것은?

㉠ 애자일 방법	㉡ 기능 점수
㉢ CPM	㉣ 간트 차트

① ㉠
② ㉡, ㉢
③ ㉠, ㉢, ㉣
④ ㉡, ㉢, ㉣
⑤ ㉠, ㉡, ㉢, ㉣

ANSWER | 7.③ 8.④

7
$$노력(인원) = \frac{LOC}{1인당\ 월평균\ 생산\ 코드라인수}$$
$$= \frac{40,000}{400} = 400\,명$$
$$개발기간 = \frac{노력(인원)}{투입인원}$$
$$= \frac{100}{5} = 20개월$$

8 기능점수는 소프트웨어 비용 산정 계획, CPM과 간트 차트는 일정 계획시에 사용되는 방법이다.

9 다음은 무엇에 대한 설명인가?

개발 일정이 지연된다고 해서 말기에 새로운 인원을 투입하면 일정이 더욱 지연된다는 법칙

① 무어의 법칙
② 요르돈의 법칙
③ 길더의 법칙
④ 리드의 법칙
⑤ 브룩스의 법칙

10 소프트웨어 개발을 진행시키고자 할 때, 중앙집중형팀으로 조직을 구성하고자 한다. 다음 중 중앙집중형팀의 특징이 아닌 것은?

① 의사 결정이 빠르다
② 구성원의 이직률이 낮으며, 장기 프로젝트 개발에 적합하다.
③ 구성원의 작업 참여도와 만족도가 적다.
④ 비교적 소규모 프로젝트에 적합하다.
⑤ 프로젝트 수행에 따른 모든 권한과 책임이 한명의 관리자(책임 프로그래머)에게 있다.

ANSWER | 9.⑤ 10.②

9 브룩스의 이론 … 개발 일정이 지연된다고 해서 말기에 새로운 인원을 투입하면 프로젝트 일정이 더욱 지연된다는 이론이다.

10 중앙집중형(책임 프로그래머) 팀의 특징
　　㉠ 프로젝트 수행에 따른 모든 권한과 책임이 한명의 관리자(책임 프로그래머)에게 있음
　　㉡ 의사 결정이 빠르다
　　㉢ 구성원의 작업 참여도와 만족도가 적다.
　　㉣ 한 사람에 의해 통제할 수 있는 비교적 소규모 프로젝트에 적합

11 소프트웨어의 설계에서 결합도와 응집도에 대한 개념이다. 빈칸에 들어갈 말을 바르게 나열한 것은?

> ▶ 결합도란 모듈 (㉠)의 상호의존성의 척도로, 결합도가 (㉡) 좋다.
> ▶ 응집도란 모듈 (㉢)의 상호의존성의 척도로, 응집도는 (㉣) 좋다.

	㉠	㉡	㉢	㉣
①	사이	강할수록	내부	약할수록
②	내부	약할수록	사이	강할수록
③	사이	강할수록	내부	강할수록
④	내부	약할수록	사이	약할수록
⑤	사이	약할수록	내부	강할수록

12 소프트웨어 모듈 응집도에 대한 설명으로 옳지 않은 것은?

① 한 모듈을 이루고 있는 각 요소(명령어)들이 공통적인 목적 달성을 위하여 어느 정도의 관련성(상호 의존성)이 있는가를 파악하는 척도이다.

② 응집도는 강할수록 좋다.

③ 절차적 응집도(Procedural Cohesion)는 모듈이 다수의 관련 기능을 가질 때 모듈 안의 구성 요소들이 그 기능을 순차적으로 수행할 경우의 응집도를 말한다.

④ 논리적 응집도(Logical Cohesion)는 유사한 성격을 갖거나 특정 형태로 분류되는 처리 요소들로 하나의 모듈이 형성되는 경우의 응집도를 말한다.

⑤ 응집도가 가장 약한 것은 기능적(함수적) 응집도(Functional Cohesion)이다.

✓ **ANSWER** | 11.⑤ 12.⑤

11 • 결합도란 두 모듈 사이의 상호의존성의 척도로, 결합도가 약할수록 좋다.
 • 응집도란 한 모듈 내부의 상호의존성의 척도로, 응집도는 강할수록 좋다.

12 기능적(함수적) 응집도(Functional Cohesion)는 응집도가 가장 강한 응집도이다.

13 소프트웨어 모듈 결합도에 대한 설명으로 옳지 않은 것은?

① 결합도가 약할수록 좋은 결합도이다.

② 외부 결합도(Extern Coupling)란 어떤 모듈에서 외부로 선언한 데이터(변수)를 다른 모듈에서 참조할 때의 결합도이다.

③ 공통 결합도(Common Coupling)란 공유되는 공통 데이터 영역을 여러 모듈이 사용할 때의 결합도이다.

④ 자료 결합도(Data Coupling)가 제어 결합도(Control Coupling)보다 결합도가 약하다.

⑤ 내용 결합도(Content Coupling)는 한 모듈이 다른 모듈 내부의 데이터를 직접 참조함으로써 유지보수가 쉽다.

14 아래의 응집도 중에서 응집도가 약한 것에서 강한 순으로 바르게 나열한 것은?

> ㉠ 순차적 응집도(Sequential Cohesion)
> ㉡ 절차적 응집도(Procedural Cohesion)
> ㉢ 시간적 응집도(Temporal Cohesion)
> ㉣ 교환적 응집도(Communication Cohesion)
> ㉤ 논리적 응집도(Logical Cohesion)

① ㉠ – ㉢ – ㉡ – ㉤ – ㉣

② ㉡ – ㉠ – ㉢ – ㉣ – ㉤

③ ㉤ – ㉢ – ㉡ – ㉣ – ㉠

④ ㉣ – ㉢ – ㉠ – ㉡ – ㉤

⑤ ㉤ – ㉠ – ㉢ – ㉡ – ㉣

---

13 내용 결합도(Content Coupling)는 한 모듈이 다른 모듈 내부의 데이터를 직접 참조함으로써 모듈의 독립성이 보장되지 않으므로 유지보수가 매우 어렵다.

14

기능적 응집도	순차적 응집도	교환적 응집도	절차적 응집도	시간적 응집도	논리적 응집도	우연적 응집도

응집도 강함 ◄──────────────────────────────────────► 응집도 약함

15 아래의 결합도 중에서 결합도가 약한 것에서 강한 순으로 바르게 나열한 것은?

> ㉠ 제어 결합도(Control Coupling)
> ㉡ 외부 결합도(Extern Coupling)
> ㉢ 공통 결합도(Common Coupling)
> ㉣ 스탬프 결합도(Stamp Coupling)

① ㉠ - ㉢ - ㉡ - ㉣
② ㉡ - ㉠ - ㉣ - ㉢
③ ㉡ - ㉣ - ㉠ - ㉡
④ ㉣ - ㉠ - ㉡ - ㉢
⑤ ㉣ - ㉢ - ㉠ - ㉡

16 객체지향 기법 중 캡슐화(encapsulation)에 대한 설명으로 옳지 않은 것은?

① 캡슐화(encapsulation)란 데이터(속성)와 데이터를 처리하는 함수를 하나로 묶는 것을 의미한다.
② 캡슐화된 객체의 세부 내용이 외부에 은폐(정보 은닉)되어 변경이 발생할 때 오류의 파급 효과가 적다.
③ 캡슐화된 객체들은 재사용이 용이하다.
④ 객체들 간의 메시지를 주고받을 때 각 객체의 세부 내용은 알 필요가 없으므로 인터페이스가 단순해지고, 객체 간의 결합도가 낮아진다.
⑤ 객체들 간에 상호작용을 하는 데 사용되는 수단으로, 객체에게 어떤 행위를 하도록 지시하는 명령 또는 요구 사항이다.

ANSWER | 15.④ 16.⑤

15

자료 결합도	스탬프 결합도	제어 결합도	외부 결합도	공통 결합도	내용 결합도

결합도 약함 ◄ --- ► 결합도 강함

16   ⑤ 메시지(Message)에 대한 설명이다.

17 다형성(Polymorphism)이란 무엇인가?

① 공통된 행위와 특성을 갖는 객체의 집합을 말한다.

② 데이터(속성)과 데이터를 처리하는 함수를 하나로 묶는 것을 의미한다.

③ 하나의 메시지에 대해 각 클래스(객체)가 가지고 있는 고유의 방법으로 응답을 하는 능력을 말한다.

④ 불필요한 부분을 생략하고 객체의 속성 중 가장 중요한 것에만 중점을 두어 개략화하는 것, 즉 모 델화하는 것이다.

⑤ 객체들 간에 상호작용을 하는 데 사용되는 수단으로, 객체에게 어떤 행위를 하도록 지시하는 명령 또는 요구 사항이다.

18 다음 설명으로 옳은 것은?

> 프로그램의 내부구조나 알고리즘을 보지 않고, 요구사항 명세서에 기술되어 있는 소프트웨어 기능을 토대 로 실시하는 테스트이다.

① 블랙박스 테스트　　　　　　　② 구조 테스트

③ 화이트박스 테스트　　　　　　④ 통합 테스트

⑤ 단위 테스트

17　① 클래스(Class)에 대한 설명이다.
　　② 캡슐화(Encapsulation)에 대한 설명이다.
　　④ 추상화(Abstraction)에 대한 설명이다.
　　⑤ 메시지(Message)에 대한 설명이다.

18　블랙박스 테스트는 프로그램의 내부구조나 알고리즘을 보지 않고, 요구사항 명세서에 기술되어 있는 소프트웨어 기 능을 토대로 실시하는 테스트이다.

19 다음은 무엇에 대한 설명인가?

> • 원시코드의 논리적인 구조를 체계적으로 점검한다.
> • 모듈 안의 작동을 자세히 관찰하는 검사 방법이다.

① 블랙박스 테스트
② 정적 테스트
③ 화이트박스 테스트
④ 동치 분할 테스트
⑤ 오류 예측 테스트

20 다음 중 다수의 사용자를 제한되지 않은 환경에서 프로그램을 사용하게 하고 오류가 발견되면 개발자에게 통보하는 방식의 검사 기법의 종류는 무엇인가?

① 복구 검사
② 형상 검사
③ 알파 검사
④ 베타 검사
⑤ 화이트박스 검사

21 다음 중 소프트웨어 오류를 찾는 화이트 박스 테스트의 종류로 옳지 않은 것은?

① 기초경로 시험
② 루프 시험
③ 조건 시험
④ 비교 시험
⑤ 데이터 흐름 시험

✅ **ANSWER** | 19.③ 20.④ 21.④

19 화이트박스 테스트는 프로그램의 제어 구조에 따라 선택, 반복 등의 부분들을 수행함으로써 논리적 경로를 점검하는 등 모듈 안의 작동을 자세히 관찰하는 검사 방법이다.

20 베타 검사는 다수의 사용자를 제한되지 않은 환경에서 프로그램을 사용하게 하고 오류가 발견되면 개발자에게 통보하는 방식의 검사 방법이다.

21 블랙박스 시험의 종류 ⋯ 비교 시험, 동치 분할 시험, 원인 효과 그래프 시험이 있다.

22 화이트 박스 검사 방법의 종류가 아닌 것은?

① 기초 경로 검사(Basic Path Test)
② 조건 검사(Condition test)
③ 루프 검사(Loop test)
④ 데이터 흐름 검사(Data Flow Test)
⑤ 오류 예측 검사(Fault Based Testing)

ANSWER | 22.⑤

22 ⑤ 오류 예측 검사(Fault Based Testing)는 블랙박스 검사의 한 종류이다.

05 데이터통신

① 전송 방식

(1) 직렬전송과 병렬 전송

① 직렬 전송

- ㉠ 정보를 구성하는 각 비트들이 하나의 전송 매체를 통하여 한 비트씩 순서적으로 전송되는 형태
- ㉡ 하나의 전송 매체만 사용하므로 전송 속도가 느리지만 구성 비용이 적게 든다.
- ㉢ 원거리 전송에 적합하며 대부분의 데이터 통신에 사용된다.

② 병렬 전송

- ㉠ 정보를 구성하는 각 비트들이 여러 개의 전송 매체를 통하여 동시에 전송되는 형태이다.
- ㉡ 여러 개의 전송 매체를 사용하므로 전송 속도는 빠르지만 구성 비용이 많이 든다.
- ㉢ 근거리 전송에 적합하며 주로 컴퓨터와 주변 장치 사이의 데이터 전송에 사용된다.

(2) 통신 방식

구분	단방향(Simplex) 통신	반이중(Half-Duplex) 통신	전이중(Full-Duplex) 통신
방향	한쪽 방향으로만 전송이 가능한 방식	양방향 전송이 가능하지만 동시에 양쪽 방향에서 전송할 수 없는 방식	동시에 양방향 전송이 가능한 방식
선로	2선식	2선식	4선식
사용 예	라디오, TV	무전기	전화, 전용선을 이용한 데이터 통신

⑶ 비동기식 전송과 동기식 전송

① 비동기식 전송

㉠ 블록 단위가 아닌 문자 단위로 동기정보를 부여해서 보낸다.

㉡ 각 글자는 앞쪽에 1개의 start 비트, 뒤쪽에 1개 또는 2개의 stop 비트를 갖는다.

㉢ 문자와 문자 사이에 일정하지 않은 휴지 시간(Idle Time)이 있을 수 있다.

㉣ 문자마다 시작과 정지를 알리기 위한 비트가 2~3Bit씩 추가되므로, 전송 효율이 떨어진다.

㉤ 저속이다.

② 동기식 전송

㉠ 미리 정해진 수만큼의 문자열을 한 블록(프레임)으로 만들어 일시에 전송하는 방식

㉡ 송·수신 양쪽의 동기를 유지하기 위해서 타이밍 신호(클럭)을 계속적으로 공급하거나 동기 문자를 전송한다.

㉢ 블록과 블록 사이에 휴지시간(Idle Time)이 없다.

㉣ 비동기식 전송에 비해 고속이다.

❷ 신호 변환 방식

[표] 신호변환 방식에 따른 변조 방식

전송 형태	신호변환 방식	변조 방식	신호변환기
아날로그 전송	아날로그 → 아날로그	아날로그 변조(AM, FM, PM)	전화기, 방송 장비
	디지털 → 아날로그	디지털변조(ASK, FSK, PSK, QAM)	모뎀
디지털 전송	디지털 → 디지털	베이스밴드	DSU
	아날로그 → 디지털	펄스 부호 변조(PCM)	코덱

❸ 다중화(Multiplexing)

다중화란 하나의 고속 통신 회선을 다수의 단말기가 공유할 수 있도록 하는 것으로 선송로의 이용 효율이 매우 높다. 이때 사용하는 장비를 다중화기(MUX, Multiplexer)라고 한다.

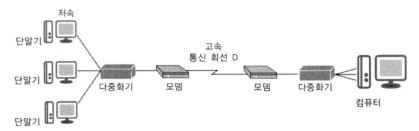

(1) 주파수 분할 다중화(FDM : Frequency Division Multiplexing)

① 통신 회선의 주파수를 여러 개로 분할하여 여러 대의 단말기가 동시에 사용할 수 있도록 한 것이다. 즉, 하나의 전송로 대역폭을 작은 대역폭(채널) 여러 개로 분할하여 여러 단말기가 동시에 이용할 수 있게 하는 방식이다.

② 대역폭을 나누어 사용하는 각 채널들 간의 상호 간섭을 방지하기 위한 보호 대역(Guard Band)이 필요하다.

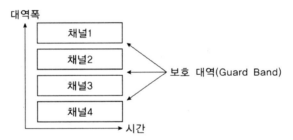

(2) 시분할 다중화(TDM : Time Division Multiplexing)

통신 회선의 대역폭을 일정한 시간폭(Time Slot)으로 나누어 채널 몇 개가 한 전송로의 시간을 분할해서 사용한다.

① **동기식 시분할 다중화**(STDM ; Synchronous Time Division Multiplexing)

　㉠ 일반적인 시분할 다중화 방식을 말하는 것으로, 모든 단말기에 균등한 시간폭을 제공한다.

　㉡ 데이터를 갖고 있지 않은 터미널에 할당된 타임 슬롯은 낭비되는 비합리적인 면이 있다.

② **비동기식 시분할 다중화**(ATDM ; Asynchronous Time Division Multiplexing)

= **지능형 TDM, 통계적 TDM** ··· 접속된 단말기 중 실제로 전송할 데이터가 있는 단말기에만 시간폭을 제공한다.

다중화 기법 비교

방식	장점	단점
동기식 TDM(STDM)	모든 프로토콜에 투명성을 가진다.	타임 슬롯, 즉 대역폭이 낭비된다.
비동기식 TDM(ATDM)	대역폭의 이용효율을 높인다.	– 흐름제어가 필요하며 흐름제어를 위한 프로토콜에 의존적이다. – 데이터 트래픽 발생비율이 고르게 분포되어 있을 때 전송 지연 및 성능 저하를 야기시킬 수 있다.

(3) 코드 분할 다중화(CDM : Code Division Multiplex)

① 하나의 채널로만 사용하는 아날로그 방식의 문제점을 해결하기 위해 개발된 다중화 방식을 말한다.

② 여러 사용자가 시간과 주파수를 공유하면서 각 사용자에게 서로 다른 코드(부호)를 부여하여 전송하고, 수신시에는 송신시 사용했던 코드와 동일한 코드를 곱하여 원래의 신호를 복원하는 FDM과 TDM의 혼합 방식이다.

③ TDM 방식으로 각 신호를 전송할 시간대역으로 분리한 후 각 시간대역을 FDM 방식으로 전송할 주파수 대역을 분리한다.

④ 코드 분할 다중화를 다른 말로 스펙트럼 확산(SS : spread spectrum) 다중화라고도 한다.

⑤ 코드 분할 다중화 방식(CDM)은 전송하고자 하는 정보를 필요한 대역폭으로 전송하는 것이 아니라 잡음과 다중 경로에 대한 면역성 등을 위해서 의도적으로 그것보다 훨씬 넓은 주파수 대역폭을 사용하는 확산 대역 기술을 사용하여 정보를 전송한다.

⑥ 아날로그 형태인 음성을 디지털 신호로 전환한 후 여기에 난수를 부가, 여러 개의 디지털 코드로 변환해 다중화하는 것으로 각 채널에 고유한 코드를 부여하여 해당 코드를 갖고 있는 단말기만을 인식하게 하는 방식이다.

⑦ **특징**

　㉠ 같은 주파수 대역을 사용하지만 각 가입자가 서로 다른 부호분할 다중화 방식을 사용한다.

　㉡ 여러 사용자가 시간과 주파수를 공유하면서 신호를 송·수신할 수 있는 통신 방식이다.

　㉢ 주파수 대역확산 기술(Spread-Spectrum Technology)을 사용하여 정보를 전송한다.

⑧ **장점**

ㄱ 큰 전송량을 확보할 수 있어 멀티미디어 서비스가 가능하다(FDM 방식의 최대 20배)

ㄴ 도청과 간섭을 받지 아니하여 통신 비밀 보장이 가능하다.

ㄷ 간섭의 최소화로 회선 품질이 양호하다.

⑨ **단점**

ㄱ 정밀한 전력제어 기능이 요구된다. 그렇지 않으면 통화가 혼선이 많이 생긴다.

ㄴ 송신부와 섬세한 동기화를 위해 수신부에서는 높은 하드웨어 기술이 필요하다.

ㄷ 송·수신시 사용된 코드가 동기화되지 않으면 잡음으로 처리된다.

❹ OSI 참조 모델

데이터 통신 기술의 발전은 통신 네트워크의 발전을 가져왔으나, 각 업체의 독자적인 기술은 통신의 유용성 및 타사 제품 간 통신 네트워크 문제로 대두되었다. 이를 위해 국제 표준화 기구(ISO)에서는 단말기로부터 컴퓨터, 네트워크, 프로세스, 사용자 간의 표준화된 절차를 규정하도록 한 표준 프로토콜(OSI, Open Systems Interconnection)을 발표하였다.

계층			역할
하위계층	1	물리 계층	• 호스트를 전송 매체와 연결하기 위한 인터페이스 규칙과 전송 매체의 특성을 다룬다.
	2	데이터링크 계층	• 회선 제어, 전송 제어, 오류 제어, 흐름 제어, 동기화 등 • 대표 프로토콜 : BSC 전송 제어 절차, HDLC 전송 제어 절차 등
	3	네트워크 계층	• 경로 설정(routing)과 중계(Relaying) • 흐름제어, 오류제어 • 대표 프로토콜 : X.25 등
	4	전송 계층	• 종단(End-to-End) 사용자 간의 흐름제어, 오류제어 • 일관성이 있고 투명한 데이터 전송을 가능하게 한다. • 연결성과 비연결성 등의 두 가지 운용모드를 지원한다.
상위계층	5	세션 계층	• 세션 관리 • 동기 관리 • 대화 제어 • 원활한 종료
	6	표현 계층	• 서로 다른 형식을 변환해주거나 공통 형식을 제공한다. • 압축 및 암호화
	7	응용 계층	• 사용자(응용 프로그램)과 OSI 환경에 접근할 수 있도록 서비스를 제공한다.

⑤ TCP/IP

(1) 개요

① 전송 제어 프로토콜(TCP:Transmission Control Protocol)과 인터넷 프로토콜(IP:Internet Protocol)을 의미한다.

② 인터넷의 기본이 되는 프로토콜로 인터넷에 연결된 서로 다른 기종의 컴퓨터들이 데이터를 주고받을 수 있도록 하는 표준 프로토콜이다.

(2) TCP/IP의 특징

① TCP/IP는 1960년대 말 ARPA에서 개발하여 ARPANET(1972)에서 사용하기 시작했다.

② TCP/IP는 UNIX의 기본 프로토콜로 사용되었고, 현재 인터넷 범용 프로토콜로 사용된다.

③ TCP/IP는 다음과 같은 기능을 수행하는 TCP 프로토콜과 IP 프로토콜이 결합된 것을 의미한다.

(3) TCP/IP의 구조

TCP/IP는 응용 계층, 전송 계층, 인터넷 계층, 네트워크 액세스 계층으로 이루어져 있다.

응용 계층	• 응용 프로그램 간의 데이터 송 · 수신 제공 • HTTP, TELNET, FTP, SMTP, SNMP 등
전송 계층	• 호스트들 간의 신뢰성 있는 통신 제공 • TCP, UDP
인터넷 계층(=네트워크 계층)	• 데이터 전송을 위한 주소 지정, 경로 설정을 제공 • IP, ICMP, IGMP, ARP, RARP
네트워크 액세스 계층	• 실제 데이터(프레임)을 송 · 수신하는 역할 • Ethernet, IEEE 802, HDLC, X.25, RS-232C 등

⑥ TCP와 UDP

(1) TCP(Transmission Control Protocol)

① **연결 지향형 프로토콜** … TCP는 패킷을 주고받기 전에 미리 연결을 맺어 가상 경로를 설정하는 연결 지향형 프로토콜이다. 따라서 TCP에서는 연결을 설정하는 과정과 연결을 종료하는 두 과정이 존재한다.

② 신뢰성 있는 경로를 확립하고 메시지 전송을 감독한다.

③ 순서 제어, 오류 제어, 흐름 제어 기능을 한다.

④ 패킷의 분실, 손상, 지연이나 순서가 틀린 것 등이 발생할 때 투명성이 보장되는 통신을 제공한다.

⑤ 슬라이딩 윈도우 제어로 속도 향상

(2) UDP(User Datagram Protocol)

① 데이터 전송 전에 연결을 설정하지 않는 비연결형 서비스를 제공한다.

② TCP에 비해 상대적으로 단순한 헤더 구조를 가지므로, 오버헤드가 적다.

③ 실시간 전송에 유리하며, 신뢰성보다는 속도가 중요시되는 네트워크에서 사용된다.

⑦ 데이터의 교환 방식

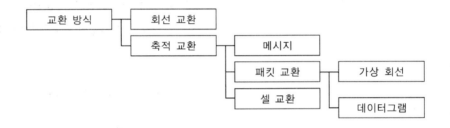

(1) 회선 교환(Circuit Switching) 방식

① 노드와 노드 간에 물리적으로 전용 통신로를 설정하여 데이터를 교환한다.

② 실시간으로 데이터를 처리한다.

③ 접속하는 동안 두 시스템에서 통신 회선을 독점한다.

④ 한번 접속하면 통신을 제어하지 않아도 되므로 데이터 양이 많고 긴 메시지를 전송하는 데 적합하다.

⑤ 속도 변화나 트래픽 처리에 동적으로 대처하기 어렵다.

(2) 축적 교환 방식

① 메시지 교환 방식

　㉠ 전용 전송로의 설정이 불필요

　㉡ 메시지에 목적지 주소를 첨부하여 전송

　㉢ 메시지는 노드에서 노드로 네트워크를 통해 이동

　㉣ 각 노드에서 메시지를 수신하게 되면 수신된 메시지를 잠시 저장한 다음, 그 다음 노드로 보냄. →
　　축적 후 전달(store and forward) 방식

② **패킷 교환**(packet switching) **방식**

　㉠ 패킷교환(packet switching) 방식은 회선교환방식과 메시지 교환방식의 장점을 결합하고 단점을 최소화한 방식

　㉡ 패킷 형태로 분할하여 전송하고 수신한다.(패킷이란 정해진 크기와 형식에 맞도록 구성한 데이터 블록을 말한다)

　㉢ 각 패킷은 개별 라우팅 과정을 거쳐 목적지에 도착한다.

　㉣ 분류

　　ⓐ 가상회선 방식

　　　• 단말기 상호 간에 논리적인 가상 통신 회선을 미리 설정하여 전송하는 방식

　　　• 패킷들을 순서적으로 운반한다. 즉, 패킷 전송 순서가 바뀌지 않는다.

　　ⓑ 데이터그램 방식

　　　• 연결 경로를 설정하지 않고, 네트워크의 상황에 따라 적절한 경로로 패킷을 전송하기 때문에 융통성이 좋다.

　　　• 순서에 상관없이 여러 경로를 통해 도착한 패킷들은 수신 측에서 순서를 재정리한다.

⑧ 네트워크 구성 형태

(1) 그물형(mesh)

① 그물형 접속형태는 보통 소수의 노드로 구성되는데, 이는 중앙 제어 노드의 중계 없이 모든 노드가 다른 노드와 점-대-점 전용 링크로 직접 연결된다.

② **그물형의 장단점**

　㉠ 장점

　　ⓐ 전용 링크를 사용하므로 교환 기능이 필요 없으며, 매우 빠른 전송 시간을 제공한다.

　　ⓑ 안전성이 매우 높다. 한 링크가 고장이 나더라도 전체 시스템에는 큰 문제가 되지 않는다.

　　ⓒ 보안성이 높다. 모든 메시지를 전용선으로 보내기 때문에 원하는 수신자만 받을 수 있다. 물리적인 보호막은 다른 사용자가 메시지에 접근하는 것을 막아준다.

　　ⓓ 점-대-점 연결은 결함을 식별하고 분리를 쉽게 할 수 있다. 데이터 전송에 문제가 있는 링크를 피해 우회 경로를 설정할 수 있다. 그물형을 운영하는 네트워크 관리자는 결함이 발생한 정확한 위치를 발견하고, 그 원인과 해결책을 쉽게 찾을 수 있다.

ⓛ 단점

　　ⓐ 모든 장치가 다른 모든 장치와 연결되어야 하기 때문에 설치와 재구성이 어렵다.

　　ⓑ 비용이 많이 든다.

그물형 접속형태

(2) 성형(Star)

① 성형 접속형태에서 각 장치는 일반적으로 허브라는 중앙 제어장치와 전용 점-대-점 링크로 연결된다.

② **성형의 장단점**

　㉠ 장점

　　ⓐ 중앙집중적인 구조이므로 유지 보수나 관리가 용이하다.

　　ⓑ 하나의 단말기(링크)가 고장나더라도 다른 단말기(링크)에 영향을 주지 않으므로 안정성이 높다.

　ⓛ 단점

　　ⓐ 중앙에 있는 전송 제어장치가 고장나면, 네트워크 전체가 동작할 수 없다.

　　ⓑ 트리형, 링형, 버스형보다 많은 회선이 필요하다.

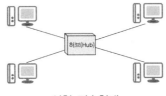

성형 접속형태

(3) 트리형(tree)

① 트리형의 접속형태는 성형의 변형이다. 성형처럼 트리에 연결된 노드는 네트워크상의 통신을 제어하는 중앙 허브에 연결된다. 그러나 모든 장치가 직접 중앙 허브에 연결되지는 않는다. 대부분의 장치는 중앙 허브에 연결된 2차 허브에 연결된다.

② **트리형의 장단점** … 트리형 접속형태의 장점과 단점은 일반적으로 성형 접속형태와 같다.

　㉠ 장점 : 제어가 간단하여 관리 및 확장이 용이하다.

　ⓛ 단점 : 중앙 허브에 병목 현상이 발생할 수 있다. 뿐만 아니라 중앙 허브의 고장은 네트워크 전체가 마비될 수 있다.

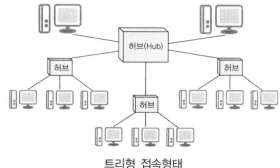

트리형 접속형태

(4) 버스형(bus)

① 한 개의 통신 회선에 여러 대의 단말장치가 연결 되어있는 형태

② 버스형의 장단점

　ㄱ 장점

　　ⓐ 설치가 쉽다.

　　ⓑ 물리적 구조가 간단하고, 단말장치의 추가와 제거가 용이하다.

　　ⓒ 그물형, 성형, 트리형의 접속형태보다 적은 양의 케이블을 사용한다.

　　ⓓ 단말장치가 고장나더라도 통신망 전체에 영향을 주지 않기 때문에 신뢰성을 높일 수 있다.

　ㄴ 단점

　　ⓐ 버스 케이블 결함이나 파손은 모든 전송을 중단하게 한다.

　　ⓑ 네트워크의 트래픽이 많을 경우 네트워크의 효율성이 떨어진다.

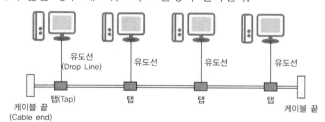

버스형 접속형태

(5) 링형(Ring)

① 컴퓨터와 단말장치들을 서로 이웃하는 것끼리 연결

② 링형의 장단점

    ㉠ 장점

        ⓐ 병목 현상이 드물다.

        ⓑ 분산 제어와 검사, 회복 등이 쉽다.

    ㉡ 단점

        ⓐ 새로운 네트워크로의 확장이나 구조의 변경이 비교적 어렵다.

        ⓑ 컴퓨터 한 대가 고장나면 전체 네트워크에 영향을 준다. 따라서 다중 링 형태로 구성하는 것이
           바람직하다.

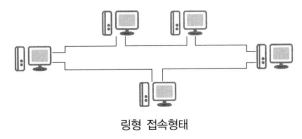

링형 접속형태

⑨ 근거리 통신망(LAN)

(1) LAN의 개념

일반적으로 하나의 빌딩이나 대학 캠퍼스 정도의 범위 내에 있는 personal computer, 서버, 프린터, 교
환장치, 워크스테이션 등이 상호 연결되어 구성된 네트워크 시스템

(2) LAN 프로토콜

① IEEE 802.3 … CSMA/CD

② IEEE 802.4 … 토큰버스 프로토콜

③ IEEE 802.5 … 토큰링 프로토콜

④ IEEE 802.11 … CDMA 폴링(무선 LAN)

⑤ IEEE 802.15.1 … 블루투스

⑩ 광역통신망(WAN)

(1) 광역 통신망(WAN)은 도시와 도시 사이, 국가와 국가 등 원격지 사이를 연결하는 통신망
(2) 일반적으로 범위가 10km 이상. 인공위성을 이용한 패킷 통신을 제외하고는 각 노드의 연결이 LAN과는 달리 점-대-점(point to point) 접속 방식 사용

⑪ VAN(부가가치통신망)

(1) 정보 제공시 통신회선을 공중 통신사업자로부터 임차하여 하나의 사설망을 구축하고 이를 통해 축적해 놓은 갖가지 정보를 유통시키는 정보 통신 서비스망
(2) 단순한 정보의 수집 및 전달 기능뿐만 아니라 정보의 저장, 가공, 관리 및 검색 등과 같이 정보에 부가가치를 부여하는 통신망
(3) 공중 통신 회선에 교환설비, 컴퓨터 및 단말기 등을 접속시켜 새로운 부가 기능을 제공하는 통신망

⑫ 이동통신

(1) WAP(Wireless Application Protocol, 무선 응용 프로토콜)
이동 단말이나 PDA 등 송신형 무선 단말기상에서 인터넷을 이용할 수 있도록 해주는 프로토콜의 총칭

(2) 핸드오프(Hand-Off)
이동 전화 이용자가 하나의 기지국에서 다른 기지국으로 이동하는 과정에서 통화가 끊기지 않게 이어주는 기능

⑬ 네트워크 관련 장비

(1) 리피터(Repeater)

① 네트워크 모델의 물리층에서 동작한다.

② 신호의 감쇠 현상을 복원해 주는 장치이다.

(2) 허브

① 네트워크 모델의 물리층에서 동작한다.

② 허브는 다중포트 중계기이다. 허브는 보통 물리적인 성형 접속형태에서 단말기들 간에 연결을 만들어 낸다.

(3) 브리지(Bridge)

① 데이터링크 계층에서 동적하는 네트워킹 장비이다.

② 복수의 LAN을 결합하기 위한 장비이다.

③ 리피터는 동일한 유형의 LAN끼리만 연결할 수 있었지만 브리지는 서로 다른 유형의 LAN 끼리도 연결할 수 있다.

④ Data의 움직임을 제어함으로써 내부와 외부 간 LAN의 정보량과 트래픽 양을 조절하는 기능이 있다.

⑤ 브리지의 동작과정을 보면 프레임이 브리지에 도착하면 브리지는 먼저 신호를 재생하고, 그 다음 목적지 주소를 검사하여 그 목적지 주소가 속해 있는 해당 LAN으로 재생한 프레임을 전송한다.

(4) 라우터(Router)

① 두 개의 서로 다른 형태의 네트워크를 상호 접속하는 3계층(네트워크 계층) 장비이다.

② 라우터는 구조가 다른 망끼리도 연결할 수 있어 LAN과 WAN을 연결하는 데 주로 사용한다.

③ 네트워크 계층에서 연동하여 경로를 설정하고 전달하는 기능을 제공하는 장비이다.

④ 적절한 전송 경로를 선택하고 이 경로로 데이터를 전달한다.

(5) 게이트웨이(Gateway)

프로토콜이 전혀 다른 네트워크 사이를 결합하는 장치이다.

출제예상문제

1 다음 중 데이터를 양쪽 방향으로 동시에 전송할 수 있는 방식으로 데이터 전송 시 사용되는 전송방식으로 옳은 것은?

① 단일 통신 ② 반이중 통신
③ 전이중 통신 ④ 단방향 통신
⑤ 쌍방향 통신

2 다음 중 데이터 통신방식과 그 사용 예의 연결로 옳은 것은?

① 전이중 방식 – 라디오
② 전이중 방식 – TV
③ 단방향 방식 – 전화
④ 반이중 방식 – 무전기
⑤ 반이중 방식 – 전용선을 이용한 데이터 통신

ⓒ ANSWER | 1.③ 2.④

1 전이중 통신은 데이터를 양쪽 방향으로 동시에 전송할 수 있는 방식으로 데이터 전송 시 사용되는 전송방식이다.

2 데이터통신 전송방식
　㉠ 단방향 통신 : 이미 정해진 한쪽에서 다른 쪽으로만의 데이터 전송이 가능한 형식으로 TV, 라디오가 있다.
　㉡ 반이중 통신 : 데이터를 양방향으로 전송할 수는 있으나 동시에 양방향으로 전송할 수 없으며, 송신할 때에는 수신할 수 없으며 수신할 때에는 송신할 수 없는 방식으로 무전기와 팩시밀리가 있다.
　㉢ 전이중 통신 : 데이터를 양쪽 방향으로 동시에 전송할 수 있는 방식으로 데이터 전송 시 사용되며 전화기 등이 있다.

3 다음 중 음성 주파수 대역이 4kHz인 경우, 디지털화하기에 가장 적절한 샘플 주파수를 고르면?

① 6kHz

② 10kHz

③ 15kHz

④ 17kHz

⑤ 20kHz

4 다음 중 동기식 전송방식과 비동기식 전송방식의 특징으로 옳은 것은?

① 동기식 전송방식은 미리 정해진 수 만큼의 문자열의 한 묶음을 만들어 일시에 전송하는 것이다.

② 동기식 전송방식은 2400bps 이상의 빠른 속도의 전송이 요구되는 경우에 사용된다.

③ 비동기식 전송방식은 한 번에 여러 문자를 송수신하는 것이다.

④ 동기식 전송방식의 문자의 앞에는 시작비트, 끝에는 정지비트가 있다.

⑤ 비동기식 전송방식은 블록과 블록 사이에 휴지기간(Idle Time)이 없다.

 ANSWER | 3.② 4.①

3 표본 수는 최대 주파수의 2배이므로 4,000Hz×2=8,000회이다. 따라서 8000Hz이상이 되어야 한다.

4 동기식 전송방식과 비동기식 전송방식
  ㉠ 동기식 전송방식
   • 미리 정해진 수만큼의 문자열을 한 블록(프레임)으로 만들어 일시에 전송하는 방식
   • 송·수신 양쪽의 동기를 유지하기 위해서 타이밍 신호(클럭)을 계속적으로 공급하거나 동기 문자를 전송한다.
   • 블록과 블록 사이에 휴지시간(Idle Time)이 없다.
   • 비동기식 전송에 비해 고속이다.
  ㉡ 비동기식 전송방식
   • 블록 단위가 아닌 문자 단위로 동기정보를 부여해서 보낸다.
   • 각 글자는 앞쪽에 1개의 start 비트, 뒤쪽에 1개 또는 2개의 stop 비트를 갖는다.
   • 문자와 문자 사이에 일정하지 않은 휴지 시간(Idle Time)이 있을 수 있다.
   • 저속이다.

5 다음 중 디지털 신호를 음성대역(0.3~3.4㎑)내의 아날로그 신호로 변환(변조)한 후 음성 전송용으로 설계된 전송로에 송신한다든지 반대로 전송로부터의 아날로그 신호를 디지털 신호로 변환(복조) 하는 장치를 일컫는 말은?

① 허브(HUB)　　　　　　　　　　② 모뎀(MODEM)
③ 전화교환기　　　　　　　　　　④ 단말(Terminal)
⑤ 리피터

6 다음 중 아날로그 데이터를 디지털 신호로 변환하는 과정에 포함되지 않는 것을 고르면?

① 부호화　　　　　　　　　　　　② 양자화
③ 분산화　　　　　　　　　　　　④ 표본화
⑤ 복호화

7 다중화(Multiplexing)에 대한 설명으로 옳지 않은 것은?

① 전송로의 이용 효율이 낮다.
② 다중화란 하나의 고속 통신 회선을 다수의 단말기가 공유할 수 있도록 하는 것이다.
③ 주파수 분할 다중화는 보호대역(Guard Band)이 필요하다.
④ 시분할 다중화는 동기식 시분할 다중화와 비동기식 시분할 다중화가 있다.
⑤ 코드 분할 다중화는 하나의 채널로만 사용하는 아날로그 방식의 문제점을 해결하기 위해 개발된 다중화 방식이다.

 ANSWER | 5.② 6.③ 7.①

5 공중 전화망(PSTN) … 음성 전송용으로 설계된 전송로, 공중 전화망을 이용하는 신호 변환기는 모뎀이다.

6 PCM 순서는 아래와 같다.
　표본화 → 양자화 → 부호화 → 복호화 → 여파화(필터링)

7 다중화 방식은 전송로의 이용 효율이 매우 높다.

8 다음은 무엇에 대한 설명인가?

> • 하나의 채널로만 사용하는 아날로그 방식의 문제점을 해결하기 위해 개발된 다중화 방식이다.
> • TDM 방식으로 각 신호를 전송할 시간대역으로 분리한 후 각 시간대역을 FDM 방식으로 전송할 주파수 대역을 분리한다.
> • 여러 사용자가 시간과 주파수를 공유하면서 신호를 송·수신할 수 있는 통신 방식이다.

① TDM(Time Division Multiplexing)

② FDM(Frequency Division Multiplexing)

③ ATDM(Asynchronous Time Division Multiplexing)

④ STDM(Synchronous Time Division Multiplexing)

⑤ CDM(Code Division Multiplexing)

9 다음 중 전송 매체상의 전송 프레임마다 해당 채널의 시간 슬롯이 고정적으로 할당되는 다중화 방식은?

① 주파수 분할 다중화

② 동기식 시분할 다중화

③ 통계적 시분할 다중화

④ 코드 분할 다중화

⑤ 비동기식 시분할 다중화

Ⓥ **ANSWER** | 8.⑤ 9.②

8 코드분할다중화에 대한 설명이다.

9 동기식 시분할 다중화(STDM)은 연결된 단말 장치들에게 전송할 데이터의 유무에 상관없이 일정하게 타임 슬롯을 할당해서 프레임을 구성하여 전송하는 방식을 의미한다.

10 다음 중 설명으로 옳은 것은?

> 컴퓨터와 단말기 사이에서 효율적이고 신뢰성 있는 정보를 주고받기 위해 송수신 측 사이에 정해둔 통신 규약

① 프로토콜   ② 인터페이스

③ 세그먼트   ④ 모뎀

⑤ 라우팅

11 네트워크 계층에서 수행하는 기능이 아닌 것은?

① 흐름 제어   ② 오류 제어

③ 경로 설정   ④ 네트워크 연결 관리

⑤ 압축 및 암호화

12 다음은 OSI 7계층 중 어느 계층을 설명한 것인가?

> • 종단(End-to-End) 사용자 간에 에러 복구와 흐름 제어를 제공한다.
> • 일관성이 있고 투명한 데이터 전송을 가능하게 한다.

① 물리 계층   ② 데이터 링크 계층

③ 네트워크 계층   ④ 표현 계층

⑤ 전송 계층

 ANSWER | 10.①   11.⑤   12.⑤

---

10 프로토콜은 컴퓨터와 단말기 사이에서 효율적이고 신뢰성 있는 정보를 주고받기 위해 송수신 측사이에 정해둔 통신 규약이다.

11 압축 및 암호화는 표현 계층(Presentation Layer)의 역할이다.

12 전송 계층에서는 종단(End-to-End) 사용자간의 흐름제어, 오류제어를 하며, 일관성이 있고 투명한 데이터 전송을 가능하게 하는 기능이 있다.

13 TCP/IP 프로토콜 계층 구조가 아닌 것은?

① 응용 계층
② 전송 계층
③ 표현 계층
④ 인터넷(네트워크) 계층
⑤ 네트워크 액세스 계층

14 전자우편에 사용되는 프로토콜이 아닌 것은?

① POP
② SNMP
③ MIME
④ SMTP
⑤ IMAP

15 호스트의 IP 주소를 물리적 주소(MAC Address)로 변환할 때 사용되는 프로토콜은 무엇인가?

① IP
② ARP
③ RARP
④ ICMP
⑤ DHCP

---

13 TCP/IP는 응용 계층, 전송 계층, 인터넷(네트워크) 계층, 네트워크 액세스 계층으로 이루어져 있다.

14 SNMP는 간이 망 관리 프로토콜이다.

15 ARP는 호스트의 IP 주소를 물리적 주소(MAC Address)로 변환한다. ARP에서는 ARP 요청 패킷과 ARP 응답 패킷이라는 두 종류의 패킷을 사용하여 MAC 주소를 알아낸다.

16 TCP(Transmission Control Protocol)에 대한 설명으로 옳은 것은?

① 실시간 전송에 유리하다.
② 비연결형 서비스를 제공한다.
③ 속도가 중요시되는 네트워크에서 사용된다.
④ 단순한 헤더 구조를 가지므로, 오버헤드가 적다.
⑤ 순서 제어, 오류 제어, 흐름 제어 기능을 한다.

17 다음 전송제어 문자 중 부정적 응답에 해당되는 전송 제어 문자는 무엇인가?

① EOT(End of Transmission)
② SOH(Start of Heading)
③ NAK(Negative Acknowledge)
④ ACK(ACKnowledge)
⑤ SYN(SYNchronous idle)

18 다음 중 데이터 통신에서 전송 제어 절차에 해당되지 않는 것을 고르면?

① 통신 회선 접속   ② 통신 회선 절단
③ 데이터 링크 설정   ④ 데이터 구조의 확인
⑤ 데이터 전송

ANSWER | 16.⑤ 17.③ 18.④

16　①~④는 UDP(User Datagram Protocol)에 대한 설명이다.

17　① EOT : 링크 해제 요청
　　② SOH : 머리말의 시작
　　③ NAK : 부정적인 응답, 재전송 요구
　　④ ACK : 긍정적인 응답, 다음 프레임 요구
　　⑤ SYN : 문자 동기 설정

18　전송 제어 절차는 다음과 같다.
　　회선의 접속(데이터 통신 회선 설정) → 링크의 설정(데이터링크 설정) → 데이터전송(정보메시지 전송) → 링크의 종료(데이터링크의 종결) → 회선 절단(데이터 통신회선의 절단)

19 회선 교환(Circuit Switching) 방식의 특징으로 옳지 않은 것은?

① 실시간으로 데이터를 처리한다.
② 노드와 노드 간에 물리적으로 전용 통신로를 설정하여 데이터를 교환한다.
③ 접속하는 동안 두 시스템에서 통신 회선을 독점한다.
④ 속도 변화나 트래픽 처리에 동적으로 대처하기 어렵다.
⑤ 네트워크의 상황에 따라 적절한 경로로 패킷을 전송하기 때문에 융통성이 좋다.

20 데이터 교환 방식에 대한 설명으로 옳은 것은?

① 회선 교환 방식은 전용 전송로의 설정이 불필요하다.
② 메시지 교환 방식은 메시지에 목적지 주소를 첨부하여 전송한다.
③ 회선 교환 방식은 축적 후 전달(store and forward) 방식을 사용한다.
④ 가상 회선 방식은 패킷들의 전송 순서가 유동적으로 바뀐다.
⑤ 가상 회선 방식은 단말기 상호 간에 물리적인 가상 통신 회선을 미리 실정하여 전송하는 방식이다.

21 다음 중 원형으로 연결되어 있어서 양방향으로의 접근이 가능하며 통신회선의 장애 시 다른 한쪽의 융통성이 있으며 모든 컴퓨터가 서로 연결되어 있기 때문에 보안이 문제점으로 대두되는 통신망의 종류로 옳은 것은?

① 성형   ② 링형
③ 망형   ④ 트리형
⑤ 버스형

Ⓖ **ANSWER** | 19.⑤ 20.② 21.②

19 ⑤는 데이터그램 방식에 대한 설명이다.

20 ① 회선 교환 방식은 전용 통신로를 설정한다.
③ 축적 후 전달(store and forward) 방식은 축적 교환 방식에서 사용된다.
④ 가상 회선 방식은 패킷들을 순서적으로 운반한다.
⑤ 가상 회선 방식은 단말기 상호 간에 논리적인 가상 통신 회선을 미리 실정하여 전송하는 방식이다.

21 링형은 원형으로 연결되어 있어서 양방향으로의 접근이 가능하며 통신회선의 장애 시 다른 한쪽의 융통성이 있으며 모든 컴퓨터가 서로 연결되어 있기 때문에 보안이 문제점이 대두되는 통신망이다.

22 다음 중 나뭇가지 모양의 네트워크로 중앙에 컴퓨터가 있고 일정한 지역 터미널까지는 하나의 통신회로가 구성되고 이 터미널로부터 단말장치가 연결되는 통신망으로 옳은 것은?

① 트리형　　　　　　　　　　　② 성형
③ 스타형　　　　　　　　　　　④ 망형
⑤ 버스형

23 다음 중 네트워크 구성 유형에서 모든 터미널들을 연결시킨 형태로 공중 통신 네트워크에 이용하며 가장 많은 통신회선이 필요한 네트워크 구성 유형으로 옳은 것은?

① 그물(망)형　　　　　　　　　② 링형
③ 스타형　　　　　　　　　　　④ 트리형
⑤ 버스형

24 다음 중 전송회선이 단절되면 전체 네트워크가 중단되는 네트워크 토폴로지로 옳은 것은?

① 트리형　　　　　　　　　　　② 그물형
③ 링형　　　　　　　　　　　　④ 버스형
⑤ 성형

ANSWER | 22.① 23.① 24.④

22 트리형은 나뭇가지 모양의 네트워크로 중앙에 컴퓨터가 있고 일정한 지역 터미널까지는 하나의 통신회로가 구성되고 이 터미널로부터 단말장치가 연결되는 통신망이다.

23 그물(망)형은 네트워크 구성 유형에서 모든 터미널들 연결시킨 형태로 공중 통신 네트워크에 이용하며 가장 많은 통신회선이 필요한 네트워크 구성 유형이다.

24 버스형은 전송회선이 단절되면 전체 네트워크가 중단되는 네트워크 토폴로지이다.

25 다음 중 근거리 통신망의 특징으로 옳지 않은 것은?

① 근거리를 전용선으로 구축한 네트워크로 병원, 대학교, 공장 등에 알맞다.
② 광대역 전송이 가능하다.
③ 전송속도가 느리다.
④ 기기의 배치와 확장이 용이하다.
⑤ 신호 형식과 전송 방식으로 베이스밴드 방식과 브로드밴드 방식이 있다.

26 다음 중 공중통신사업자로부터 회선을 빌려 불특정 다수에게 다양한 서비스를 제공하는 통신망으로 옳은 것은?

① 부가가치 통신망(VAN Network) ② 광대역 통신망(WAN Network)
③ 종합정보 통신망(ISDN Network) ④ 근거리 통신망(LAN Network)
⑤ 도시망(MAN Network)

27 다음 설명으로 옳은 것은?

> 1994년 스웨덴의 에릭슨에 의하여 최초로 개발된 근거리 통신 기술로 휴대폰, PDA, 노트북과 같은 휴대 가능한 장치들 사이의 양방향 정보 전송을 목적으로 한다.

① 스파이웨어 ② CDMA
③ 블루투스 ④ TCP
⑤ WAP

ⓒ ANSWER | 25.③ 26.① 27.③

---

25 근거리 통신망의 특징
ㄱ 근거리를 전용선으로 구축한 네트워크로 병원, 대학교, 공장 등에 알맞다.
ㄴ 광대역 전송이 가능하다.
ㄷ 전송속도가 빠르다.
ㄹ 기기의 배치와 확장이 용이하다.

26 부가가치 통신망은 공중 통신사업자로부터 회선을 빌려 불특정 다수에게 다양한 서비스를 제공하는 통신망이다.

27 블루투스는 1994년 스웨덴의 에릭슨에 의하여 최초로 개발된 근거리 통신 기술로 휴대폰, PDA, 노트북과 같은 휴대 가능한 장치들 사이의 양방향 정보 전송을 목적으로 한다.

28 다음 중 설명으로 옳은 것은?

> 디지털 교환기와 디지털 전송로에 의하여 구성된 하나의 통신망으로 전화, 데이터, 팩시밀리, 화상 등 다른 복수의 통신 서비스를 제공하는 디지털 통신망을 말한다.

① 종합정보 통신망(ISDN) ② 근거리 통신망(LAN)
③ 구내 망(PBX) ④ 광역 통신망(WAN)
⑤ 부가가치통신망(VAN)

29 다음 중 인터넷 기반 기술을 이용하여 기업들이 외부보안을 유지한 채 협력 업체 간 효율적인 업무처리를 위해 사용하는 네트워크로 옳은 것은?

① 인트라넷 ② 엑스트라넷
③ 스트리밍 ④ 블루투스
⑤ VAN

30 구조가 다른 망끼리도 연결할 수 있어 LAN과 WAN을 연결하는 데 주로 사용하는 장비는?

① 모뎀 ② 허브
③ 브리지 ④ 리피터
⑤ 라우터

ⓒ ANSWER | 28.① 29.② 30.⑤

28 종합정보통신망은 디지털 교환기와 디지털 전송로에 의하여 구성된 하나의 통신망으로 전화, 데이터, 팩시밀리, 화상 등 다른 복수의 통신 서비스를 제공하는 디지털 통신망을 말한다.

29 엑스트라넷은 인터넷 기반 기술을 이용하여 기업들이 외부보안을 유지한 채 협력 업체 간의 효율적인 업무처리를 위해 사용하는 네트워크이다.

30 라우터는 구조가 다른 망끼리도 연결할 수 있어 LAN과 WAN을 연결하는 데 주로 사용한다.

01 정보통신

1 정보통신 시스템

정보통신 시스템의 구성은 크게 실제 내가 전달하고자 하는 데이터를 안전하고, 정확하게 목적지까지 전달해 주는 기능을 담당하는 DTE(Data Terminal Equipment), DCE(Data Communication Equipment), CCU(Communication Control Unit)로 구성된 데이터 전송계와 전달된 데이터를 생성, 변환, 저장 및 처리 할 수 있는 HOST Computer로 구성된 데이터 처리계로 구성된다.

[정보 통신 시스템 구성도]

소스원 → 송신장치 → 전송로 → 수신장치 → 정보원

변조장치(modulation)　복조장치(demodulation)

[통신 시스템 모델의 구성도]

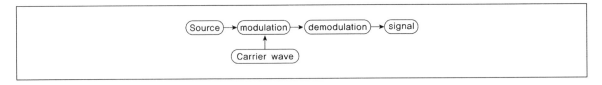

Source → modulation → demodulation → signal

Carrier wave

❷ 위성 마이크로파(Satellite Microwave)

(1) 위성 마이크로파

① 통신용량이 대용량이며 원거리 통신에 주로 이용된다.

② 전파지연시간이 발생하며 기후의 영향을 받는다.

③ **통신위성의 위치** … 적도 위 약 36,000㎞ 상공에 위치한다.

(2) 교환회선과 전용회선

① **교환회선** … 교환기를 통하여 연결된 여러 단말 장치에 대해 송수신하는 방식이다.

② **전용회선** … 송수신 간에 통신회선이 고정적이고, 언제나 통신이 가능하며 많은 양의 데이터 전송에 효율적인 회선이다.

[통신 방식에 따른 분류]

단방향 통신(Simplex)	한쪽 방향으로만 정보전송이 가능(TV, 라디오)
반이중 통신(Half Duplex)	양쪽 방향으로 정보전송이 가능하나 동시에는 불가능(무전기)
전이중 통신(Full Duplex)	양쪽 방향으로 동시에 정보전송이 가능(전화기)

(3) 회선 제어 절차

회선 연결→링크확립→메시지 전달→회선 절단

(4) 통신 속도와 통신 용량

① **BPS**(Bit Per Second) … 1초 동안에 전송되는 비트의 수

② **Baud**(보) … 1초 동안에 발생한 펄스의 수

③ $[bps] = n \times Baud$, n … 한 번에 보낼 수 있는 bit 수

④ 1비트 → One Bit, 2비트 → DiBit, 3비트 → TriBit, 4비트 → Quad Bit

⑤ **통신용량**(C)

$$C = W log_2(1 + \frac{S}{N})[bps] \cdots\cdots\cdots (5.1)$$

- C : 통신용량
- W : 주파수대역폭
- S : 신호전력
- N : 잡음전력

③ 정보 전송 방식

(1) 직렬 전송

① 통신 시스템 구성이 간단하고, 한 쌍의 회선만이 필요하므로 통신 회선 설치비용이 절감되어 경제적이다.

② 전송 오류가 적고, 원거리 전송에 적합하다.

③ 한 비트 씩 전송하기 때문에 전송속도가 느리다.

(2) 병렬 전송

① 단위 시간에 많은 양의 데이터를 동시에 전송할 수 있어 전송속도가 빠르다.

② 선로의 비용이 많이 들어 근거리 전송에만 사용된다.

③ strobe신호와 busy신호를 이용하여 송·수신 한다.(병렬 전송은 속도가 빨라 송신측이 데이터 전송을 알리는 strobe신호와 수신측에 현재 데이터를 수신하고 있음을 알리는 흐름제어 신호 busy신호를 이용하여 데이터 전송 흐름을 제어한다.)

(3) 비동기 전송(Asynchronous Transmission)

① 정보 전송형태는 문자단위로 이루어지며, 송신측과 수신측이 항상 동기 상태에 있을 필요가 없다.

② 각 문자를 전송할 때 마다 1bit의 start bit와 1~2bit의 stop bit를 추가하여 bit열을 구분하므로 일명 스타트 – 스톱 전송이라 한다.

③ 각 문자와 문자 사이에는 일정한 휴지시간이 있다.

④ 전송속도는 2000bps이하의 저속도 전송에 사용된다.

⑤ 전송 성능도 나쁘고, 대역폭도 넓게 차지한다.

(4) 동기 전송(Synchronous Transmission)

① 정보 전송형태는 블록단위로 이루어지며, 송신측과 수신측이 항상 동기 상태에 있어야 한다.

② 각 블록과 블록 사이에는 start bit와 stop bit가 필요 없으며 휴지시간도 없다.

③ 송·수신측 간 서로 동기를 맞추기 위한 동기 신호(문자동기 : SYN)가 필요하다.

④ 2000bps이상의 전송속도에서 사용한다.

⑤ 전송 속도가 빨라 수신측 단말기에는 버퍼(buffer)라는 임시 기억 장치가 필요하다.

⑥ 전송 성능도 좋고, 전송 대역폭도 좁게 차지한다.

④ 정보 신호 변조 과정

(1) 아날로그 데이터의 디지털 부호화

표본화 → 양자화 → 부호화

(2) 디지털 데이터의 아날로그 부호화

① **진폭 편이 변조**(ASK : Ampliude Shift Keying) … 디지털 신호인 0과 1에 대하여 반송파의 진폭을 변화시키는 방식이다.

② **주파수 편이 변조**(FSK : Frequency Shift Keying) … 디지털 신호(0과 1)에 따라서 반송파의 주파수를 변화시키는 방식이다.

③ **위상 편이 변조**(PSK : Phase Shift Keying) … 디지털 신호(0과 1)에 따라 반송파의 위상을 변화시켜 전송하는 방식이다.

④ **진폭 위상 변조**(QAM : Quadrature Amplitude Modulation) … 디지털 데이터의 효율적인 전송과 낮은 에러율, 전송 대역폭의 효율적 활용성을 얻기 위해 AM의 진폭 변화 방식과 PSK의 위상 변화 방식을 결합한 방식이다.

⑤ 전송 에러 제어 방식

[전송 제어 문자]

부호	의미
SYN(Synchronous Idle)	문자에 동기를 부여하거나 문자 동기를 유지시키기 위해 사용
SOH(Start Of Heading)	헤더 정보의 시작을 나타냄
STX(Start Of Text)	헤더 정보의 종료 및 정보 메시지인 텍스트의 시작을 나타냄
ETX(End Of Text)	텍스트의 종료를 나타냄
ETB(End of Transmission Block)	전송 블록의 종료를 나타냄
EOT(End Of Transmission)	정보 전송의 종료 및 데이터 링크의 초기화
ENQ(Enquire)	송·수신 간 데이터 링크 확립 및 상대국에 어떤 응답을 요구하기 위해 사용
DLE(Data Link Escape)	둘 이상의 문자들의 의미를 변경하거나 전송 제어 기능을 추가할 때 사용
ACK(Acknowledge)	수신한 정보 메시지에 대한 긍정적 응답
NAK(Negative Acknowledge)	수신한 정보 메시지에 대한 부정적 응답

(1) ARQ(검출 후 재전송 : Automatic Repeat Request)

Stop & Wait ARQ (정지 대기 ARQ)		
Continuous ARQ (연속적 ARQ)	Go − back − N ARQ	
	Selective ARQ (선택적 ARQ)	
Adaptive ARQ (적응적 ARQ)		

(2) 해밍코드(Hamming Code)

에러 검출 방식 중 비트수가 적고 가장 단순한 형태의 parity bit를 여러 개 이용하여 수신측에서 에러 검출 및 교정(수정)까지 할 수 있는 에러 정정코드이다.

(3) 잡음(Noise)

백색 잡음(White Noise)	모든 주파수에 걸쳐서 존재하는 일정한 잡음
충격성 잡음(Impuse Noise)	순간적으로 일어나는 높은 진폭의 잡음

❻ 정보통신 설비 및 프로토콜

(1) 정보통신 설비

① 단말 장치 사이의 접속 규격

[접속 규격]

접속 규격	내용
RS − 232C (25핀으로 구성) 물리계층에 해당	• 2번 핀 : 송신 데이터 • 3번 핀 : 수신 데이터 • 4번 핀 : 송신 요구 • 5번 핀 : 송신 준비 완료

② 정보교환 및 전송 설비

ⓐ 다중화기(Multiplexer) : 다중화 기술을 이용하여 하나의 회선 또는 전송로를 분할하여 개별적으로 독립된 다수의 신호를 동시에 송수신할 수 있는 장치를 말한다.

ⓑ 이동 통신망의 다원 접속 기술
- 주파수 분할 다중 접속(FDMA)
- 시분할 다중 접속(TDMA)
- 코드 분할 다중 접속(CDMA) : 대역확산 기술을 이용한 다량 접속 방식

⑵ 통신 프로토콜(Protocol)

통신 프로토콜은 어떤 시스템과 다른 시스템 사이에서 데이터 교환이 필요한 경우 이를 원활하게 수용하도록 해주고 신뢰성 있는 정보를 전송하기 위하여 미리 약속된 여러 가지 통신 절차 및 규정을 말한다.

① 프로토콜의 기본 요소

- ㉠ 구문(Syntax) : 전달되는 데이터의 형식, 부호화, 신호레벨 등을 규정한다.
- ㉡ 의미(Semantic) : 정확하고 효율적인 정보 전송을 위한 객체간의 조정과 에러 제어 등을 규정한다.
- ㉢ 순서(Timing) : 접속되는 개체간의 통신 속도의 조정과 메시지의 순서 제어 등을 규정한다.

② OSI참조 모델 7계층

- ㉠ 물리계층(제 1계층) : 최하위 계층으로서 전송매체를 통해 비트열을 전송하기 위한 기계적, 전기적, 사항에 관한 규칙이다.
- ㉡ 데이터 링크 계층(제 2계층) : 인접 시스템 간 데이터 전송 및 신뢰성 있는 데이터 전송을 위한 전송제어를 수행한다.
- ㉢ 네트워크 계층(제 3계층) : 교환, 중계, 교환설정(Routing)등을 수행 종단 시스템 간 데이터 전송을 보증하는 계층이다.
- ㉣ 전송 계층(제 4계층) : 일명 트랜스포트 계층이라고 하며, 종단 시스템 간 데이터의 전달 확인 및 회선에서 발생하는 전송에러를 회복하는 계층이다.
- ㉤ 세션 계층(제 5계층) : 응용 프로그램간의 연결을 설정, 유지, 종결하는 기능을 위해 대화를 담당하는 계층이다.
- ㉥ 표현 계층(제 6계층) : 일명 프레젠테이션 계층이라고 하며, 한 시스템의 응용 계층에서 보낸 정보를 다른 시스템의 응용 계층이 읽을 수 있도록 데이터의 형식이나 문법, 표현 형태 등을 표준화 하는 계층이다.
- ㉦ 응용 계층(제 7계층) : 최상위 계층으로서 사용자가 다양한 프로그램을 이용할 수 있도록 도와주는 계층이다.

❼ 정보 통신망

⑴ 정보 통신망의 구성 형태

① **스타 형**(Star 형) ··· 중앙의 컴퓨터나 교환기에 모든 단말들이 일대일 또는 일대다로 연결된 형태로 소규모 근거리 통신망(LAN) 구축에 적합하다.

② **트리 형**(Tree 형) ··· 중앙에 하나의 단말을 두고 일정 지역의 단말까지는 하나의 통신회선으로 연결되고 일정 지역의 단말에서 다시 그 지역의 다수의 단말과 연결되어 마치 나뭇가지가 뻗어나가는 형태로 되어 있다.

③ **버스 형**(Bus 형) ··· 하나의 통신회선에 모든 단말기들이 연결되어 있는 형태이다.

④ **링 형**(Ring 형) ··· 각각의 단말기들이 서로 이웃하는 것끼리만 직접 또는 중계를 통해 연결하는 형태로 LAN에서 가장 많이 사용된다.

⑤ **그물 형**(Mesh 형) ··· 통신망 상의 모든 단말들을 통신회선으로 상호 연결한 형태로 분산처리 시스템이 가능하고 광역 통신망(WAN)에 적합하다.

통신 회선의 수 : $\dfrac{n(n-1)}{2}$ ·············· (5.2)

(2) 정보 통신망의 분류

① **회선 교환방식** ··· 회선 교환방식이란 전송되는 데이터를 교환하는 방식이 아닌 통신회선 자체를 교환하는 방식으로 먼저 요청된 단말에게 먼저 하나의 통신회선을 선택하여 일대일 통신을 수행하는 형태이다. 이 방식은 마치 전용회선처럼 작용하여 다른 사용자가 이용할 수 없으며 회선 접속율이 통신회선 수에 따라 결정된다.

② **메시지**(Massage) **교환방식** ··· 메시지 교환방식은 축적 교환방식(Store – and – forward)중 하나로 전송되는 데이터를 일련의 메시지 단위로 분할하여 교환해 주는 방식으로 메시지 단위마다 목적지 주소를 부여하여 비어있는 회선을 선택 전송하는 형태이다. 이 방식은 실시간 데이터 전송이 곤란하고 교환기 내의 축적과 처리기능이 있어 이들 기능에 의한 부가적인 기능을 데이터 통신에 적용시킬 수 있다.

③ **패킷**(Packet) **교환방식** ··· 패킷 교환방식은 회선 교환방식의 장점과 메시지 교환방식을 장점을 혼합하여 만든 방식으로 전송하고자 하는 데이터를 일정한 크기의 패킷이라는 작은 단위로 만든 다음 전송하는 방식으로 전송경로 설정에 따라 가상회선 방식과 데이터 그램 방식으로 나누어진다.

(3) 정보 통신망의 종류

① **근거리 통신망**(LAN : Local Area Network) ··· 300m 이하의 통신회선으로 한 건물 안에서나 제한된 지역 내에서 컴퓨터 및 주변장치 등을 연결하여 정보와 프로그램을 공유할 수 있도록 해주는 네트워크를 말한다.

② **대도시 통신망**(MAN : metropolitan area network) ··· 여러 개의 LAN을 묶은 network 형태이다.

③ **광역 통신망**(WAN : wide area network) ··· 지방과 지방, 국가와 국가, 국가와 대륙, 전 세계에 걸쳐 형성되는 통신망으로 지리적으로 멀리 떨어져 있는 넓은 지역을 연결하는 통신망을 말한다.

④ **부가 가치 통신망**(VAN : value added network) ··· 한국통신(현 KT)과 같은 회선을 소유하는 사업자로부터 통신회선을 빌려 독자적인 통신망을 구성하고, 거기에 고도의 통신서비스를 부가하여 새롭게 구성한 통신망을 지칭한다.

⑤ **종합 정보 통신망**(ISDN : integrated services digital network) ··· 위성통신 · 광섬유 등 대용량 통신 기술과 디지털 전송 기술을 이용한 통신망으로서 전화 · 전신 · 데이터 · 화상 등 모든 정보의 교환과 전송을 디지털 통신망에서 가능하게 한 것이다.

(4) 네트워크 연결 장치

① **브리지**(Bidge) … 두 개의 근거리통신망(LAN)을 서로 연결해 주는 통신망 연결 장치로, OSI 참조 모델의 데이터 링크 계층(2계층)에 속한다.

② **라우터**(Router) … 둘 혹은 그 이상의 네트워크와 네트워크 간 데이터 전송을 위해 최적 경로를 설정해주며 데이터를 해당 경로를 따라 한 통신망에서 다른 통신망으로 통신할 수 있도록 도와주는 인터넷 접속 장비이다.

③ **게이트웨이**(Gateway) … 상이하게 다른 두 개의 다른 프로토콜 구조를 가지는 7계층 간을 연결하는 데 사용되며, 근거리통신망(LAN)과 같은 하나의 네트워크를 다른 네트워크와 연결할 때 사용된다.

④ **리피터**(Repeater) … 디지털 방식의 통신선로에서 신호를 전송할 때, 전송하는 거리가 멀어지면 신호가 감쇠하는 성질이 있다. 이 때 감쇠된 전송신호를 새롭게 재생하여 다시 전달하는 재생 중계 장치를 리피터라고 한다. OSI 참조 모델의 물리 계층에서 동작한다.

⑧ 뉴 미디어

(1) 뉴 미디어의 종류

① **비디오텍스**(Videotex) … 정보가 축적된 TV 수상기와 전화망을 이용한 형태로 각종 정보검색을 할 수 있는 화상 정보 시스템이다.

② **텔레텍스트**(Teletext) … 컴퓨터와 TV를 연결하여 다중 방송의 하나로 일반 TV방송 시에는 전혀 영향을 주지 않고 수직 귀선 시간을 사용하여 정지 화면이나 문자에 의해 필요한 정보를 TV화면에 나타내는 방식이다.

③ **주문형 비디오**(VOD : Video On Demand) … 통신망 연결을 통하여, 사용자가 필요로 하는 영상을 원하는 시간에 제공해주는 맞춤영상정보 서비스이다.

④ **고화질 TV**(HDTV : High Definition Television) … HDTV는 현행 TV보다 2배 이상의 수직·수평 해상도를 가지며 현행 TV가 가지고 있는 문제점을 개선하고, 현행 TV보다 넓은 9 : 16의 화면 종횡비를 가지며 CD 음질 수준의 디지털 오디오 기능을 갖는다. 주사선 수는 1,125개(기존 TV 525개)이다.

(2) 멀티미디어(Multimedia)

다양한 미디어가 하나의 미디어로 통합된 새로운 형태의 미디어를 말한다. 즉, 인식과 표현 그리고 지각, 저장, 전송미디어 등의 집합체를 말한다.

① **JPEG** … 정지 영상 압축 기술에 관한 표준화 규격이다.

② **MPEG** … 동화상을 압축하는 기술에 관한 표준화 규격이다.

02 슈퍼 헤테로다인 수신기

① 슈퍼 헤테로다인 수신기 개요

(1) 슈퍼 헤테로다인 수신기

[슈퍼 헤테로다인 수신기]

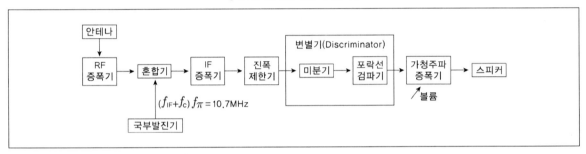

① 전형적인 FM수신기는 슈퍼 헤테로다인 FM수신기이다.

② 슈퍼 헤테로다인 FM수신기의 안테나에 수신된 무선주파수는 RF증폭기에서 무선 증폭이 된 후 혼합기 (Mixer)를 통과시켜 변조 신호에 어떠한 영향도 주지 않는 중간주파수(Intermediate frequency)로 변환시킨다.

③ IF증폭기는 반송파가 중간주파수로 변환된 FM신호를 다시 한 번 증폭을 하여 진폭 제한기로 보낸다.

④ 진폭 제한기는 전송로의 페이딩(Fading : 먼 곳으로부터의 전파를 수신하고 있을 때 수신전계강도가 수초에서 수분간의 간격으로 변동하는 현상)등에 의한 진폭 변동을 제거하기 위해 일정한 진폭으로 만들어 매분기와 포락선 검파기로 구성된 변별기로 보낸다.

⑤ 진폭이 제한된 FM신호가 매분기를 통과하면 각도 $\theta(t)$ 부분이 미분된 AM화된 FM신호가 출력되고, 이 출력을 다시 포락선 검파를 하여 변조신호(또는 가청주파수 대역신호)$s(t)$의 진폭에 따라서 주파수 변화를 진폭변화로 변환시키는 미분기의 역할이 가장 중요하다.

(2) 슈퍼 헤테로다인 DSB – LC(AM)방식의 수신기

다음의 수신기는 슈퍼 헤테로다인 수신기로서 현재 가장 널리 쓰이고 있는 DSB – LC 즉 흔히 말하는 AM용 수신기이다. 구성도는 다음과 같다.

[슈퍼 헤테로다인 수신기 구성도]

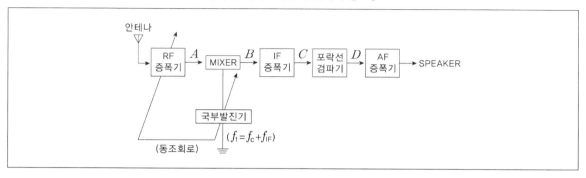

슈퍼 헤테로다인 수신방식의 원리는 방송주파수가 각각 다른 여러 가지 무선주파수(RF : Radio Frequency) 신호를 이미 설정된 일정한 중간주파수(IF : Intermediate Frequency) 신호로 주파수 변환 (Frequency Conversion)시켜 포락선 검파를 하는 방식이다.

① 수신된 DSB − LC(AM) 신호를 RF증폭기에 의해서 증폭이 된 신호, 즉 그림에서 A점에서의 신호를 $Ac'[1+s(t)]\cos 2\pi f_c t$ 라고 하자. 이 신호는 B점의 입력 신호가 된다.

② B점의 신호는 RF증폭기의 신호, 즉 A점의 신호 $Ac'[1+s(t)]\cos 2\pi f_c t$ 와 Mixer의 국부발진신호 $\cos 2\pi (f_c + f_{If})t$ 가 혼합되어 다음의 신호가 된다.

$$Ac'[1+s(t)]\cos 2\pi f_c t \times \cos 2\pi (f_c + f_{IF})t$$

$$= Ac'[1+s(t)]\{\cos 2\pi f_c t \bullet \cos 2\pi (f_c + f_{IF})t\}$$

상기의 under − line 부분을 $2\pi f_c t = A$ 로, $2\pi (f_c + f_{If})t = B$ 로 놓고 3각함수 곱을 합으로 고치는 공식 $\cos A \cos B = \dfrac{1}{2}\{\cos (A - B) + \cos (A + B)\}$ 를 이용하면

$$= Ac'[1+s(t)]\left\{\frac{1}{2}\cos [2\pi f_c t - 2\pi (f_c + f_{IF})t] + [\cos 2\pi f_c t + 2\pi (f_c + f_{IF})t]\right\}$$

$$= \frac{Ac'[1+s(t)]}{2}\{\cos 2\pi [f_c t - (f_c + f_{IF})t] + \cos 2\pi [f_c t + (f_c + f_{IF})t]\}$$

$$= \frac{Ac'[1+s(t)]}{2}\{\cos 2\pi [f_c t - f_c t - f_{IF}t] + \cos 2\pi [f_c t + f_c t + f_{IF}t]\}$$

$$= \frac{Ac'[1+s(t)]}{2}\{\cos 2\pi [- f_{IF}t] + \cos 2\pi [2f_c t + f_{IF}t]\}$$

상기 식에서 under − line부분은 $\cos 2\pi (- f_{IF}t) = \cos 2\pi |f_{IF}t|$ 이다.

$$= \frac{Ac'[1+s(t)]}{2}\{\cos 2\pi (2f_c - f_{IF})t + \cos 2\pi f_{IF}t\} \quad \cdots\cdots\cdots\cdots (5.3)$$

③ 다음 B점의 신호는 다음 단위 IF증폭기 에서 IF증폭이 되며, IF증폭기의 출력단에서 반송주파수 f_c가 중간주파수로 변환되어 c점에서의 신호는 다음과 같이 된다.
$K[1 + s(t)]\cos 2\pi f_c t$ 여기서 K는 IF 증폭계수이다.

④ 상기의 신호는 포락선 검파기에 의하여 검파되어 원래의 신호로 복원된다.

⑤ 검파된 (복조기) D의 신호는 AF증폭기(저주파 증폭기)로 가해져 여기서 저주파 증폭이 되어 스피커에서 원래의 신호가 나오게 된다. 이와 같은 방식을 슈퍼 헤테로다인 수신방식이라고 한다. 이 방식은 1918년 E.H. Amstrong이 창안하였다.

⑥ 국내 표준 DSB – LC(AM)방송의 주파수 대역은 550 ~ 1600[KHz]이며, 중간주파수 (IF)는 455[KHz]이다.

⑦ 표준 DSB – LC(AM)방송의 반송주파수 (f_c) 할당간격은 10[KHz]이고, 변조신호의 최대주파수는 5[KHz]이다.

❷ 슈퍼 헤테로다인 수신기의 장점과 단점

(1) 슈퍼 헤테로다인수신기의 장점

① **고감도** … 고주파 증폭을 여러단 사용하면 주파수 선택도와 S/N는 좋게 할 수 있으나, 증폭단을 증가시키면, 증폭기의 입력신호와 출력신호의 주파수가 동일하므로 궤환(Feedback)에 의하여 발진을 일으킨다. 그러므로 고주파 신호를 2단 증폭한 다음, 다른 주파수로 바꾸어 증폭하면 발진의 위험이 없이 증폭을 할 수 있으므로 안전하게 고주파 증폭을 할 수가 있다. 따라서 수신기의 감도를 크게 향상 시킬수 있다.

② **고선택도** … 높은 무선주파수를 낮은 무선주파수로 변경하면, 주파수 선택도가 향상이 되는데 이 예를 들어 설명하면 다음과 같다.
1,000[KHz]의 방송을 수신하는데, 10[KHz]가 높은 1,010[KHz]의 방해 신호가 혼신을 하고 있다면, 일반적으로 수신기 동조회로의 Q가 크지 못하므로 1,000[KHz]와 1,010[KHz]를 분리하기는 어렵다. 이 분리 가능의 정도를 이조도(Separatibity)로 나타내며, 이 경우 이조도는 다음과 같다.

$\dfrac{1010 - 1000}{1000} \times 100[\%] = 1[\%]$

그러나 입력신호의 주파수 1,000[KHz]를 455[KHz]의 중간주파수로 바꾸면, 국부 발진주파수는 1,455[KHz]가 되므로, 1,000[KHz]는 455[KHz]로 1,010[KHz]는 455[KHz]로 변환되기 때문에 이조도는 다음과 같이 된다.

$\dfrac{455 - 445}{455} \times 100[\%] = 2.2[\%]$

따라서 이조도가 2.2배나 개선된다.

③ **고충실도** … 고주파 증폭을 충분히 크게 하면 고주파 신호의 진폭이 크게 됨에 따라 검파 다이오드 특성곡선의 직선부분을 이용하게 되므로 검파 파형의 왜곡이 적어진다. 따라서 충실도가 높아진다. 이와 같이 다이오드 특성곡선의 직선부분을 이용하여 검파하는 방식을 직선검파라고 한다.

(2) 슈퍼 헤테로다인 수신기의 단점

① **영상신호(Image Signal) 발생** … 만약 중간주파수가 455[KHz]이고, 듣고자 원하는 수신주파수가 850[KHz]라고 하면, 국부 발진주파수는 850+455=1305[KHz]이다. 한편 원하지 않는 다른 방송 주파수인 1706[KHz]의 방송신호가 또 있다면, 이 신호의 중간주파수도 1760-1305=455[KHz]가 된다. 이것이 원하는 방송신호(850[KHz])의 중간주파수와 혼합하게 되면 원하지 않는 신호가 원하는 신호에 혼선을 일으킨다. 이와 같이 원하지 않는 신호(1760[KHz])를 영상신호(Image Signal)라고 한다. 예를 들어 원하는 신호의 RF 증폭기의 이득이, 원하지 않는 신호의 것보다 25[dB]만큼 높지만, 만약 원하지 않는 신호의 이득이 25[dB]만큼 더 높으면, 그 수신점에 같은 크기의 혼신을 받게 된다. 따라서 고주파 증폭기는 영상주파수를 혼합기에 도달하기 전에 반드시 최소화 시켜야 된다.

② **수신기 전원전압 변동에 영향** … 슈퍼 헤테로다인 수신방식에는 국부발진회로부가 있으므로 전원전압 변동의 영향을 다른 검파 방식보다 훨씬 잘 받는다. 왜냐하면 전원전압이 20 ~ 30[%] 정도가 낮아지면, 발진이 아주 꺼지거나 또는 발진주파수가 달라지기 때문이다.

③ 슈퍼 헤테로다인 수신기의 국부발진기에서 나오는 신호의 파형이 완전한 정현파가 아니면, 고조파 성분을 포함하게 되므로 이 고조파(또는 제2의 검파시 발생하는 중간 고주파 신호의 고조파)와 수신기의 다른 입력신호와의 사이에 비이트 잡음을 일으킨다.

❸ DSB – LC(AM)와 DSB – SC(AMSC)의 특성비교

지금까지 배운 DSB – LC(AM)와 DSB – SC(AMSC) 변조 방식의 주요 특성을 비교하면 다음과 같다.

[표 5 – 4 특성비교]

변조 방식 특성	DSB – LC(AM)	DSB – SC(AMSC)
반송파 성분존재 유무	무	유
Power 효율	100 %	33.3%
복조 방식	동기 검파기	포락선 검파기 정류 검파기 슈퍼 헤테로다인 수신기
사용처	1:1 통신(무전기)	1:다중통신 (방송)

④ 비동기 검파(in − coherent 검파)

다이오드를 이용한 포락선 검파기가 사용되며, 여기서 다이오드는 검파 특성이 완전한 직신이 아니어서 비직선 왜율이 발생한다. 따라서 수신단에서 동기가 필요하지 않기 때문에 캐리어신호의 완전한 지식을 알 필요가 없다. 따라서 비동기 검파는 주로 ASK와 FSK에 사용되며 PSK 파형복조에는 이용하지 않는다. 일반적으로 비동기 검파는 동기 검파보다 시스템이 간단한 반면에 동기 검파보다 효율이 떨어진다.

⑤ 동기 검파(coherent 검파)

송신 신호의 주파수와 위상에 동기된 국부발진 신호와 입력 신호를 곱하게 하는 곱셈검파기이다. 즉, 송신측과 수신측이 동일한 반송파를 이용하는 경우로 PSK의 검파에 주로 사용된다. 한편 비슷한 잡음 성능에 대해 코히런트시스템이 1[dB] 정도의 신호전력 이득을 더 얻을 수 있으며, 정합 여파기검파는 일종의 동기 검파방식이며, DPSK에서는 동기 검파보다 차동위상 검파방식을 더 많이 사용한다.

03 초퍼형 변조기

① 초퍼형 변조기

직류신호를 단속하여 교류신호로 변환한 것으로서 기계적인 것과 전자회로적인 것이 있는데, 전자회로적인 것으로는 다이오드나 트랜지스터를 사용한 반도체 초퍼가 널리 사용되고 있다. (최근에는 MOS형 전계형 트랜지스터가 많이 사용되고 있다.)

[초퍼형 변조기]

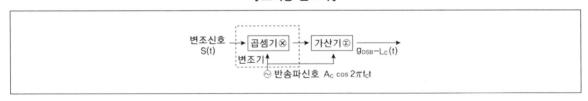

초퍼 변조기는 게이트(gate) 변조기, 또는 스위칭(Switching) 변조기라고도 한다. 초퍼형 변조기에 높은 주파수의 반송파 $A_c \cos 2\pi f_c t$를 낮은 주파수의 변조신호 $s(t)$에 직렬로 가하면, 변조파의 스펙트럼 $[s(t) + A_c \cos 2\pi f_c t]$은 콘볼루션(Convolution)하여 생긴 스펙트럼 $\pm f_c$를 중심으로 하여 분포된 스펙트럼과 $f = 0, \pm 3f_c, \pm 5f_c, \cdots\cdots\cdots$ 등의 주파수를 중심으로 하여 분포된 기타의 스펙트럼으로 구성이 되지만 중심 주파수가 f_c인 대역통과필터(BPF)를 사용하면 주파수를 중심으로 하여 분포된 기타의 스펙트럼은 제거가 된다.

② 비선형 변조기(자승변조기)

비선형 변조는 제곱변조, 자승변조, 2승변조라고도 한다. 이 변조기는 진폭 변조 회로의 일종으로써 변조 출력이 변조입력의 제곱에 비례하는 것이다. 베이스 변조에 있어서 동작점을 특성곡선의 제일 많이 굽은 곳에 주어서 변조를 한다. 변조는 간단히 할 수 있으니, 변조 효율은 낮고 찌그러짐이 많기 때문에 큰 변조도는 얻을수가 없다. 이것은 반송 전화등 출력이 비교적 작은것에 사용되며, 무선통신에서는 사용되지 않는다. 입력전압 v_i 출력전류 i_c 에서 입·출력 특성의 급수식 i_c는 다음과 같다.

단 $k_o + k_1 v_i + k_2 v_i^2 + k_3 v_i^3 + \cdots\cdots\cdots k_n v_i^n$

$$i_c = k_o + \sum_{n=1}^{\infty} k_n v_i^n \quad \cdots\cdots\cdots\cdots (5.4)$$

단 $k_o, k_1, k_2, k_3 \cdots\cdots\cdots k_n$은 비례 상수이다.

③ 반송파를 갖는 진폭 변조파의 검파(복조)

반송파를 갖는 진폭 변조의 신호(피변조파)는 $s(t)\cos 2\pi f_c t$ 와 큰전력의 반송파로 구성되어 있으므로, 이 포락선은 변조신호(정보신호, 원래신호)와 강일하기 때문에 더 간단한 방식을 사용할 수 있다. 이와 같은 방식을 비동기 검파(incoherent detection)라 하며, 여기서는 포락선 검파기(Envelope detection)와 정류 검파기(Rectifier detection)가 있다.

(1) 포락선 검파기

포락선 검파기는 간단한 다이오드를 사용하여 다이오드가 동작(On)을 하면 다이오드의 순방향 저항의 값은 매우 작아지고, 또 반대로 다이오드가 동작을 하지 않으면(Off) 역방향 저항의 값은 매우 커지므로, 반송파를 갖는 진폭 변조파의 (+), (−)의 값에 따라 빠른 충전시간과 느린 방전시간을 갖게 된다.

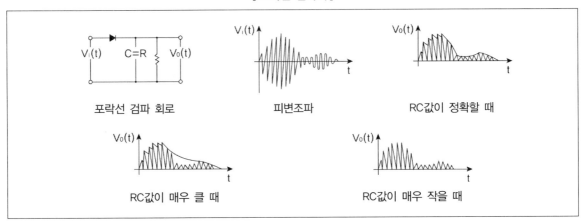

방전시간은 캐패시터와 병렬로 연결된 저항 R에 의해서 결정이 되므로, 시정수 $\tau = RC$에 따라서 포락선의 모양이 결정된다. 이렇게 검파된 팔형을 저역필터(LPF)에 통과시켜 고주파성분을 제거하고, 또 검파출력에 포함된 결합 콘덴서(Coupling Conderfer)를 사용하여 제거를 시키면 자기가 원하는 변조신호 $s(t)$를 복원할 수가 있다. 포락선 검파기는 간단하고, 효율이 좋으며, 가격이 저렴하여 반송파를 갖는 AM 신호를 검파하는 데 널리 사용된다. 또 포락선 검파기는 반송파가 억압된 진폭 변조(억압반송파 진폭 변조)신호의 복조에는 바로 사용할 수 없다. 이러한 형태의 수신기를 반송파 주입(Injected Carrier) 수신기라고 한다.

(2) 정류 검파기(Rectifier detection)

정류 검파기는 동기 검파기의 원리를 이용한 것이다. 다이오드를 저항 R을 통하여 접지시키면 다이오드는 반송파의 주파수에 따라 스위치와 같이 동작을 하여 변조가 된 피변조파를 정류하며 이러한 검파기를 정류 검파기라 부른다. 정류 검파기는 아래 정류 검파기의 그림과 같이 송신측에서 변조가 된 피변조파는 다이오드 D에서 정류가 된 후 (상하측파대 중에서 한측파대만 나타남. 여기서는 상측파대를 이용한 것으로 함)고주파 성분은 저역필터(LPF)를 사용하여 제거하고, 검파 출력에 포함된 DC 성분은 다시 결합 콘덴서 C_c를 사용하여 제거시킴으로써 원래의 신호를 재생할 수 있다. 그러나 정류 검파기는 포락선 검파기보다 효율적인 면에서 더 우수하지 않기 때문에 상업방송에서 거의 사용하지 않는다.

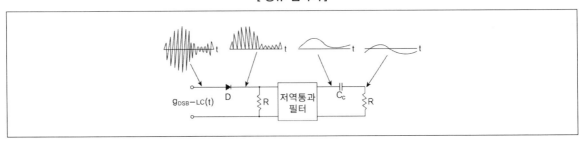

④ 반송파를 억압하는 진폭 변조(DSB – SC)

지금 보내고자 하는 정보신호(변조신호 또는 바로 신호파라고 한다)를 $s(t) = A_m \cos 2\pi f_c t$, 또 이 정보신호를 멀리까지 보내주는 반송파(Carrier)를 $c(t)$라고 하고, 이 파를 곱한 피변조파를 $g_{DSB-sc}(t)$라고 한 경우 시간영역(t)는 다음과 같다.

$$g_{DSB-sc}(t) = s(t) \cdot c(t)$$

상기의 식에서 반송파 $c(t) = A_c \cos 2\pi f_c t$이다. 진폭 변조이므로 신호파 $s(t)$를 반송파 $c(t)$의 진폭 A_c에 곱해주면 다음과 같이 된다.

$$A(t)s(t)\cos 2\pi f_c t \quad \cdots\cdots\cdots\cdots (5.5)$$

상기의 식에서 신호파 $s(t) = A_c \cos 2\pi f_m t$이며 이것을 대입해 보면

$$A_c A_m \underline{\cos 2\pi f_m t \cdot \cos 2\pi f_c t}$$

상기의 식에서 반송파 $A_c A_m = A_o$라고 하고, 또 under – line부분의

$$\cos 2\pi f_m t \cdot \cos 2\pi f_c t = \cos A \cdot \cos B = \frac{1}{2}\{\cos(A+B) + \cos(A-B)\} \quad \cdots\cdots\cdots (5.6)$$

라고 한 경우 상기식은 다음과 같이 쓸 수 있다.

$$= A_o \cdot \frac{1}{2}\{\cos(A+B) + \cos(A-B)\} \qquad\qquad \cdots\cdots\cdots (5.7)$$

$$= A_o \cdot \frac{1}{2}\{\cos(2\pi f_m t + 2\pi f_c t) + \cos(2\pi f_m t - 2\pi f_c t)\}$$

$$= A_o \cdot \frac{1}{2}\{\cos 2\pi(f_m + f_c)t + \cos 2\pi(f_m - f_c)t\}$$

f_m은 신호파로써 낮은 주파수이고, f_c는 반송파로써 높은 주파수이므로 서로 위치를 바꾸어쓴다.

$$= \frac{1}{2}A_o\{\cos 2\pi(f_c + f_m)t + \cos 2\pi(f_c - f_m)t\}$$

$$\therefore g_{DSB-SC}(t) = \frac{1}{2}A_o\{\cos 2\pi(f_m + f_c)t + \cos 2\pi(f_m - f_c)t\} \quad \cdots\cdots\cdots (5.8$$

⑤ 반송파를 억압하는 진폭 변조기

반송파를 억압하는 진폭 변조기는 초퍼 변조기와 비선형 소자를 이용한 변조기의 두가지가 있다.

(1) 초퍼 변조기(또는 정류형 변조기 chopper modulation)

초퍼 변조기는 게이트(Gate) 변조기 또는 스위칭(Switching)변조기라고도 한다.
$s(t)$는 입력신호인 신호파(또는 변조파)이며, $p(t) = \cos 2\pi f_c t$는 구형파인 반송파이며 $g_{AMSC}(t)$는 변조가 되는 피변조파이다.

[초퍼 변조기]

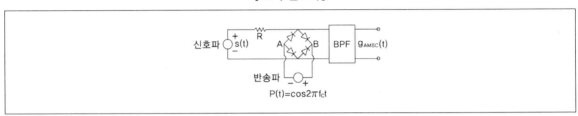

초퍼 변조기에서 반송파가 $\cos 2\pi f_c t > 0$일때는 점 A가 점 B보다 전위가 높기 때문에 4개의 다이오드는 열린 상태로써 개회로가 되며, 또 반송파가 $\cos 2\pi f_c t < 0$일 때는 점 A가 점 B보다 전위가 높기 때문에 4개의 다이오드는 닫힌 상태로써 폐회로가 되므로 4개의 다이오드는 스위칭 작용을 한다. 이와 같은 스위칭 작용을 초퍼(Chopper)라고 한다. 이것은 초퍼주파수 f_c와 같은 주파수를 갖는 구형파 $p(t)$와 입력 신호 $s(t)$를 곱한 것과 같은 결과를 얻는다. 즉 입력신호 $s(t)$에 표본화 펄스함수 $p(t)$를 곱하면 다음과 같은 결과식을 얻을 수 있다.

$$s(t)p(t0 = s(t)\left[\frac{1}{2} + \frac{2}{\pi}cos2\pi f_c t - \frac{2}{3\pi}cos6\pi f_c t + \cdots\cdots\right] \quad\cdots\cdots\cdots\cdots (5.9)$$

상기의 식에서 $p(t)$는 Fourier급수로 전개된 식이다.
상기의 식을 정리하면 각항은 $B_n s(t)\cos 2\pi f_c t$ [※ $B_n = Fourier$ 계수]와 같은 형태를 갖는다.이는 반송주파수가 nf_c (여기서 n=1, 2, 3, ...)인 반송파가 억압된 진폭 변조파(AMSC파)이다.

(2) 비선형 소자를 이용한 변조기

비선형(Non-linear)이란 선형에 대응하여 사용되며, 회로에서 전압과 전류가 비례하지 않는 경우를 나타낸다. 따라서 비선형 소자(자승소자)란 적절하게 바이어스 시킨 반도체 다이오드를 말한다. 이러한 비선형 소자를 이용하면 다음과 같은 입력과 출력 간에 비선형 소자의 기본특성을 알 수 있다.

$$i(t) = \sum_{n=-\infty}^{\infty} a_m e^n(t) \cong a_1 e^1(t) + a_2 e^2(t) \quad\cdots\cdots\cdots\cdots (5.10)$$

상기의 식 (5.10)에서 $a_1 e^1(t) =$ 기본계수, $a_2 e^2(t) =$ 특성곡선의 곡도이다. 특히 여기서 $e^2(t)$는 입력의 출력을 얻는 것이다. 즉 자승법칙의 출력이 얻어진다.

비선형소자에 서로 다른 극성을 갖는 변조신호 $\pm s(t) = A_m \cos w_m t$와 반송파 $A_c \cos w_m t$를 가하면 두 소자에 의한 전류 $i(t)$와 $i_2(t)$는 식(5.11)과 같다.

$$i_1(t) = a_1 [+ s(t) + A_c \cos w_c t]^1 + a_2 [+ s(t) + A_c \cos w_c t]^2 \cdots\cdots\cdots (5.11)$$

$+ s(t) = A_m \cos w_c t$를 대입한다.

⑥ 반송파를 억압한 진폭 변조파의 복조 – 동기 검파(또는 승적 검파)

(1) 동기 검파(또는 승적 검파)

수신기에 들어온 반송파 억압 진폭 변조파 $g_{DSB-SC}(t)$인 경우,

이 $g_{DSB-SC}(t) = A_c S(t) \cos 2\pi f_c t$를 곱하면 다음과 같이 된다.

$$g_{DSB-SC}(t) \cdot c(t) = A_c S(t) \cos 2\pi f_c t \cdot A_c \cos 2\pi f_c t$$

$$= \underline{A_c^2 S(t) \cos 2\pi f_c t \cdot \cos 2\pi f_c t}$$

상기의 under–line부분에 $\cos A \cos B = \dfrac{1}{2}\{\cos(A+B) + \cos(A-B)\}$를 이용하면

$$= A_c^2 S(t) \cdot \frac{1}{2}\{\cos(2\pi f_c t + 2\pi f_c t) + \cos(2\pi f_c t - 2\pi f_c t)\}$$

$$= A_c^2 S(t) \cdot \frac{1}{2}\{\cos 4\pi f_c t + \cos 0^o\}$$

$\cos 0^o = 1$

$$= A_c^2 S(t) \cdot \frac{1}{2}\{\cos 4\pi f_c t + 1\}$$

$$= A_c^2 S(t) \cdot \frac{1}{2}\cos 4\pi f_c t + A_c^2 S(t) \cdot \frac{1}{2}$$

$$= \frac{A_c^2}{2}[S(t) \cdot \cos 4\pi f_c t + s(t)] \text{ 또는 } \frac{A_c^2}{2}[S(t) + s(t)\cos 4\pi f_c t] \cdots\cdots\cdots (5.12)$$

[동기 검파 방식]

상기의 식(5.12)에서 원하는 신호는 $\dfrac{A_c^2}{2}s(t)$항 이므로, $g_{DSB-SC}(t) \cdot c(t)$를 LPF를 통과시켜 원래의 신호 $s(t)$를 복조해 낼 수 있다.

즉 $g_{DSB-SC}(t) \cdot c(t) = \dfrac{A_c^2}{2}\left[s(t) + s(t) \cdot \cos 4\pi f_c t\right]$ ·············· (5.13)

상기의 신호에 LPF를 통과시키면 반송파 부분인 $s(t)\cos 4\pi f_c t$가 여과가 된다.

$LPF[g_{DSB-SC}(t) \cdot c(t)] \cong \dfrac{A_c^2}{2}s(t)$ ·············· (5.14)

지금까지의 설명은 수신기의 국부발진기 반송파(기준반송파)의 주파수와 위상이 송신측의 주파수와 위상과 일치한 경우이다. 이와 같이 일치가 되지 않을 때는 원하지 않는 찌그러짐이 발생한다. 따라서 반송파 억압 진폭 변조파로부터 원래의 신호를 제대로 복조하기 위해서는 송신측 반송파의 주파수와 위상이 일치하는 수신기 측의 국부발진기 반송파를 송신측에서 발생해온 반송파 억압진폭 변조파 $g_{DSB-SC}(t)$에 곱해야 한다. 이것을 동기 검파라고 한다. 지금까지는 수신기의 국부발진기 반송파의 주파수와 위상이, 송신측의 주파수와 위상과 일치한 경우이나, 만약에 일치가 되지 않는 경우는 원하지 않는 찌그러짐이 발생한다. 즉 송신기측과 수신측 양자의 주파수와 위상이 각각 $\Delta f, \Delta \theta$ 만큼 다른 경우를 보자. 이곱은 다음과 같다.

$g_{DSB-SC}(t) = A_c s(t)\cos 2\pi f_c t \left[A_c \cos\left\{2\pi(f_c + \Delta f)t + \Delta\theta\right\}\right]$

$\qquad\qquad = \underline{A_c^2 s(t)\cos 2\pi f_c t \cdot \cos\left\{2\pi(f_c + \Delta f)t + \Delta\theta\right\}}$

상기의 $under-line$ 부분에 $\cos A \cos B = \dfrac{1}{2}\left\{\cos(A+B) + \cos(A-B)\right\}$를 이용하면

$= A_c^2 s(t)\dfrac{1}{2}\left\{\cos\left[2\pi f_c t + 2\pi(f_c + \Delta f)t + \Delta\theta\right] + \cos\left[2\pi f_c t - 2\pi(f_c + \Delta f)t + \Delta\theta\right]\right\}$

$= \left(\dfrac{A_c^2}{2}\right)s(t)\left\{\cos\left[2\pi f_c t + (2\pi f_c t + 2\pi \Delta f t) + \Delta\theta\right] + \cos\left[2\pi f_c t - (2\pi f_c t + 2\pi \Delta f t) + \Delta\theta\right]\right\}$

$= \left(\dfrac{A_c^2}{2}\right)s(t)\left\{\cos\left(2\pi f_c t + \Delta\theta\right) + \cos\left[2\pi(2\pi f_c + \Delta f)t + \Delta\theta\right]\right\}$ ·············· (5.15)

상기의 신호가 LPF를 통과하면 제2항은 중심주파수가 $2f_e$ 이므로 제거가 되고, 제1항만 남게 된다. 즉 LPG의 출력은 다음과 같다.

$$LPF\left[g_{DSB-SC}(t) \cdot c(t)\right] = \left(\frac{A_c^2}{2}\right)s(t)\cos\left(2\pi\Delta ft + \Delta\theta\right) \cdots\cdots\cdots (5.16)$$

만약 상기의 식(5.16)에서 Δf와 $\Delta\theta$가 모두 0이면 상기의 식은 $\left(\frac{A_c^2}{2}\right)s(t)\cos 0^o = \frac{A_c^2}{2}s(t)$가 되므로 원하는 신호가 된다. 상기의 식(5.16)의 물리적 의미를 이해하기 위하여 우선 $\Delta\theta = 0$일 경우, 즉 수신기에서 원래신호를 복조하기 위하여 수신기 측에 도달한 $g_{DSB-SC}(t)$에 곱하는 국부발진기의 반송파 $\tilde{c}(t)$의 성분과 비교해 볼 때, 위상은 서로 같고, 주파수 차이가 서로 미소하게 있을 경우를 생각해 보자. 이 때 LPF를 통과한 출력은 식(5.17)에 의하여 다음과 같이 나타낸다.

$$LPF\left[g_{DSB-SC}(t) \cdot \tilde{c}(t)\right] = \left(\frac{A_c^2}{2}\right)s(t)\cos 2\pi\Delta ft \cdots\cdots\cdots (5.17)$$

일반적으로 Δf는 작으므로 $s(t)$의 진폭이 시간에 따라 서서히 변하는 결과가 되어 원하지 않는 진폭 찌그러짐, 즉 페이딩(fading) 현상이 발생한다. 다음은 수신측의 국부 반송파 $\tilde{c}(t)$의 성분과 송신측의 반송파 $c(t)$의 성분을 비교해 볼때, 주파는 같고($\Delta f = 0$) 위상이 다를 경우, 즉 위상이 오차가 수신측에 미치는 영향을 살펴보자. 이때 LPF를 통과한 출력은 식(5.16)에 의하여 다음 식과 같이 표현한다.

$$LPF\left[g_{DSB-SC}(t) \cdot \tilde{c}(t)\right] = \left(\frac{A_c^2}{2}\right)s(t)\cos\Delta\theta \cdots\cdots\cdots (5.18)$$

여기서 $\Delta\theta = \frac{\pi}{2}$이면, $s(t)\cos\Delta\theta = 0$이 되어 문제를 야기시키지만, $\Delta\theta$는 일정하기 때문에 복원된 $s(t)$의 진폭이 감쇠될 뿐 주파수의 오차가 미치는 영향만큼 문제가 되지 않는다. 따라서 반송파 억압 진폭 변조파로부터 원래 신호를 제대로 복조하기 위해서는 송신측 반송파의 주파수와 위상과 일치하는 수신측의 국부반송파를 반송파 억압 진폭 변조파 $g_{DSB-SC}(t)$에 곱해야 한다. 이것을 동기 검파라고 한다.

(2) 초퍼 변조기를 이용한 반송파 억압 진폭 변조 검파방식

여기서는 동기 검파의 원리를 이용한 한가지의 예로써 초퍼 변조기를 이용하여 원하는 변조신호를 얻는 복조기를 설명해 보자. 이것을 이용한 이유는 초퍼 변조기는 송신측에서 변조신호 $s(t)$와 반송파 $c(t)$를 곱하여 반송파 억압 진폭 변조파 $g_{DSB-SC}(t)$를 만들기 때문이다.

[초퍼 변조기를 이용한 $g_{DSB-SC}(t)$ 검파방식]

수신기에 들어온 입력신호 $g_{DSB-SC}(t)$에 송신측에서 변조된 신호와 동일한 주기를 갖는 표본화 펄스함수 $p(t)$신호를 곱하여 얻는다.

여기서 수신기에 들어온 입력신호(송신측의 피변조파) $g_{DSB-SC}(t) = A_c s(t)\cos 2\pi f_c t$이고, 송신측 변조신호와 동일한 신호(국부발진신호)는 $\sum_{n=0}^{\infty} B_n \cos 2\pi f_c t$이다. 이 두신호의 곱은 다음과 같이된다.

$$g_{DSB-SC}(t) \cdot p(t) = A_c s(t)\cos 2\pi f_c t \cdot \sum_{n=0}^{\infty} B_n \cos 2\pi f_c t \quad \cdots\cdots\cdots (5.19)$$

$$= A_c s(t) \sum_{n=0}^{\infty} B_n \cos 2\pi f_c t \cdot \cos 2\pi f_c t \quad \cdots\cdots\cdots (5.20)$$

$$= A_c s(t) \sum_{n=0}^{\infty} B_n \cos 2\pi n f_c t \cdot \cos 2\pi f_c t$$

상기의 식에서 $under-line$부분을 $2\pi n f_c t = A$, 또 $2\pi f_c t = B$라고 할 때

$\cos A \cdot \cos B = \dfrac{1}{2}\{\cos(A-B) + \cos(A+B)\}$를 이용하면

$$= A_c s(t) \sum_{n=0}^{\infty} B_n \frac{1}{2}\{\cos(A-B) + \cos(A+B)\} \quad \cdots\cdots\cdots (5.21)$$

A.B 값을 대입한다.

$$= A_c s(t) \sum_{n=0}^{\infty} B_n \frac{1}{2}\{\cos(2\pi n fct - 2\pi fct) + \cos(2\pi n fct + 2\pi fct)\}$$

$$= A_c s(t) \sum_{n=0}^{\infty} B_n \frac{1}{2}\{\cos(n-1)2\pi fct + \cos(n+1)2\pi fct\}$$

$$g_{DSB-SC}(t) \cdot p(t) = A_c s(t) \sum_{n=0}^{\infty} B_n \frac{1}{2}\{\cos(n-1)2\pi fct + \cos(n+1)2\pi fct\} \quad \cdots\cdots (5.22)$$

상기의 식 (5.22)에서 몇 가지 항만 살펴보자.

① n=0 인 경우 $g_{DSB-SC}(t) = ?$

$$g_{DSB-SC}(t) = A_c s(t) B_o \frac{1}{2} \{\cos(0-1)2\pi fct + \cos(0+1)2\pi fct\}$$ ·············· (5.23)

$$= A_c s(t) B_o \frac{1}{2} \{\cos(-1)2\pi fct + \cos(1)2\pi fct\}$$

$$= A_c s(t) B_o \frac{1}{2} \{|\cos 2 \cdot 2\pi f_c t|\}$$

$$= \frac{A_c}{2} s(t) B_o \cos 2\pi f_c t$$

② n=2 인 경우 $g_{DSB-SC}(t) = ?$

$$g_{DSB-SC}(t) = A_c s(t) B_1 \frac{1}{2} \{\cos(1-1)2\pi fct + \cos(1+1)2\pi fct\}$$ ·············· (5.24)

$$= A_c s(t) B_1 \frac{1}{2} \{\cos(0)2\pi fct + \cos(2)2\pi fct\}$$

$$= A_c s(t) B_1 \frac{1}{2} \{\cos(0) + \cos(2)2\pi fct\}$$

$$= A_c s(t) B_1 \frac{1}{2} \{1 + \cos \cdot 4\pi f_c t\}$$

$$= \frac{A_c}{2} s(t) B_1 \cos 2\pi f_c t$$

③ n=3 인 경우 $g_{DSB-SC}(t) = ?$

$$g_{DSB-SC}(t) = A_c s(t) B_2 \frac{1}{2} \{\cos(2-1)2\pi fct + \cos(2+1)2\pi fct\}$$ ·············· (5.25)

$$= A_c s(t) B_2 \frac{1}{2} \{\cos 2\pi fct + \cos(3)2\pi fct\}$$

$$= \frac{A_c}{2} s(t) B_2 \{\cos 2\pi fct + \cos 6\pi fct\}$$

LPF를 사용하여 원하는 신호인 $\frac{A_c}{2} B_1 s(t)$를 복원할 수 있다. 그러므로 변조와 복조에 동일한 초퍼를 사용할 필요가 있다.

04 수정발진기

1 수정발진기 개요

수정발진기는 압전기 효과를 이용하는 것으로 수정편에 전계를 가하면 극성이 반대로 변화되면서 크기가 커졌다가 작아졌다가 하면서 진동하게 됨으로써 발진기로 이용할 수 있게 된다. 수정 진동자가 발진 소자로 사용되는 이유는 리액턴스가 유도성이 되는 범위 즉, fs(직렬 공진 주파수)$\leq f \leq fp$(병렬 공진 주파수)인 주파수 범위가 좁아 수정 발진기의 발진주파수가 매우 안정하기 때문이다.

2 수정발진기의 특징

(1) 주파수 안정도가 좋다(10^{-6} 정도).

(2) 수정 진동자의 Q가 매우 높다($10^4 \sim 10^6$).

(3) 수정 진동자는 기계적으로 물리적으로 안정하다.

(4) 발진 조건을 만족하는 유도성 주파수 범위가 대단히 좁다.

(5) 수정 진동자 중 그 고유 주파수에 대한 온도 계수가 충분히 작은 것을 사용하면 발진주파수는 보다 안정해진다.

[수정 발진주파수의 변동과 원인과 대책]

원인	대책
주위 온도의 변동	• 항온조를 사용한다. • 온도 계수가 작은 진동자를 사용한다.
부하의 변동	• 완충 증폭기를 사용한다. • 소결합한다.
동조점의 불안정	발진강도가 최강인 점보다 약간 약한 점으로 한다.
전원전압의 변동	• 정전압 회로를 사용한다. • 전원을 별도로 공급한다.
부품의 불량	• Q가 높은 수정 공진자를 사용한다. • 양질의 부품을 사용한다. • 기계적 진동으로 인한 것은 방진 장치를 한다.

출제예상문제

1 패킷 교환 방식에 대한 설명으로 옳은 것은?

① 음성 · 영상통신에 적합한 방식이다.
② 송 · 수신측 간에 전용회선을 제공한다.
③ 안정적인 속도를 제공한다.
④ 데이터 전송시 지연 발생은 메시지 교환 방식보다 작다.

2 마이크로파 통신 방식에 대한 설명으로 옳지 않은 것은?

① 전자파를 이용한 무선통신이다.
② 광을 이용한 통신이므로 속도가 매우 빠르다.
③ 이동통신에 사용한다.
④ 무선통신이므로 주파수 범위와 거리 등을 고려해야 한다.

⊘ **ANSWER** | 1.④ 2.②

1 **패킷 교환 방식** … 통신을 위한 전용회선을 제공하지 않으며, 전송단위는 패킷이고 각 교환기는 패킷의 라우팅 정보를 보고 적절한 출력 포트로 내보낸다. 메시지는 패킷 단위로 분할되며 각 패킷에는 송 · 수신측 주소 또는 가상 회선 번호같은 라우팅 정보가 포함된다. 패킷 전송시에만 링크를 점유하므로 회선 교환 방식에 비하여 링크의 사용효율이 높으며 하나의 패킷을 여러 장소로 동시에 전달할 수 있다. 전송 속도 및 통신 규약을 변경할 수 있고 오류도 제어가 가능하며 대량의 자료를 고속으로 전송할 수 있다.

2 광을 이용한 통신은 광통신이며 유선통신으로 분류된다.

3 다음 중 광통신 장비에 해당하지 않는 것은?

① SDH – 1급 전송장비   ② DSU

③ DWDM   ④ 2.5G급 전송장비

4 전자 교환기의 통화로계의 구성장치가 아닌 것은?

① 중계선   ② 신호 분배 장치

③ 주사 장치   ④ 보조 장치

5 전송 매체의 종류로 옳지 않은 것은?

① UTP 케이블   ② 광 케이블

③ Coaxial Cable   ④ PVC

6 CSU(Channel Service Unit)에 대한 설명으로 옳지 않은 것은?

① Unipolar 신호를 Bipolar 신호로 변환하여 전송한다.

② T1/E1 프레임을 생성하여 사용한다.

③ T1은 24개 Time slot으로 구성되어 있다.

④ 회선속도는 T1과 E1으로 고정 되어 있다.

ANSWER | 3.② 4.④ 5.④ 6.④

3 DSU는 디지털 데이터 서비스 장비에 해당한다.

4 전자 교환기의 구성
㉠ 통화로계 : 하드웨어 부분, 통화로망, 중계선, 주사 장치, 신호 분배 장치 등
㉡ 제어계 : 소프트웨어 부분, 중앙 제어 장치, 호 처리 기억 장치, 프로그램 기억 장치

5 PVC는 전력용으로 사용하는 비닐 절연 케이블에 해당한다.
※ 전송 매체의 종류 … UTP 케이블, 광 케이블, Coaxial 케이블, 랜 케이블 등

6 T1과 E1은 ×56K와 ×64K의 범위 내에서 자유롭게 속도의 조정이 가능하다.

7 국간 중계선 신호 방식 중 공통선 신호 방식의 장점으로 옳지 않은 것은?

① 통화용 회선과 신호용 회선을 분리함으로써 많은 중계선을 확보할 수 있다.

② 중계선 점유시간의 단축으로 효율이 향상된다.

③ 데이터 링크의 이중화 구성으로 백업 기능이 가능하다.

④ 음성과 신호 정보의 결합 가능성이 제거되므로 음성에 의한 신호기능방해 및 오동작이 방지되어 신뢰성이 향상된다.

8 CCTV의 기본 구성에 해당하지 않는 것은?

① 촬영부   ② 표시부

③ 전송부   ④ 증폭부

9 전송 시스템 중 회선 종단 장치에 해당하는 것은?

① Modem   ② DSU

③ DSL   ④ PCM

⊘ ANSWER | 7.③ 8.④ 9.②

7 통선 신호 방식의 단점

㉠ 데이터 링크와 신호를 분리하여 전송하기 때문에 데이터 링크의 고장시 대량의 중계선을 사용할 수 없다.

㉡ 데이터 링크 이중화 구성으로 필요 이상의 회선을 낭비할 수 있다.

8 CCTV의 기본구성

㉠ **촬영부** : 촬영용 광학렌즈계, TV 카메라계, 지지보호체계

㉡ **전송부** : 동축 케이블 및 광 케이블

㉢ **표시부** : CRT 모니터, 프로젝트 모니터

㉣ **저장부** : H/D 방식으로 VTR에 기록

9 DSU(Digital Service Unit)와 DTE(Data Terminal Equipment)

㉠ DSU(Digital Service Unit) : 디지털 데이터 전송회선 양끝에 설치되어 디지털 데이터를 전송로에 알맞은 형태로 변환하여 전송하고 수신측에서는 반대의 과정을 거쳐 원래의 형태로 변환시켜 주는 장비로 베이스 밴드 전송을 행하는 데이터 회선 종단 장치의 일종이다.

㉡ DTE(Data Terminal Equipment) : 사용자와 네트워크 인터페이스와 사용자측에서 데이터 발신장치나 수신장치 또는 두가지 겸용으로 사용되는 장치이다.

10 다음 중 인터넷 서비스를 받을 수 있는 매체에 해당하는 것은?

① HDTV

② 키폰

③ CATV

④ PABX

11 전송로의 전송속도 중 E1에 해당하는 전송속도로 옳은 것은?

① 2.048Mbps

② 1.544Mbps

③ 64Kbps

④ 128Kbps

12 ISDN의 기본 인터페이스 채널 구조로 옳은 것은?

① 2B+2D

② 20B+D

③ 30B+D

④ 2B+D

13 데이터 네트워크 및 장비 설치시 고려해야 할 사항으로 거리가 먼 것은?

① 표준안 또는 권고안에 따른 정품을 설치해야 한다.

② 네트워크의 변동 및 변경에 대한 유연성을 고려하여야 한다.

③ 향후 확장성을 고려하여 설계 및 설치하여야 한다.

④ 고가 및 외국장비로 선정하여야 한다.

ANSWER | 10.① 11.① 12.④ 13.④

10 HDTV는 Set – top box를 설치하면 TV를 통하여 인터넷으로 접속하여 서비스를 받을 수 있다.

11 전송로 전송속도
ㄱ E1 : 유럽에서 사용하는 광역 디지털 전송기법으로 데이터를 2.048Mbps의 속도로 전달한다.
ㄴ T1 : 미국에서 사용하는 디지털 전송기법으로 데이터를 1.544Mbps의 속도로 전달한다.

12 ISDN의 가입자 루프 … 2B+D, 즉 2개의 64kbps와 1개의 16kbps의 속도를 가지는 기본적 채널 구조와 1.544Mbps 를 가진 일차적 채널 구조를 가지고 있다.

13 데이터 네트워크 및 장비 선정시에는 표준안, 유연성, 확장성 등을 고려하여 선정하여야 한다.

14 전화 교환기에서 SPC(축적 프로그램) 방식의 사용으로 인하여 나타나는 결과로 옳지 않은 것은?

① 다양한 기능을 부과한다.
② 유지 보수가 편리하다.
③ 스위칭시 요구되는 공통 제어 장치수가 절감된다.
④ 설치시 설치비가 고가이며, 설치 기간이 길다.

15 다음 중 LAN의 특징과 거리가 먼 것은?

① LAN상의 프린터 등 자원의 공유가 있다.
② 사무효율이 향상된다.
③ 서버 내의 데이터를 각 클라이언트에서 공유가 가능하다.
④ 보안에 강하다.

16 자동차, 선박, 항공기 등과 같이 이동하는 물체에 무선기를 설치하고 통신을 하는 무선국인 이동국에 해당하지 않는 것은?

① 선박국
② 항공기국
③ 육상국
④ 육상 이동국

ANSWER | 14.④ 15.④ 16.③

14 SPC 사용으로 인한 이점으로는 설치비의 비용 감소, 설치 공간의 축소, 설치 기간의 축소 등을 들 수 있다.

15 LAN의 특징
　㉠ 전송거리가 짧아서 전송로 비용이 부담되지 않는다.
　㉡ 전송 지연시간이 짧기 때문에 패킷지연이 최소화된다.
　㉢ 고속전송이 가능하고 전송 오류율이 낮다.
　㉣ 외부망의 제약을 받지 않는다.
　㉤ 방송형태의 이용이 가능하다.
　㉥ 망 내의 어떤 기기와도 통신이 가능하다.
　㉦ 패킷 망의 필수적인 경로선택이 필요없어 망 제어가 쉬워진다.

16 육상국 … 항공국, 해안국, 기지국 등과 같이 이동국을 상대로 하는 고정국을 의미한다.

17 다음 중 종합정보통신망과 관계가 깊은 통신망은?

① LAN
② VAN
③ WAN
④ ISDN

18 다음 중 무선 통신기기의 구성요소로 볼 수 없는 것은?

① 송신장치
② 수신장치
③ 공중선
④ 전자장치

19 다음 중 신호를 여러 개의 정현파 합으로 표시하는 방법은?

① Fourier 분석
② Kirchhoff의 법칙
③ Taylor의 전개
④ Norton의 정리

20 다음 중 레코드 판과 같은 원판 위에 자성체를 바른 기억소자에 해당하는 것은?

① RAM
② 자기 디스크
③ ROM
④ 자기 테이프

⊘ ANSWER | 17.④ 18.④ 19.① 20.②

17 ㉠ LAN : 근거리통신망
　　　 ㉡ VAN : 부가가치통신망
　　　 ㉢ WAN : 광역통신망

18 무선 통신기기의 구성요소 … 송신 및 수신장치, 급전선, 공중선

19 ㉠ 푸리에 급수 : 고조파와 같은 비정현파 신호에 대한 해석
　　　 ㉡ 푸리에 변환 : 정현파와 같은 비주기적 함수에 대한 해석

20 기억소자의 종류
　　　 ㉠ 자기 테이프 : 자기 테이프에 자화의 방향에 따라 순차적인 데이터를 기억하는 장치
　　　 ㉡ 자기 디스크 : 원판 위에 자성체를 바른 기억장치

21 전기 통신에 대한 국제 표준 설정을 위하여 각 나라의 관계기관에 권고하는 것을 목적으로 하는 국제기구에 해당하는 것은?

① EIA

② ISO

③ ITU

④ IEC

22 내부 통신망과 외부 통신망의 경계점에 설치하여 외부로부터 내부정보를 보호하는 기능을 하는 보안 시스템에 해당하는 것은?

① DES

② DNS

③ SSL

④ Fire wall

23 VHF의 주파수 범위로 옳은 것은?

① 3 ~ 30kHz

② 300 ~ 3,000MHz

③ 30 ~ 300kHz

④ 30 ~ 300MHz

Ⓒ **A N S W E R** | 21.③ 22.④ 23.④

21 국제전기통신연합(ITU) : 스위스 제네바에 위치하고 있는 전기 통신 업무 관리 기구로 전기 통신의 개선 및 전파의 합리적 사용에 관련된 국제 협력과 의견을 조정하는 것을 목적으로 한다.

22 방화벽(Fire wall) … 라우터 및 게이트웨이를 사용하여 기업이나 조직 내부의 통신망과 인터넷 사이에 전송되는 정보를 선별하는 능력을 지닌 보안 시스템으로 외부 통신망과 내부 통신망의 경계에 설치하여 건물의 방화벽과 같은 기능을 한다.

23 주파수 범위
ⓐ VLF : 3 ~ 30kHz
ⓑ UHF : 300 ~ 3,000MHz
ⓒ LF : 30 ~ 300kHz
ⓓ EHF : 30 ~ 300MHz

24 단파 무선국의 구성법에 따른 분류로 볼 수 없는 것은?

① 단신 방식　　　　　　　　　　② 2중 통신 방식
③ 중앙 집중 방식　　　　　　　　④ 공중선 통신 방식

25 라디오 방송, 선박 통신, 무선 항행 업무 등에 사용되는 전파는?

① 장파　　　　　　　　　　　　② 중파
③ 단파　　　　　　　　　　　　④ 초단파

26 다음 중 잡음 억제 회로에 해당하지 않는 것은?

① ANL 회로　　　　　　　　　　② Squelch 회로
③ AGC 회로　　　　　　　　　　④ Muting 회로

27 스켈치 잡음이 발생할 수 있는 경우에 해당하는 것은?

① 페이딩의 영향이 없는 경우
② 전파가 매우 강할 경우
③ 전파를 무변조할 경우
④ 희망 수신 신호가 존재하지 않을 경우

ANSWER | 24.④　25.②　26.③　27.④

24 단파 무선국의 구성법에 따른 분류 … 단신 · 2중 통신 · 중앙 집중 방식 등

25 중파 … 국제 전기 통신 조약의 MF대에 속하는 주파수 영역으로 근거리 지표면을 따라 반사하는 지표파를 이용하며, 주간에는 거의 이용할 수 없고 D층이 소멸되는 야간에는 수 백 km까지 통신이 가능하다. 태양 활동 및 계절에 의한 변화가 적으며 라디오 방송 및 선박 통신 등에 주로 사용된다.

26 AGC 회로 … 자동 이득 제어 회로로 입력 레벨의 변동에 대하여 수신기의 이득을 자동적으로 가감하여 안정된 출력이 나타나도록 하는 AM 수신기의 부속 회로이다.

27 스켈치 잡음은 희망하는 수신 신호가 없을 경우에 발생한다.

28 수정 발진 회로의 종류에 해당하지 않는 것은?

① 피어스 BE 회로

② 피어스 BC 회로

③ 오버톤 발진 회로

④ 피어스 CE 회로

29 클랩 발진 회로에 대한 설명으로 옳지 않은 것은?

① 발진 출력이 약하다.

② 주파수의 범위가 협소하다.

③ 발진주파수의 안정도가 우수하다.

④ 하틀리 발진 회로의 변형이다.

30 다음 중 변조의 목적으로 옳지 않은 것은?

① 정보 전송 효율의 향상

② 다중 통신의 가능

③ 시스템의 소형화

④ 송수신용 안테나 길이 확대

28 수정 발진 회로의 종류 … 피어스 BE 회로, 피어스 BC 회로, 무조정 회로, 오버톤 발진 회로

29 클랩 발진 회로는 콜피츠 발진 회로의 변형이다.

30 변조를 실시할 경우 송수신용 안테나의 길이는 감소하게 된다.

❶ 보안의 3대 요소(정보보호의 목표)

(1) 기밀성(Confidentiality)

인가(authorization)된 사용자만 정보 자산에 접근할 수 있는 것을 의미한다. 즉, 허가되지 않은 사용자가 정보의 내용을 알 수 없도록 하는 것이다.

(2) 무결성(Integrity)

인가된 사람에 의해 인가된 방법으로만 정보를 변경할 수 있도록 하는 것. 따라서 정보가 고의적이거나, 비인가된, 우연한 변경으로부터 보호되어야 한다는 원칙이다.

(3) 가용성(Availability)

정보와 정보시스템의 사용을 인가받은 사람이 그를 사용하려고 할 때 언제든지 사용할 수 있도록 보장하는 것이다.

❷ 보안 공격(security attack)

① **소극적 공격과 적극적 공격** … 보안 공격을 X.800과 RFC 2828에 따라 분류하면 소극적 공격(수동적 공격)과 적극적 공격으로 나눌 수 있다.

구분	소극적 공격(수동적 공격)	능동적 공격
특징	직접적인 피해 없음	직접적인 피해 있음
탐지 가능성	어려움	쉬움
대표적인 예	스니핑 혹은 도청(가로채기), 트래픽 분석	변경 신분위장 재전송 부인 DoS/DDoS 사회공학 세션 하이재킹

② 기밀성을 위협하는 공격

　　㉠ 스누핑(Snooping) : 스누핑은 데이터에 대한 비인가 접근 또는 탈취를 의미한다. 예를 들어, 인터넷으로 전송되는 파일은 기밀 정보를 담고 있을 수 있다. 비인가자가 전송되는 메시지를 가로채고 자신의 이익을 위하여 그 내용을 사용할 수 있다.

　　㉡ 트래픽분석(Traffic Analysis) : 비록 데이터를 암호화하여 도청자가 그 데이터를 이해할 수 없다고 할지라도 도청자는 온라인 트래픽을 분석함으로써 다른 형태의 정보를 얻을 수 있다.

③ 무결성을 위협하는 공격

　　㉠ 변경(변조, 수정, Modification) : 단순히 적법한 메시지의 일부를 불법으로 수정하거나 메시지 전송을 지연시키거나 순서를 뒤바꾸어 인가되지 않은 효과를 노리는 행위를 말한다.

　　㉡ 신분위장(가장, Masquerading) : 신분위장은 한 개체가 다른 개체의 행세를 하는 것이다. 이 공격은 다른 형태의 적극적 공격과 병행해서 수행된다.

　　㉢ 재연(재전송, Replaying) : 재전송은 적극적 공격의 하나로, 획득한 데이터 단위를 보관하고 있다가 시간이 경과한 후에 재전송함으로써 인가되지 않은 사항에 접근하는 효과를 노리는 행위를 말한다.

　　㉣ 부인(Repudiation) : 메시지의 송신자는 차후에 자신이 메시지를 보냈다는 것을 부인할 수 있고, 메시지의 수신자는 차후에 메시지를 받았다는 것을 부인할 수 있다.

④ **가용성을 위협하는 공격 – 서비스 거부**(Denial of Service) … 서비스 거부(Dos)는 매우 일반적인 공격이다. 이 공격은 시스템의 서비스를 느리게 하거나 완전히 차단할 수 있다. 공격자는 이를 수행하기 위하여 다양한 전략을 사용할 수 있다.

❸ 정보보호 관리체계(ISMS)의 개념

(1) 정의

조직에서 비즈니스의 연속성 확보를 위하여 각종 위협으로 부터 정보자산을 보호하기 위한 위험관리 기반의 체계적이고 지속적인 프로세스 개선 활동

(2) ISMS 생명주기(정보보호관리과정) : 5단계

1. 정보보호 정책 수립 및 범위설정 ⇨ 2. 경영진 참여 및 조직구성 ⇨ 3. 위험관리 ⇨ 4. 정보보호대책 구현 ⇨ 5. 사후관리

정보보호 정책 수립 및 범위 결정	정보보호 정책의 수립, 범위 결정
경영진 책임 및 조직 구성	경영진 참여, 정보보호 조직 구성 및 자원 할당
위험 관리	위험 관리 방법 및 계획 수립, 위험 식별 및 평가, 정보보호 대책 선정 및 이행 계획 수립
정보보호 대책 구현	정보보호 대책의 효과적 구현, 내부 공유 및 교육
사후관리	법적 요구 사항 준수 검토, ISMS 운영·현황 관리, 내부 감사

④ 위험관리(Risk Management)

(1) 위험관리의 개념

① 위험(Risk)이란 사람의 실수, 자연재해, 시스템의 고장, 악의적인 행동의 물리적인 파괴나 손상을 주는 행위와 시스템에 대한 침해 등과 같은 비정상적인 일이 발생할 가능성을 말한다.

② **위험관리**(Risk Management) … 조직의 정보자산에 대한 위험을 수용할 수 있는 수준으로 유지하기 위하여 정보자산에 대한 위험을 분석하고 이러한 위험으로부터 정보자산을 보호하기 위해 비용대비 효과적인 보호대책을 마련하는 일련의 과정이다.

(2) 위험관리 과정

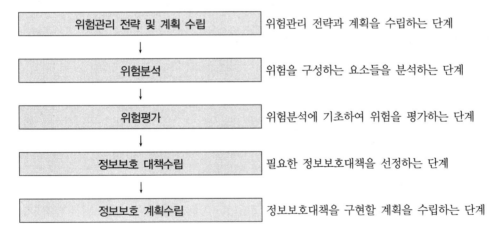

| 위험관리 전략 및 계획 수립 | 위험관리 전략과 계획을 수립하는 단계 |

↓

| 위험분석 | 위험을 구성하는 요소들을 분석하는 단계 |

↓

| 위험평가 | 위험분석에 기초하여 위험을 평가하는 단계 |

↓

| 정보보호 대책수립 | 필요한 정보보호대책을 선정하는 단계 |

↓

| 정보보호 계획수립 | 정보보호대책을 구현할 계획을 수립하는 단계 |

(3) 위험 처리 전략

① **위험수용**(acceptance) ··· 현재의 위험을 받아들이고 잠재적 손실 및 비용을 감수하는 것을 말한다. 어떠한 대책을 도입하더라도 위험을 완전히 제거할 수는 없으므로, 일정 수준 이하의 위험은 어쩔 수 없는 것으로 인정하고 사업을 진행하는 것이다.

② **위험감소**(Risk reduction, mitigation) ··· 위험을 감소시킬 수 있는 대책을 채택하여 구현하는 것이다. 대책의 채택시에는 이에 따른 비용이 소요되기 때문에 이 비용과 실제 감소되는 위험의 크기를 비교하는 비용 효과 분석을 실시한다.

③ **위험 회피**(Risk avoidance) ··· 위험이 존재하는 프로세스나 사업을 수행하지 않고 포기하는 것이다.

④ **위험 전가**(Risk transfer) ··· 보험이나 외주 등으로 잠재적 비용을 제3자에게 이전하거나 할당하는 것이다.

5 암호학의 기본 개념

(1) 암호의 개념

암호(cryptography)란 평문을 해독 불가능한 형태로 변형하거나 또는 암호화된 암호문을 해독 가능한 형태로 변형하기 위한 원리, 수단, 방법 등을 취급하는 기술 또는 과학을 말한다.

(2) 암호화와 복호화

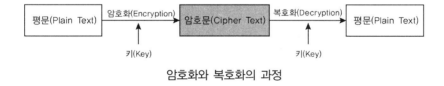

암호화와 복호화의 과정

(3) 암호화가 제공하는 서비스

① **기밀성**(confidentiality) ··· 데이터의 보관이나 송수신 과정에서 원래 메시지의 어떠한 정보도 노출되지 않도록 제공하는 서비스이다.

② **무결성**(integrity) ··· 비인가된 자에 의한 정보의 변경, 삭제, 생성 등을 막고 정보의 정확성, 완전성이 보장되어야 하는 원칙이다.

③ **가용성**(availability) ··· 정식 인가된 사용자에게 적절한 방법으로 정보 서비스 요구시 언제든지 해당 서비스가 제공 가능함을 말한다.

④ **인증**(authentication) ··· 인증서비스는 메시지에 대한 인증과 개체에 대한 인증으로 구분된다. 메시지 인증은 메시지의 원본이 정확하게 확인되고 그 확인이 잘못되지 않았다는 확신을 위한 요구이다. 개체 인증은 통신자의 신원확인 절차로서 신원확인 또는 개인식별이라고도 한다.

⑤ **부인방지**(부인봉쇄, non-repudiation) ··· 부인방지 또는 부인봉쇄는 송신자와 수신자 모두가 전송된 메시지를 부인하는 것을 막는 서비스이다.

⑥ **접근제어**(access control) ··· 네트워크 보안에 대한 액세스 제어는 호스트 시스템에 액세스하는 것과 통신 링크를 통한 응용을 제어하고 제한하는 능력이다. 이런 제어를 얻기 위해 각 개체에 맞는 액세스 권한이 주어지도록 액세스를 얻으려고 시도하는 각 개체는 우선 인증되고 확인되어야만 한다.

(4) 암호의 역사

① **고대암호**

    ㉠ 스테가노그래피(Steganography) : 다른 사람이 읽지 못하도록 통신문을 감춘다.

    ㉡ 스키테일(Scytale) 암호 : 전달하려는 평문을 재배열하는 방식으로 막대에 종이를 감아 평문을 횡으로 쓴 다음 종이를 풀면 평문의 각 문자는 재배치되어 평문의 내용을 인식할 수 없게 된다. 암호문 수신자는 송신자가 사용한 막대와 직경이 같은 막대에 암호문이 적혀 있는 종이를 감고 횡으로 읽으면 평문을 얻을 수 있다.

    ㉢ 시저(Caesar) 암호 : 이 암호는 평문의 각 문자를 우측으로 n 문자씩 이동시켜 그 위치에 대응하는 다른 문자를 치환함으로써 평문을 암호문으로 변환하는 암호 방식이다.

② **근대암호**

    ㉠ 비즈네르(Vigenere) 암호화 : 시저 암호를 확장하여 여러 개의 키를 문자 각각에 대해 적용하여 암·복호화하는 형태이다.

    ㉡ 플레이페어 암호 : 비즈네르 암호화 이후에 좀더 발전된 형태의 다중 치환 암호로 1차 세계대전 당시 영군 육군에서 야전 표준 시스템으로 사용됐고, 2차 세계대전에는 미 육군 및 기타 연합군에 의해 사용되었다.

    ㉢ 에니그마(Enigma Machine) : 2차 세계 대전 중 독일에서 사용한 암호화 기계이다. 에니그마 암호기는 여러 개의 톱니바퀴를 이용해 복잡한 경우의 수를 만들어 내는 타자기와 흡사한 모습으로 원하는 자판을 두드리면 뒤에 있는 전구판의 해당 알파벳에 불이 들어오고, 처음의 알파벳을 대신하여 암호화된 문구를 만든다. 그리고 이 암호문을 접하는 사람은 이 작업을 역으로 시행하여 해독을 하면 된다.

③ **현대암호**

    ㉠ DES(Data Encryption Standard), 3-DES, AES(Advanced Encryption Standard)

        ⓐ 1977년 미국 상무성 표준국(현 NIST)은 전자계산기 데이터 보호를 위한 암호 알고리즘을 공개 모집하여 IBM사가 제안한 비밀키 암호 DES를 데이터 암호 표준으로 채택하여 상업용으로 사용

ⓑ 1997년에는 삼중 구조의 3-DES를 이용하여 DES의 안전성을 보완하여 사용하였고, 2000년에는 공개 모집한 AES 후보들 중 Rijndael을 암호 표준으로 선정하여 사용하고 있다.

ⓒ DES의 출현 이후 국가 보안 및 외교의 목적으로 사용되던 암호의 상업적 이용이 급격하게 증가하게 되었다.

Ⓛ RSA

ⓐ 공개키 암호 방식의 개념은 1976년 Standford 대학의 Diffie와 Hellman이 발표한 "New Direction in Cryptography"에서 처음 발표한 것이 계기가 되었다.

ⓑ 이 공개키 암호 방식의 구체적인 방식은 1978년 MIT의 Rivest, Shamir와 Adleman에 의해 처음 실현되었다. 그들은 이 공개키 암호 방식을 자신들의 이름 첫 자를 따서 RSA 암호라고 명명하였다.

ⓒ 그 후 여러 학자들에 의해 수많은 공개키 암호 방식이 발표되었다.

❻ 대칭키 방식과 비대칭키 방식의 비교

항목	대칭키(비밀키)	비대칭키(공개키)
키의 상호관계	암호화키 = 복호화키	암호화키 ≠ 복호화키
안전한 키길이	128비트 이상	2048비트 이상
암호화키	비밀	공개
복호화키	비밀	비밀
비밀키 전송	필요	불필요
키 개수	$\dfrac{N(N-1)}{2}$	2N
암호화 속도	고속	저속
경제성	높다	낮다
제공 서비스	기밀성	기밀성, 부인방지, 인증
목적	데이터(파일) 암호화	대칭키 교환
전자서명	복잡	간단
특징	• 사용자의 증가에 따라 관리해야 할 키의 개수가 상대적으로 많다. • 키 길이가 짧다. • 키교환 원리가 없다.	• 사용자의 증가에 따라 관리해야 할 키의 개수가 상대적으로 적다. • 키의 길이가 길다. • 중간자 공격에 취약하다.
해당 알고리즘	DES, 3DES, AES, SEED, ARIA, IDEA, RC5, Skipjack	RSA, Rabin, ElGamal, ECC, DSA, KCDSA

⑦ 스트림 암호와 블록 암호

(1) 스트림 암호(Stream Cipher)

① 스트림 암호는 데이터의 흐름(스트림)을 순차적으로 처리해가는 암호 알고리즘의 총칭이다.

② 스트림 암호에서는 1비트, 8비트, 혹은 32비트 등의 단위로 암호화와 복호화가 이루어진다.

③ 스트림 암호 방식은 평문에 연속되는 키 계열(Key Stream)을 적용시켜 평문을 1bit씩 암호화하는 방식이다.

④ One Time Pad(일회성)를 실용적으로 구현할 목적으로 개발되었다.

⑤ 대표적인 방식으로는 DES의 OFB 모드 형태로 작동하는 RC4가 있다.

(2) 블록 암호(Block Cipher)

① 블록 암호의 개요

ㄱ 블록 암호는 어느 특정 비트 수의 '집합'을 한 번에 처리하는 암호 알고리즘을 총칭한다.

ㄴ 암호화하려는 메시지를 일정한 길이의 블록으로 나누고 그 블록 단위로 암호화를 수행하는 방식이다.

ㄷ 복호화 역시 블록 단위로 이루어진다.

ㄹ DES, 트리플 DES, AES 등 대칭 암호 알고리즘의 대부분은 블록 암호 알고리즘이다.

② 블록암호의 운용 모드

ㄱ ECB(Electronic CodeBook mode, 전자 부호표 모드)

    ⓐ 각 평문 블록을 암호화한 것이 그대로 암호문 블록이 되는 방식이다.

    ⓑ ECB 모드로 암호화하면, 동일한 내용을 갖는 평문 블록은 이에 대응되는 동일한 암호문 블록으로 변환된다.

ㄴ CBC(Cipher Block Chaining mode, 암호 블록 연쇄 모드)

    ⓐ 암호문 블록을 마치 체인처럼 연결한다.

    ⓑ 한 개의 블록을 암호화하려면 한 단계 앞의 암호문 블록과 현재의 평문 블록을 XOR 연산하고 나서 암호화한다.

ㄷ CFB(Cipher FeedBack mode, 암호 피드백 모드) : CFB 모드에서는 1단계 앞의 암호문 블록을 암호 알고리즘의 입력으로 사용한다. 피드백이라는 것은, 여기서는 암호화의 입력으로 사용한다는 것을 의미한다.

ㄹ OFB(Output FeedBack mode, 출력 피드백 모드) : OFB 모드에서는 암호 알고리즘의 출력을 암호 알고리즘의 입력으로 피드백한다.

ㅁ CTR(CounTeR) 모드 : 1씩 증가해가는 카운터를 암호화해서 키 스트림을 만들어 내는 스트림 암호. 카운터를 암호화한 비트열과 평문 블록과의 XOR를 취한 결과가 암호문 블록이 된다.

⑧ 해시함수

(1) 해시함수의 개념

① 해시(Hash)는 하나의 문자열을, 이를 상징하는 더 짧은 길이의 값이나 키로 변환하는 것이다.

② 임의의 길이를 갖는 메시지를 입력하여 고정된 길이의 해쉬값을 출력하는 함수이다.

③ 해시는 암호화와는 다른 개념인데, 암호가 정보를 숨기기 위한 것이라면 해시는 정보의 위변조를 확인하기 위한(즉 정보의 무결성을 확인하기 위한) 방법이다.

④ 대칭 및 비대칭 암호화 기법과 함께 해시를 사용함으로써 전자서명, 전자봉투, 전자화폐 등 다양한 전자상거래를 위한 기능을 구현할 수 있다.

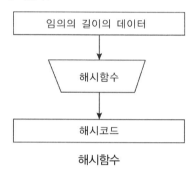

해시함수

(2) 해시함수의 특징

① **일방향성**(One-wayness, 역상저항성) … 해시함수가 만들어 내는 결괏값에서 역으로 어떤 입력 메시지였는지를 알아내는 것은 계산상 불가능하다.

② **약한 충돌저항성**(두 번째 역상저항성) … 입력 값과 해당 해시 값이 있을 때, 이 해시 값에 해당하는 또 다른 입력 값을 구하는 것은 계산상으로 불가능해야 한다.

③ **충돌저항성**(Collision Resistance, 강한 충돌저항성, 충돌회피성) … 같은 해시 값을 갖는 두 개의 서로 다른 입력, 즉 충돌을 찾기가 계산상으로 불가능해야 한다.

⑨ 악성코드

구분	내용	자기복제	형태
바이러스	프로그램을 통해 감염 및 실행	O	파일이나 부트섹터 등 감염대상이 필요
웜	컴퓨터의 취약점을 이용하여 네트워크를 통해 감염 및 실행	O	독자적으로 존재
트로이 목마	사용자의 정보를 유출	X	유틸리티로 위장하거나 유틸리티 안에 코드 형태로 삽입

⑩ 주요 악성 코드

① **루트킷**(Rootkit) … 특정 사용자가 시스템에 관리자 권한으로 접근할 수 있는 루트(root) 접근을 얻어내기 위해 설계되었다. 이러한 기능은 시스템상의 악성코드의 존재를 적극적으로 숨기는 기능을 포함하고 있다.

② **백도어**(트랩 도어) … 백도어는 시스템의 보안이 제거된 비밀 통로로서, 서비스 기술자나 유지 보수 프로그래머들이 접근 편의를 위해 시스템 설계자가 고의적으로 만들어 놓은 통로이다.

③ **스파이웨어**(Spyware) … 스파이웨어는 사용자의 동의 없이 설치되어 컴퓨터의 정보를 수집하고 전송하는 악성 소프트웨어로, 신용 카드와 같은 금융정보 및 주민등록번호와 같은 신상정보, 암호를 비롯한 각종 정보를 수집한다. 처음에는 미국의 인터넷 전문 광고 회사인 라디에이트(Radiate)가 시작하였으나 그 뒤로 아이디, 암호 등을 알아낼 수 있도록 나쁜 용도로 변형되었다.

④ **애드웨어** … 특정 소프트웨어를 실행할 때 또는 설치 후 자동적으로 광고가 표시되는 프로그램을 말한다. 애드웨어가 문제가 되는 이유는 스파이웨어의 특징을 어떤 애드웨어들이 가지고 있기 때문인데, 이러한 애드웨어들은 사용자에게 동의를 구하거나 통보 없이 사용자의 활동을 기록하고 보고한 다음에 때로는 재판매되기도 한다.

⑤ **스턱스넷**(Stuxnet) … 산업 소프트웨어와 공정 설비를 공격 목표로 하는 극도로 정교한 군사적 수준의 사이버 무기로 지칭된다.

⑥ **키로깅**(keylogging) **= 키 스트로크 로깅**(Keystroke logging) … 키로깅은 사용자가 키보드로 PC에 입력하는 내용을 몰래 가로채 기록하는 행위를 말한다. 하드웨어, 소프트웨어를 활용한 방법에서부터 전자적, 음향기술을 활용한 기법까지 다양한 키로깅 방법이 존재한다.

⑦ **봇넷** … 봇넷은 악의적인 코드에 감염된 컴퓨터 즉, 좀비 시스템의 집합이다. 이 좀비 시스템은 좀비 마스터에 의해 제어된다. 좀비 마스터는 금전적인 이득을 목적으로 DDos 공격을 실행하기 위해 좀비 시스템을 이용한다.

⑪ 접근 통제의 개념

접근 통제란 접근하려고 하는 자원에 대해서 정당한 사용자에게 정당한 권한을 부여 및 회수하는 것이다.

⑫ 접근 통제의 기본 원칙

① **직무의 분리**(separation of duties) ··· 직무 분리한 업무의 발생, 승인, 변경, 확인 배포 등이 모두 한 사람에 의해 처음부터 끝까지 처리될 수 없도록 하는 정책이다. 직무 분리를 통하여 조직원들의 태만, 의도적인 시스템 자원의 남용에 대한 위험, 경영자와 관리자의 실수와 권한 남용에 대한 취약점을 줄일 수 있다. 임무 분리는 최소 권한 원칙과 밀접한 관계가 있다.

② **최소 권한 정책**(least privilege policy) ··· 이 정책은 "need to know" 정책이라고도 부르며, 시스템 주체들은 그들의 활동을 위하여 필요한 최소의 정보를 사용해야 한다. 이것은 객체 접근에 대한 강력한 통제를 부여하는 효과가 있으며 때때로 정당한 주체에게 불필요한 초과적 제한을 부과하는 단점이 있을 수 있다.

③ **최대 권한 정책**(maximum privilege policy) ··· 자원 공유의 장점을 증대시키기 위하여 적용하는 최대 가용성 원리에 기반한다. 즉 사용자와 데이터 교환의 신뢰성 때문에 보호가 필요하지 않은 환경에 효과적으로 적용할 수 있다.

⑬ 싱글 사인온(SSO : Single Sign On)

단 한번의 로그인만으로 기업의 각종 시스템이나 인터넷 서비스에 접속하게 해주는 보안 응용 솔루션이다. SSO는 가장 기본적인 인증 시스템으로, '모든 인증을 하나의 시스템에서'라는 목적하에 개발된 것이다. 즉 시스템이 몇 대가 되어도 하나의 시스템에서 인증에 성공하면 다른 시스템에 대한 접근 권한도 모두 얻는 것이다. 기본 원리는 다음과 같다.

⑭ 커버로스

잘 알려진 싱글 사인온의 예로서는 MIT의 커버로스(Leberos)가 있다. MIT 아테네 프로젝트에서 개발된 신뢰할 수 있는 제3자 인증 프로토콜이며, 수년 동안 유닉스 시스템에서 사용되었고 현재 윈도우 서버 운영체제에서 기본 인증 기법으로 사용되고 있다.

⑮ 접근통제 정책

(1) 임의적 접근통제(DAC : Discretionary Access Control)

주체나 주체가 속해 있는 그룹의 식별자(즉, ID)에 근거하여 객체에 대한 접근을 제한하는 방법이다.

(2) 강제적 접근통제(MAC : Mandatory Access Control)=규칙 기반(rule-based) 접근통제

강제적 접근 제어 모델은 중앙에서 정보를 수집하고 분류하여, 각각의 보안 레벨을 붙이고 이에 대해 정책적으로 접근 제어를 수행한다.

① **벨 라파듈라 모델**(BLP, Bell-LaPadula Confidentiality Model)

　㉠ 첫 번째로 제시된 수학적 보안 모델이다.

　㉡ 미 육군에서 근무하던 벨-라파듈라가 1960년대 메인 프레임을 사용하는 환경에서 정보 유출 발생을 어떻게 차단할 수 있을까라는 고민에서 고안해낸 MAC(강제적 접근 제어) 모델이다.

　㉢ 군대의 보안 레벨과 같이 그 정보의 기밀성에 따라 상하 관계가 구분된 정보를 보호하기 위해 사용한다.

　㉣ 기밀성 유지에 중점이 있다.

　㉤ 높은 등급의 데이터를 읽을 수 없고, 낮은 등급의 데이터에 쓸 수 없다.

② **비바 모델**

　㉠ 1977년 비바가 개발한 데이터 무결성을 위한 모델이다.

　㉡ 무결성의 3가지 목표 중에서 비인가자들의 데이터 변형 방지만 해결한 모델(무결성의 나머지 2가지 목표는 내/외부의 일관성을 유지하는 것과 합법적인 사람에 의한 불법적인 수정을 방지하는 것이 된다)이다.

　㉢ 낮은 등급의 데이터를 읽을 수 없고, 높은 등급의 데이터에 쓸 수 없다.

③ **클락-윌슨(Clack-Wilson) 모델**

　㉠ 1987년 무결성 중심의 상업적 모델로 개발되었으며 무결성의 3가지 목표를 모두 만족하는 접근 제어 모델이다.

　㉡ **3가지 구성 요소**

　　ⓐ 잘 구성된 트랜잭션리 : 회계 거래상의 복식부기를 통해 회계 자료의 무결성을 입증하는 것처럼 모든 거래 사실을 구조화하고 예측 가능하며 안전한 방식으로 기록하는 것을 말한다.

　　ⓑ 직무 분리 : 한 사람이 정보의 입력, 처리, 확인을 하는 것이 아니라 여러 사람이 나누어 부문별로 관리토록 함으로써 자료이 무결성을 보장하여 궁극적으로는 '합법적인 사람에 의한 불법적인 수정을 방지' 한다.

© 사용자(주체)의 응용 프로그램을 통한 데이터 접근 : 사용자가 직접 객체로 접근하는 것을 금지하며 응용 프로그램의 사용을 강제한다는 뜻이다.

④ **만리장성**(Chinese Wall) **모델**

　　㉠ 만리장성 모델은 브루어-나쉬(Brewer Naxh) 모델이라고도 불리며 비즈니스 영역의 한 회사에 최근 일을 한 적이 있는 파트너는 동일한 영역에 있는 다른 회사의 자료에 접근해서는 안된다는 개념이 핵심인 접근 제어 모델

　　㉡ 즉, 직무 분리를 접근 제어에 반영

(3) 역할 기반 접근통제(RBAC : Role Based Access Control) = non-DAC

① 임의적 접근통제와 강제적 접근통제 방식의 단점을 보완한 접근통제 기법이다.

② 사용자가 적절한 역할에 할당되고 역할에 적합한 접근권한(허가)이 할당된 경우만 사용자가 특정한 모드로 정보에 접근할 수 있는 방법이다.

⑯ 네트워크 기반 공격

(1) 서비스 거부 공격

① **서비스 거부**(Dos, Denial of Service) **공격** … 시스템에 과도한 부하를 일으켜 정상적인 서비스를 못하도록 하는 공격 방법. Dos 공격은 크게 네트워크 자체에 과부하를 일으키는 대역폭 소진 공격과 서비스를 담당하는 서버에 과부하를 일으키는 서버 마비 공격으로 나누어진다.

② **분산 서비스 거부**(DDos, Distributed Denial of Service) **공격** … 인터넷상에서 다수의 시스템이 협력하여 하나의 표적 시스템을 공격함으로써 Dos를 일으키게 만드는 것. 표적 시스템은 범람하는 메시지들로 인해 결국 시스템 가동이 멈추어지게 되어, 선의의 사용자들은 정작 그 시스템으로부터 서비스를 받지 못하는 일이 발생한다.

③ **분산반사 서비스 거부**(DRDoS, Distributed Reflection Dos) **공격** … 별도의 에이전트를 설치할 필요 없이 네트워크 통신 프로토콜의 취약성을 이용해 정상적인 서비스를 운영하고 있는 시스템을 DDos 공격의 에이전트로 활용하여 공격한다.

(2) 스니핑

송신자와 수신자가 주고받는 데이터를 중간에서 도청하는 것. 아무 것도 하지 않고 조용히 있어도 충분하므로 수동적(passive) 공격이라고도 한다.

(3) 스푸핑(Spoofing)

스푸핑이란 '속이다'라는 의미다. IP 주소, 호스트 이름, MAC 주소 등 여러 가지를 속일 수 있으며, 스푸핑은 이런 속임을 이용한 공격을 총칭한다. 인터넷이나 로컬에서 존재하는 모든 연결에 스푸핑이 가능하며, 정보를 얻어내는 것 외에도 시스템을 마비시키는 것도 가능하다.

⑰ 방화벽 구축 형태

(1) 스크리닝(screening) 라우터

스크리닝 라우터(screening router)는 패킷을 전달하고 경로배정을 담당하는 네트워크 장비로, 패킷의 헤더 내용을 보고 필터링할 수 있는 능력이 있다. 아주 저렴한 가격으로 방화벽의 기본 역할을 할 수 있으며, 규칙을 효과적으로 설정할 경우 무척 빠른 처리 속도를 유지할 수 있다.

스크리닝 라우터

(2) 베스천 호스트(bastion host) = 단일 홈 게이트웨이(Single-Homed Gateway)

외부 네트워크와 내부 네트워크를 연결해 주는 통로가 되는 방화벽 호스트이다. 방화벽 시스템에서 가장 중요한 기능을 제공한다. 원래 베스천은 중세 성곽의 방어에서 가장 중요한 부분을 뜻하는데, 그 의미 그대로 방화벽 시스템의 중요 기능으로서 접근 제어, 프록시, 인증, 로깅 등 방화벽의 가장 기본 기능을 수행한다.

베스천 호스트

⑶ 이중 홈 게이트웨이(Dual-Homed Gateway)

두 개의 NIC를 가진 베스천 호스트를 말하며, 하나의 NIC는 외부 네트워크에 연결되고 다른 하나의 NIC는 보호하고자 하는 내부 네트워크에 연결된다. 두 네트워크 간의 라우팅은 허용하지 않는다. 따라서 네트워크 간의 직접적인 접근은 허용되지 않는다.

이중 홈 게이트웨이

⑷ 스크린된 호스트 게이트웨이(Screened Host Gateway)

외부 네트워크와 베스천 호스트 사이에 스크린 라우터를 설치하고, 스크린 라우터와 내부 네트워크 사이에 베스천 호스트를 설치한다. 외부 네트워크에서 내부 네트워크로 들어오는 정보의 경우 스크리닝 라우터에서 1차로 패킷 필터링을 실시하고 2차로 프락시 서버를 구동하는 베스천 호스트에서 2차로 보안검사(사용자 인증 및 서비스 인증)를 실시하여 허용 여부를 결정한다.

스크린 호스트 게이트웨이

⑸ 스크린된 서브넷 게이트웨이(Screened Subnet Gateway)

스크린 서브넷 게이트웨이(screened subnet gateway)는 두 개의 스크리닝 라우터와 베스천 호스트를 이용하여 중립적인 네트워크인 비무장지대(DMZ, DeMiliterization Zone)를 외부 네트워크와 내부 네트워크 사이에 구축하여, 오고 가는 신호의 완충지역 개념의 서브넷을 운영하는 것이다. 비록 베스천 호스트를 통과하여 스크린 서브넷에 접근하였다 할지라도 내부의 스크린 라우터를 통과하여야 하므로 내부 네트워크는 매우 안정적이다. 그러나 다른 방화벽보다 설치와 관리가 어렵고, 서비스 속도가 느리며, 비용도 만만치 않다.

스크린 서브넷 게이트웨이

18 전자 서명(디지털 서명)의 기능

① **위조 불가**(Unforgeable) … 서명자만이 서명문을 생성할 수 있음.

② **인증**(Authentication) … 서명문의 서명자를 확인

③ **재사용 불가**(Not Reusable) … 서명문의 해시값을 전자서명에 이용하므로 한 번 생성된 서명을 다른 문서의 서명으로 사용할 수 없음.

④ **변경 불가**(Unalterable) … 서명된 문서는 내용을 변경할 수 없기 때문에 데이터가 변조되지 않았음을 보장하는 무결성을 만족

⑤ **부인 방지**(Non Repudiation) … 서명자가 나중에 서명한 사실을 부인할 수 없음.

19 공개키 기반 구조(PKI, Public Key Infrastructure)

① 공개키 기반 구조는 공개키 알고리즘을 통한 암호화 및 전자서명을 제공하는 복합적인 보안시스템 환경이다.

② 암호화와 복호화키로 구성된 공개키를 이용하여 송수신 데이터를 암호화하고 디지털 인증서를 통해 사용자를 인증하는 시스템이다.

③ 공개키 암호방식을 바탕으로 한 디지털 인증서를 활용하는 소프트웨어, 하드웨어, 사용자 정책 및 제도 등을 총칭하여 말한다.

출제예상문제

1 다음 중 전송 또는 보관 중인 정보를 접근 불가자가 부정한 방법으로 그 내용을 알 수 없도록 보호하는 것으로 옳은 것은?

① 가용성(Availability)

② 기밀성(Confidentiality)

③ 무결성(Integrity)

④ 신뢰성(reliability)

⑤ 책임추적성(accountability)

2 다음 중 능동적 공격 및 수동적 공격기법이 옳게 짝지어진 것을 고르면?

① 수동적 공격 – 재전송

② 능동적 공격 – 메시지 변조

③ 수동적 공격 – 메시지 변조

④ 능동적 공격 – 패킷 분석

⑤ 능동적 공격 – 도청

✅ **ANSWER** | 1.② 2.②

1 기밀성(Confidentiality)은 전송 또는 보관 중인 정보를 접근 불가자가 부정한 방법으로 그 내용을 알 수 없도록 보호하는 것이다.

2 수동적 공격의 경우에는 단순 도청, 스캔을 통한 시스템 분석 등이 해당하며, 능동적 공격은 데이터 변조, 변경, 재전송 등이 있다.

3 다음 중 정보보호 관리과정의 5단계 활동으로 옳지 않은 것은?

① 정보보호 정책 수립 및 범위 설정   ② 위험관리

③ 사전관리   ④ 정보보호 대책의 구현

⑤ 경영진 책임 및 조직 구성

4 다음은 무엇에 대한 설명인가?

> 조직의 정보자산에 대한 위험을 수용할 수 있는 수준으로 유지하기 위하여 정보자산에 대한 위험을 분석하고 이러한 위험으로부터 정보자산을 보호하기 위해 비용대비 효과적인 보호대책을 마련하는 일련의 과정이다.

① 부인 방지   ② 위험 관리

③ 접근 제어   ④ 신분 증명

⑤ 위험평가

5 위험 처리 전략 중 위험이 존재하는 프로세스나 사업을 수행하지 않고 포기하는 것으로 옳은 것은?

① 위험 회피   ② 위험 수용

③ 위험 관리   ④ 위험 감소

⑤ 위험 전가

ANSWER | 3.③ 4.② 5.①

3 정보보호 관리과정의 5단계 활동
- ㉠ 정보보호 정책 수립 및 범위 설정
- ㉡ 경영진 책임 및 조직 구성
- ㉢ 위험관리
- ㉣ 정보보호 대책 구현
- ㉤ 사후관리

4 위험 관리는 위험 요소의 발견에서부터 위험 요소의 최소화 및 제거를 위한 모든 관리체계를 의미한다.

5 위험 회피는 위험이 존재하는 프로세스나 사업을 수행하지 않고 포기하는 것이다.

6 다음 중 전달하려는 기밀 정보를 이미지 파일이나 MP3파일 등에 암호화하여 숨기는 암호 기술로 옳은 것은?

① 시저암호

② 스키테일

③ 스테가노그래피

④ 에니그마

⑤ 비즈네르 암호화

7 다음 중 암호 블록 연쇄모드라는 뜻을 가지고 있으며, 암호문 블록을 마치 체인처럼 연결시키는 암호문 모드로 옳은 것은?

① ECB모드

② CTR모드

③ CBC모드

④ CFB모드

⑤ OFB모드

8 다음 중 암호 블록 연쇄 모드의 약자로서 각 평문 블록을 이전 암호문 블록과 XOR한 후 암호화 되어 안전성을 높이는 것으로 옳은 것은?

① CTR

② OFB

③ ECB

④ CBC

⑤ CFB

✅ ANSWER | 6.③ 7.③ 8.④

6 스테가노그래피는 전달하려는 기밀 정보를 이미지 파일이나 MP3파일 등에 암호화해 숨기는 암호화 기술이다.

7 CBC(Cipher Block Chaining mode) 모드는 암호문 블록을 마치 체인처럼 연결하는 방식이다.

8 CBC는 암호 블록 연쇄모드의 약자로서 각 평문 블록을 이전 암호문 블록과 XOR한 후 암호화되어 안전성을 높이는 것이다.

9 다음에서 설명하는 블록 암호의 운용 모드는?

> • 1씩 증가해가는 카운터를 암호화해서 키 스트림을 만들어 내는 스트림 암호이다.
> • 카운터를 암호화한 비트열과 평문 블록과의 XOR를 취한 결과가 암호문 블록이 된다.

① ECB   ② CBC
③ CFB   ④ OFB
⑤ CTR

10 소인수분해 문제의 어려움에 기반을 두고 고안된 공개키 암호 알고리즘은?

① DES   ② ARIA
③ ECC   ④ ElGamal
⑤ RSA

11 다음의 설명과 관계가 있는 것은?

> 미국의 NIST가 1977년에 기존의 DES를 대신할 수 있는 새로운 암호 알고리즘을 공모하여 2000년 새로운 표준으로 선정되었다.

① AES   ② DES
③ SEED   ④ IDEA
⑤ ARIA

 ANSWER | 9.⑤ 10.⑤ 11.①

9 CTR(CounTeR) 모드
ㄱ 1씩 증가해가는 카운터를 암호화해서 키 스트림을 만들어 내는 스트림 암호이다.
ㄴ 카운터를 암호화한 비트열과 평문 블록과의 XOR를 취한 결과가 암호문 블록이 된다.

10 RSA 알고리즘은 소인수분해 문제의 어려움에 기반을 두고 고안된 공개키 암호 알고리즘이다. RSA 암호의 아이디어는 중요 정보를 두 개의 소수(素數)로 표현한 후, 두 소수(素數)의 곱을 힌트와 함께 전송해 암호로 사용하는 것이다.

11 AES는 미국 표준 블록 암호였던 DES이 안전성에 문제가 제기됨에 따라 2000년 새로운 미국 표준 블록 암호로 채택된 128bit 블록 암호이다.

12 다음 설명으로 옳은 것은?

민간 부분인 인터넷, 전자상거래, 금융, 무선통신 등에서 공개 시에 민감한 영향을 미칠 수 있는 정보와 개인 프라이버시 등을 보호하기 위하여 개발된 블록 단위로 메시지를 처리하는 대칭 키 블록 암호 알고리즘이다.

① AES
② SEED
③ DES
④ Skipjack
⑤ ARIA

13 다음 중 컴퓨터 암호화 기술의 일종으로 요약함수 메시지 다이제스트 함수라고도 하는데 주어진 원문에서 고정된 길이의 의사 난수를 생성하는 연산기법으로 옳은 것은?

① 블록암호
② 스킵잭
③ 커버로스
④ 해시함수
⑤ 타원곡선 암호

14 다음 중 로봇 프로그램과 사람을 구분하는 방법의 하나로 사람이 인식할 수 있는 문자나 그림을 활용하여 자동회원 가입 및 게시글 포스팅을 방지하는데 사용하는 방법으로 옳은 것은?

① 인증
② 캡차
③ 정보보안
④ 피싱
⑤ 해시함수

ANSWER | 12.② 13.④ 14.②

12 SEED는 민간 부분인 인터넷, 전자상거래, 금융, 무선통신 등에서 공개 시에 민감한 영향을 미칠 수 있는 정보와 개인 프라이버시 등을 보호하기 위하여 개발된 블록 단위로 메시지를 처리하는 대칭 키 블록 암호 알고리즘이다.

13 해시함수는 컴퓨터 암호화 기술의 일종으로 요약함수 메시지 다이제스트 함수라고도 하는데 주어진 원문에서 고정된 길이의 의사난수를 생성하는 연산기법이다.

14 캡차는 로봇 프로그램과 사람을 구분하는 방법의 하나로 사람이 인식할 수 있는 문자나 그림을 활용하여 자동회원 가입 및 게시글 포스팅을 방지하는데 사용하는 방법이다.

15 다음 설명으로 옳은 것은?

> 프로그램 작성자가 일반적으로 보호되고 있는 시스템에 들어가기 위한 통로를 의미하는 말로 원래는 관리자가 외부에서도 시스템을 점검할 수 있도록 만들어 두었으나 해킹에 취약한 부분이 될 수도 있다.

① 게이트웨이　　　　　　　　　② 크래커
③ 방화벽　　　　　　　　　　　④ 백도어
⑤ 루트킷

16 다음 중 개인정보와 낚시의 합성어로 개인정보를 낚는다는 의미로 금융기관 또는 공공기관을 가장해 전화나 이메일로 인터넷 사이트에서 보안카드 일련번호와 코드번호 일부 또는 전체를 입력하도록 요구해서 금융 정보를 몰래 빼가는 수법으로 옳은 것은?

① 피싱　　　　　　　　　　　　② 캡차
③ 인증　　　　　　　　　　　　④ 파밍
⑤ 트로이목마

17 다음 중 트로이 목마 프로그램의 사용목적으로 옳은 것은?

① 업무편의성 향상　　　　　　　② 비밀통로
③ 자가증식　　　　　　　　　　④ 자료 삭제 및 정보 탈취
⑤ 루트(root)로의 접근 획득

✅ ANSWER | 15.④　16.①　17.④

15 백도어는 프로그램 작성자가 일반적으로 보호되고 있는 시스템에 들어가기 위한 통로를 의미하는 말로 원래는 관리자가 외부에서도 시스템을 점검할 수 있도록 만들어 두었으나 해킹에 취약한 부분이 될 수도 있다.

16 피싱은 개인정보와 낚시의 합성어로 개인정보를 낚는다는 의미로 금융기관 또는 공공기관을 가장해 전화나 이메일로 인터넷 사이트에서 보안카드 일련번호와 코드번호 일부 또는 전체를 입력하도록 요구해서 금융 정보를 몰래 빼가는 수법이다.

17 트로이 목마 프로그램은 자료 삭제 및 정보 탈취 등의 목적으로 사용된다.

18 다음 설명으로 옳은 것은?

> 고의적으로 사용자 몰래 파괴기능을 프로그램 내에 옮기는 악성프로그램

① 웜
② 트로이 목마
③ 체르노빌
④ 예루살렘
⑤ 고스트넷

19 다음 중 컴퓨터 바이러스 중 웜 바이러스의 특징으로 옳지 않은 것은?

① 일반적인 컴퓨터 바이러스와 다르다.
② 네트워크를 통해 감염 및 실행된다.
③ 자기 자신을 복제하는 프로그램이다.
④ 고의적으로 사용자 몰래 파괴기능을 프로그램 내에 옮기는 악성프로그램이다.
⑤ 독자적으로 실행되는 프로그램이다.

20 다음 중 해커의 침입 흔적을 삭제하거나 재침입을 위해 사용되는 백 도어를 만들기 위한 도구들의 모임으로 옳은 것은?

① Worm
② DRM
③ Rootkit
④ Trap door
⑤ GhostNet

Ⓒ **A N S W E R** | 18.② 19.④ 20.③

18 트로이 목마(Trojan Horse)는 자기 복사능력은 없이 고의적으로 사용자 몰래 파괴기능을 프로그램 내에 옮기는 악성프로그램이다.

19 웜(Worm) 바이러스
　㉠ 독자적으로 실행되는 프로그램이며 자기 스스로 다른 시스템으로 전파시킬 수 있다는 것이 바이러스와 다른 점이다.
　㉡ 컴퓨터의 취약점을 이용하여 네트워크를 통해 감염 및 실행된다.
　㉢ 자기 자신을 복제하는 프로그램이다.

20 Rootkit은 해커의 침입 흔적을 삭제하거나 재침입을 위해 사용되는 백 도어를 만들기 위한 도구들의 모임이다.

21 다음 설명으로 옳은 것은?

> 데이터 패킷을 범람시켜 시스템의 성능을 저하시키는 악성 바이러스이다.

① 트로이 목마　　　　　　　　　　② 분산서비스 거부 공격(DDoS)
③ 체르노빌 바이러스　　　　　　　　④ 웜 바이러스
⑤ 제로 데이 공격

22 다음에서 설명하는 스니퍼 탐지 방법에 이용되는 것은 무엇인가?

> 가. 가짜 ID와 패스워드를 네트워크에 뿌려 이 ID와 패스워드를 이용하여 접속을 시도하는 공격자 시스템을 탐지한다.
> 나. 스니핑 공격을 하는 공격자의 주요 목적은 ID와 패스워드의 획득에 있다. 따라서 보안 관리자는 이 점을 이용해 가짜 ID와 패스워드를 네트워크에 계속 뿌리고 공격자가 이 ID와 패스워드를 이용하여 접속을 시도할 때 스니퍼를 탐지한다.

① ping　　　　　　　　　　　　　② ARP
③ ARP watch　　　　　　　　　　④ DNS
⑤ decoy

23 다음 중 마우스 클릭과 하이잭킹을 더한 말로 아이프레임 태그를 쓴 눈속임 공격방법으로 옳은 것은?

① 하이잭킹　　　　　　　　　　　② 클릭잭킹
③ 자바애플릿　　　　　　　　　　④ 파밍
⑤ 고스트넷

ⓒ ANSWER | 21.② 22.⑤ 23.②

21 분산서비스 거부 공격(DDoS)은 데이터 패킷을 범람시켜 시스템의 성능을 저하시키는 공격 방법이다.

22 스니핑이란 송신자와 수신자가 주고받는 데이터를 중간에서 도청하는 것을 말한다. 스니퍼를 탐지 하는 방법으로는 ping, ARP, ARP watch, DNS, decoy를 이용하는 방법이 있다. decoy는 가짜 ID와 패스워드를 네트워크에 계속 뿌리고 공격자가 이 ID와 패스워드를 이용하여 접속을 시도할 때 스니퍼를 탐지한다.

23 클릭잭킹은 마우스 클릭과 하이잭킹을 더한 말로 아이프레임 태그를 쓴 눈속임 공격방법이다.

24 다음 중 산업 소프트웨어와 공정 설비를 공격 목표로 하는 극도로 정교한 군사적 수준이 사이버 무기로 자칭되며 공정 설비와 연결된 프로그램이 논리제어장치의 코드를 악의적으로 변경하여 제어권을 획득하는 컴퓨터 바이러스로 옳은 것은?

① 웜
② 트로이 목마
③ 트랩 도어
④ 스턱스넷
⑤ 트랩 도어

25 다음 중 버퍼에 입력되는 정보에 대해 한계 체크가 실행되지 않을 경우 데이터의 긴 문자열이 받아들여질 수 있는데, 이로 인해 입력된 데이터가 할당된 메모리 버퍼보다 크다면 데이터는 또 다른 메모리 세그먼트로 흘러넘치게 된다. 이를 통하여 프로그램의 복귀주소를 조작, 궁극적으로 해커가 원하는 코드가 실행하게 하는 공격방법으로 옳은 것은?

① 루트킷
② 스미싱
③ 책임추적성
④ 버퍼 오버플로우
⑤ 피싱

26 다음 중 각 시스템마다 매번 인증 절차를 밟지 않고 한 번의 로그인 과정으로 기업 내의 각종 업무 시스템이나 인터넷 서비스에 접속할 수 있게 해 주는 보안 응용 솔루션으로 옳은 것은?

① CGI
② SSO
③ OSS
④ Wibro
⑤ I-PIN

⊘ A N S W E R | 24.④ 25.④ 26.②

24 스턱스넷은 산업 소프트웨어와 공정 설비를 공격 목표로 하는 극도로 정교한 군사적 수준이 사이버 무기로 자칭되며 공정 설비와 연결된 프로그램이 논리 제어장치의 코드를 악의적으로 변경하여 제어권을 획득한 컴퓨터 바이러스이다.

25 버퍼 오버플로우는 버퍼에 입력되는 정보에 대해 한계 체크가 실행되지 않을 경우 데이터의 긴 문자열이 받아들여질 수 있는데, 이로 인해 입력된 데이터가 할당된 메모리 버퍼보다 크다면 데이터는 또 다른 메모리 세그먼트로 흘러넘치게 된다. 이를 통하여 프로그램의 복귀주소를 조작, 궁극적으로 해커가 원하는 코드가 실행하게 하는 공격방법이다.

26 SSO는 각 시스템마다 매번 인증 절차를 밟지 않고 한 번의 로그인 과정으로 기업 내의 각종 업무 시스템이나 인터넷 서비스에 접속할 수 있게 해 주는 보안 응용 솔루션이다.

27 다음 중 커버로스(Kerberos) 인증 시스템에 관한 내용으로 가장 옳지 않은 것을 고르면?

① 인증서버에 인증한 후 세션 키를 발급받는다.
② 사용자 인증을 위해 암호화 된 티켓을 발급한다.
③ 데이터의 기밀성 및 무결성 등을 보장한다.
④ 인증서버는 사용자의 공개 키 암호화 통신을 한다.
⑤ 개방된 이기종 간의 컴퓨터에서 자유로운 서비스 인증이 가능하다.

28 다음 중 대칭 키 암호에 기반을 둔 1980년대 중반에 MIT의 프로젝트 Athena의 인증 프로토콜로 제안된 것으로 옳은 것은?

① 커버로스   ② RSA
③ HAVAL   ④ MD5
⑤ I-PIN

29 다음 중 임의 정보에 접근할 수 있는 주체의 능력이나 자격 등을 검증하는 데 사용하는 수단으로 옳은 것은?

① 인증   ② 접근 제어
③ 부인 방지   ④ 신분 증명
⑤ 포렌식

ANSWER | 27.④ 28.① 29.①

27 커버로스(Kerberos) 인증 시스템에서는 사용자 비밀 키를 활용하여 이를 암호화 한다.

28 커버로스는 대칭 키 암호에 기반을 둔 1980년대 중반에 MIT의 프로젝트 Athena의 인증 프로토콜로 제안된 것이다.

29 인증(Authentication)은 임의 정보에 접근할 수 있는 주체의 능력이나 주체의 자격을 검증하는 데 사용하는 수단이다.

30 (가)~(다)에서 설명하는 접근 제어 모델로 옳은 것은?

> (가) 무결성의 3가지 목표인 비인가자들의 데이터 변형 방지, 내·외부의 일관성 유지, 합법적인 사람에 의한 불법적인 수정 방지를 모두 만족하는 접근 제어 모델이다.
>
> (나) 첫 번째로 제시된 수학적 보안 모델이며, 군대의 보안 레벨과 같이 그 정보의 기밀성에 따라 상하 관계가 구분된 정보를 보호하기 위해 사용되는 접근제어 모델이다.
>
> (다) 데이터 무결성에 초점을 둔 상업용 모델로, 낮은 등급의 데이터를 읽을 수 없고, 높은 등급의 데이터에 쓸 수 없는 접근 제어 모델이다.

	(가)	(나)	(다)
①	비바 모델	클락 윌슨 모델	벨 라파듈라 모델
②	벨 라파듈라 모델	비바 모델	클락 윌슨 모델
③	클락 윌슨 모델	비바 모델	벨 라파듈라 모델
④	벨 라파듈라 모델	클락 윌슨 모델	비바 모델
⑤	클락 윌슨 모델	벨 라파듈라 모델	비바 모델

✅ **ANSWER** | 30.⑤

30 ㉠ 벨 라파듈라 모델(BLP, Bell-LaPadula Confidentiality Model)
  • 첫 번째로 제시된 수학적 보안 모델
  • 미 육군에서 근무하던 벨-라파듈라가 1960년대 메인 프레임을 사용하는 환경에서 정보 유출 발생을 어떻게 차단할 수 있을까라는 고민에서 고안해낸 MAC(강제적 접근 제어) 모델이다.
  • 군대의 보안 레벨과 같이 그 정보의 기밀성에 따라 상하 관계가 구분된 정보를 보호하기 위해 사용
  • 기밀성 유지에 중점이 있다.
  • 높은 등급의 데이터를 읽을 수 없고, 낮은 등급의 데이터에 쓸 수 없다.
  ㉡ 비바 모델
  • 1977년 비바가 개발한 데이터 무결성을 위한 모델
  • 무결성의 3가지 목표 중에서 비인가자들의 데이터 변형 방지만 해결한 모델
  • 낮은 등급의 데이터를 읽을 수 없고, 높은 등급의 데이터에 쓸 수 없다.
  ㉢ 클락-윌슨(Clack-Wilson) 모델 : 1987년 무결성 중심의 상업적 모델로 개발되었으며 무결성의 3가지 목표를 모두 만족하는 접근 제어 모델이다. 무결성의 3가지 목표는 비인가자들의 데이터 변형 방지, 내·외부의 일관성을 유지하는 것, 합법적인 사람에 의한 불법적인 수정을 방지하는 것이다.
  ㉣ 만리장성(Chinese Wall) 모델 : 만리장성 모델은 브루어-나쉬(Brewer Naxh) 모델이라고도 불리며 비즈니스 영역의 한 회사에 최근 일을 한 적이 있는 파트너는 동일한 영역에 있는 다른 회사의 자료에 접근해서는 안된다는 개념이 핵심인 접근 제어 모델. 즉, 직무 분리를 접근 제어에 반영

31 다음 중 1970년대 다중 사용자, 다중 프로그래밍 환경에서의 보안처리 요구를 만족시키기 위해 제안된 방식으로 사용자의 역할에 기반을 두고 접근을 통제하는 모델로 옳은 것은?

① ACL   ② DDoS
③ RBAC   ④ IDS
⑤ MAC

32 다음 중 라우터에 의해 적은 숫자의 유효 IP 주소만으로도 많은 시스템들이 인터넷에 접속할 수 있게 하는 네트워크 서비스로 옳은 것은?

① IRQ   ② NAT
③ RSA   ④ PGP
⑤ VPN

33 다음 중 컴퓨터의 이름과 IP번지의 대응표를 가지고 있어서 문자로 입력된 Domain Name을 숫자로 된 IP Address로 자동변환 하는 것으로 옳은 것은?

① IP   ② DNS
③ SEC   ④ 디지털 변환기
⑤ nslookup

ANSWER | 31.③ 32.② 33.②

31 RBAC는 1970년대 다중 사용자, 다중 프로그래밍 환경에서의 보안처리 요구를 만족시키기 위해 제안된 방식으로 사용자의 역할에 기반을 두고 접근을 통제하는 모델이다.

32 NAT는 라우터에 의해 적은 숫자의 유효 IP 주소만으로도 많은 시스템들이 인터넷에 접속할 수 있게 하는 네트워크 서비스이다.

33 DNS는 컴퓨터의 이름과 IP번지의 대응표를 가지고 있어서 문자로 입력된 Domain Name을 숫자로 된 IP Address로 자동변환 하는 것이다.

34 다음 중 패킷을 전송할 때 출발지 IP 주소와 목적지 IP 주소값을 똑같이 만들어서 공격 대상에게 보내는 공격 방법은?

① sniffing
② SQL
③ land attack
④ XSS
⑤ Fraggle

35 아래의 네트워크 방화벽 구축 형태에 대해 바르게 설명한 것을 모두 고른 것은?

> 인터넷-패킷 라우터-베스천 호스트-내부 네트워크

㉠ 2단계 방어로 안전성이 향상된다.
㉡ 가장 많이 활용되며, 융통성이 좋다.
㉢ 정보 지향적인 공격방어가 가능하다.
㉣ 구축비용이 많이 든다.
㉤ 로그인 정보의 유출 시에 내부 네트워크로의 침입이 가능하다.

---

① ㉠㉡㉣
② ㉠㉢㉣
③ ㉡㉢㉣
④ ㉢㉣㉤

34 land attack은 패킷을 전송할 때 출발지 IP 주소와 목적지 IP 주소값을 똑같이 만들어서 공격 대상에게 보내는 공격 방법이다.

35 방화벽의 구성 방식 중에서 스크린 호스트 게이트웨이 (Screened host gateway) 방법에 관한 내용이다. 스크리닝 라우터 및 베스터 호스트의 2단계 방어를 활용함으로써 보안성은 향상되지만 구축비용이 많이 든다. 동시에 가장 일반적으로 사용하는 방식이기도 한다.

36 다음 중 1991년 필 짐머만에 의해 제안된 전자우편용 보안 프로토콜로 옳은 것은?

① PGP
② DRM
③ RSA
④ IPSEC
⑤ SSH

37 다음은 어떤 방화벽 구축 형태에 대한 설명인가?

> 가. 외부 네트워크와 베스천 호스트 사이에 스크린 라우터를 설치하고, 스크린 라우터와 내부 네트워크 사이에 베스천 호스트를 설치한다.
> 나. 외부 네트워크에서 내부 네트워크로 들어오는 정보의 경우 스크린 라우터에서 1차로 패킷 필터링을 실시하고 2차로 프락시 서버를 구동하는 베스천 호스트에서 2차로 보안검사(사용자 인증 및 서비스 인증)를 실시하여 허용 여부를 결정한다.

① 스크리닝 라우터
② 베스천 호스트
③ 이중 홈 게이트웨이
④ 스크린된 서브넷 게이트웨이
⑤ 스크린된 호스트 게이트웨이

✅ **ANSWER** | 36.① 37.⑤

36 PGP는 1991년 필 짐머만에 의해 제안된 전자우편용 보안 프로토콜이다. 메시지를 속도가 빠른 대칭 알고리즘을 사용해 암호화하며, 대칭 알고리즘에 사용된 비밀키를 공개 키 암호방식을 이용해 암호화하여 전달하는 키 분배 방식을 사용한다.

37 스크린된 호스트 게이트웨이는 베스천 호스트와 스크린 라우터를 혼합하여 사용한 방화벽이다. 스크린 라우터는 외부 네트워크와 베스천 호스트 사이에 위치하며, 베스천 호스트는 스크린 라우터와 내부 네트워크 사이에 위치한다.

38 전자서명의 조건에 관한 내용으로 가장 거리가 먼 것을 고르면?

① 서명자의 신원확인이 가능하다.
② 서명된 전자문서는 변경될 수 없다.
③ 어느 누구라도 검증할 수는 없다.
④ 타 전자문서의 서명으로 활용되어서는 안 된다.
⑤ 서명자는 서명 이후에 서명을 부인할 수 없다.

39 다음 중 암호화와 복호화키로 구성된 공개키를 이용하여 송수신 데이터를 암호화하고 디지털 인증서를 통해 사용자를 인증하는 시스템으로 옳은 것은?

① DES
② AES
③ PKI
④ PGP
⑤ SSL

40 다음 중 VISA와 Master 카드 사가 중심이 되어서 제안한 온라인 전자상거래 보안 결제를 위한 표준은?

① SSL
② SET
③ ESP
④ PKI
⑤ PGP

ANSWER | 38.③ 39.③ 40.②

38 전자서명의 조건은 다음과 같다.
- 재사용 불가 : 전자 문서의 서명은 타 전자 문서의 서명으로 활용이 불가능하다.
- 부인 불가 : 서명자는 서명 이후에 해당 서명 부인이 불가능하다.
- 변경 불가 : 서명한 전자문서의 내용은 변경이 불가능하다.
- 위조 불가 : 합법적 서명자만이 전자 문서에 관한 전자 서명이 가능하다.
- 서명자 인증 : 어느 누구든지 전자 서명의 서명자를 검증할 수 있어야 한다.

39 PKI는 암호화와 복호화키로 구성된 공개키를 이용하여 송수신 데이터를 암호화하고 디지털 인증서를 통해 사용자를 인증하는 시스템이다.

40 SET(Secure Electronic Transaction)는 VISA 및 Master 카드 사가 제안한 온라인 전자상거래 결제 표준안으로써, 이는 신용카드를 기반으로 되어 있는 안전한 전자결제 절차이다. 또한, 이중서명을 활용하며 RSA, DES, SHA 알고리즘 등을 활용한다.

41 다음 중 콘텐츠의 지적재산권이 디지털 방식에 의해 안전하게 보호, 유지되도록 콘텐츠 장착에서부터 소비에 이르는 모든 과정에서 거래 및 분배 규칙, 사용규칙이 적법하게 성취되도록 하는 기술로 옳은 것은?

① CDMA
② DRM
③ DDoS
④ IPSEC
⑤ PEM

42 다음 중 불법 복제 방지 기술, 어떤 파일에 관한 저작권 정보를 식별할 수 있도록 디지털 이미지나 오디오 및 비디오 파일에 삽입한 비트 패턴 기술로 옳은 것은?

① 디지털 워터마크
② CDMA
③ 블루투스
④ 위피
⑤ 에니그마

43 다음 설명으로 옳은 것은?

> 그림을 명암 대비가 작은 그림으로 바꾸는 것으로 기관의 로고 등을 작성하여 배경을 희미하게 나타낼 때 사용한다.

① 워터마크
② 오버프린트
③ 필터링
④ 리터칭
⑤ 핑거프린팅

ANSWER | 41.② 42.① 43.①

41 DRM은 콘텐츠의 지적재산권이 디지털 방식에 의해서 안전하게 보호, 유지되도록 콘텐츠 장착에서부터 소비에 이르는 모든 과정에서 거래 및 분배 규칙, 사용규칙이 적법하게 성취되도록 하는 기술이다.

42 디지털 워터마크는 불법 복제 방지 기술, 어떤 파일에 관한 저작권 정보를 식별할 수 있도록 디지털 이미지나 오디오 및 비디오 파일에 삽입한 비트 패턴 기술이다.

43 워터마크는 그림을 명암 대비가 작은 그림으로 바꾸는 것으로 기관의 로고 등을 작성하여 배경을 희미하게 나타낼 때 사용한다.

08 자료구조

① 알고리즘 성능 분석 방법

동일한 작업을 수행하는 여러 알고리즘이 있을 경우에 가능한 적은 메모리 공간과 적은 실행 시간을 필요로 하는 알고리즘이 바람직할 것이다. 알고리즘의 효율성을 분석하는 방법에는 공간 복잡도와 시간 복잡도가 있다.

(1) 공간 복잡도

프로그램을 실행시켜 완료하는데 필요한 총 저장 공간

(2) 시간 복잡도

프로그램을 실행시켜 완료하는 데 걸리는 시간

② 알고리즘의 조건

(1) 입력

0개 이상의 입력이 존재하여야 한다.

(2) 출력

1개 이상의 출력이 존재하여야 한다.

(3) 명백성

각 명령어의 의미는 모호하지 않고 명확해야 한다.

(4) 유한성

한정된 수의 단계 후에는 반드시 종료되어야 한다.

(5) 유효성

각 명령어들은 실행 가능한 연산이어야 한다.

3 자료구조의 개념

(1) 일정한 원칙에 따라 자료를 구조화하여 정리하는 방법을 자료구조(data structure)라고 한다.

(2) 일정한 원칙에 따라 자료구조를 만들어 놓으면, 자료를 사용할 때 컴퓨터 내부의 실제 구조를 알 필요 없이, 논리적인 사고만을 가지고 해당 자료를 처리하거나 연산을 단순화하여 문제풀이 절차를 쉽게 표현할 수 있다.

(3) 같은 자료도 다른 구조로 표현할 수 있으며 어떤 자료 구조를 선택하느냐에 따라 컴퓨터의 처리 능률과 성능에 많은 영향을 미친다.

(4) 자료 구조를 선택할 때에는 컴퓨터의 정보 처리 작업 수행 시간이 얼마나 걸리는가 하는 문제와 기억 공간을 얼마나 차지하는가 하는 문제를 생각해야 한다.

(5) 일반적으로, 프로그램의 수행 시간은 짧을수록, 기억 공간의 소요량은 작을수록 우수하다고 평가한다. 따라서 컴퓨터를 이용해 주어진 문제를 효율적으로 해결하기 위해 가장 적합한 자료 구조를 선택해야 한다.

④ 자료구조의 분류

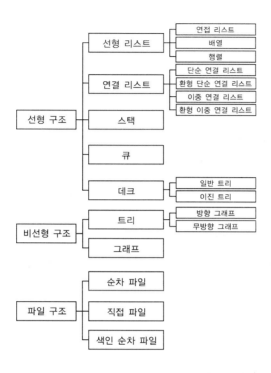

⑤ 선형구조

(1) 선형구조란 순서에 의해 자료를 일렬로 나열한 것이다.

(2) 각 자료는 이전 자료와 1대 1의 대응 관계를 갖는다.

(3) 선형 구조에는 배열, 리스트, 스택, 큐 등이 있다.

6 배열

(1) 배열의 개념

유형이 같은 자료들을 정해진 연속된 공간에 하나의 이름으로 저장하는 선형 구조를 배열이라고 한다.

(2) 배열의 특징

① 배열의 접근 방법은 직접 접근(direct access)이다.

② 배열을 사용하기 위해서는 반드시 자료가 저장될 공간을 미리 확보해야 한다.

③ 배열을 이용하면 배열명과 첨자를 이용해 자료에 접근하기가 쉽다.

④ 미리 정한 배열의 크기보다 자료의 개수가 적을 경우 기억 장소가 낭비된다.

⑤ 배열의 크기보다 많은 자료는 기억시킬 수 없다.

⑥ 배열에서의 삽입과 삭제 연산은 속도가 느리다. 추가하거나 삭제할 때 자료들을 이동하는 일을 반복해야 하기 때문이다.

(3) 배열의 표현

① 1차원 배열

　㉠ 가장 단순한 형태로, 첨자를 하나만 이용하는 배열

　㉡ 배열 요소의 주소 계산

$$i번째\ 배열\ 요소의\ 주소 = base + i \times size = 시작주소 + i \times 배열\ 요소의\ 크기$$

　　예 각 원소의 길이가 6byte이며 배열의 시작 주소가 200번지인 배열 $A(1:15)$에서 10번째 원소의 주소 계산
　　풀이) $A(10) = 200 + (10-1) \times 6 = 254$

② 2차원 배열

　㉠ 행과 열로 구성되는 형태의 배열. 각 원소를 지정하기 위해 첨자를 2개 사용

$$자료형\ 배열이름[행의\ 개수][열의\ 개수]$$

　㉡ 2차원 배열의 물리적 저장 방법 : 2차원의 논리적 순서를 1차원의 물리적 순서로 변환하는 방법을 사용
　　ⓐ 행 우선 순서 방법(row major order)의 주소 계산 : 2차원 배열 $A(1:n,\ 1:m)$에서 배열 원소 $A(i,\ j)$의 행 우선 순위 주소는 다음과 같은 계산식을 이용하여 구할 수 있다.

> 배열 $a(i,\, j)$의 주소 $=base+((i-1)\times m+(j-1))\times size$
> ▶ $base$: 시작주소
> ▶ m : $A(1:n,\, 1:m)$에서의 열의 길이
> ▶ $size$: 배열 요소의 크기

예 2차원 배열 $A(4,\, 6)$에서 배열의 시작 주소가 60번지이고 배열 원소의 길이가 4byte라고 가정할 때 $A(3,\, 2)$의 행 우선 순위 주소 계산

풀이) $A(3,2)=60+((6\times(3-1)+(2-1))\times 4=112$

ⓑ **열 우선 순서 방법(column major order)의 주소 계산** : 2차원 배열 $A(1:n,\, 1:m)$에서 배열 원소 $(i,\, j)$의 열 우선 순위 주소는 다음과 같은 계산식을 이용하여 구할 수 있다.

> 배열 $a(i,\, j)$의 주소 $=base+((i-1)\times n+(j-1))\times size$
> ▶ $base$: 시작주소
> ▶ n : $A(1:n,\, 1:m)$에서의 열의 길이
> ▶ $size$: 배열 요소의 크기

예 2차원 배열 $A(4,\, 6)$에서 배열의 시작 주소가 60번지이고 배열 원소의 길이가 4byte라고 가정할 때 $A(3,\, 2)$의 열 우선 순위 주소 계산

풀이) $A(3,\, 2)=60+((2-1)\times 4+(3-1))\times 4=84$

③ **3차원 배열**

㉠ 면과 행, 열로 구성되는 입체적인 형태의 배열. 각 원소를 지정하기 위해 3개의 첨자를 사용한다.

> 자료형 배열이름[면의 개수][행의 개수][열의 개수]

3차원 배열 i[2][3][4]의 논리적 구조

ⓛ 행 우선 순서 방법과 열 우선 순서 방법

    ⓐ 행 우선 순서 방법(row major order)의 주소 계산 : 3차원 배열 $A(l, m, n)$에서 배열 원소 $A(i, j, k)$의 행 우선 순위 주소는 다음과 같은 계산식을 이용하여 구할 수 있다.

> $A(i, j, k)$의 행 우선 순위 주소 $= base + ((i-1) \times m*n + (j-1) \times n + (k-1)) \times size$
>
> ▶ $base$: 시작주소
> ▶ m : $A(l:m:n)$에서의 행의 길이
> ▶ n : $A(l:m:n)$에서의 열의 길이
> ▶ $size$: 배열 요소의 크기

예 3차원 배열 $A(2, 2, 3)$에서 배열의 시작 주소가 60번지이고 배열 원소의 길이가 4byte라고 가정할 때 $A(2, 1, 2)$의 행 우선 순위 주소 계산
풀이) $A(2, 1, 2) = 60 + ((2-1) \times 2 \times 3 + (1-1) \times 3 + (2-1)) \times 4 = 88$

    ⓑ 열 우선 순서 방법(column major order)의 주소 계산 : 3차원 배열 $A(l, m, n)$에서 배열 원소 $A(i, j, k)$의 열 우선 순위 주소는 다음과 같은 계산식을 이용하여 구할 수 있다.

> $A(i, j, k)$의 행 우선 순위 주소 $= base + ((k-1) \times l \times m + (j-1) \times l + (i-1)) \times size$
>
> ▶ $base$: 시작주소
> ▶ m : $A(l:m:n)$에서의 행의 길이
> ▶ n : $A(l:m:n)$에서의 열의 길이
> ▶ $size$: 배열 요소의 크기

예 3차원 배열 $A(2, 2, 3)$에서 배열의 시작 주소가 60번지이고 배열 원소의 길이가 4byte라고 가정할 때 $A(2, 1, 2)$의 열 우선 순위 주소 계산
풀이) $A(2, 1, 2) = 60 + ((2-1) \times 2 \times 2 + (1-1) \times 2 + (2-1)) \times 4 = 80$

❼ 연결 리스트(linked list)

(1) 연결 리스트의 개념

① 서로 떨어져 있는 기억 공간을 포인터를 이용해 연결한 자료 구조이다.

② 연결 리스트에서 자료를 저장하는 연결 리스트의 기본 단위를 노드(node)라 하고, 노드는 자료를 저장하는 자료 부분과 다음 순서의 자료가 있는 곳을 가리키는 링크로 구성된다.

③ 마지막 링크에는 NULL이 들어가 연결된 자료의 끝을 나타낸다.

④ 연결 리스트는 자료를 기억 장치에 저장할 때 연속적으로 저장하지 않아도 링크를 통해서 다음 자료를 연결한다.

노드에 대한 논리적 구조

↳ 데이터 필드는 리스트의 원소 즉, 데이터 값을 저장하는 곳이고, 링크 필드는 포인터 즉, 다른 노드의 주소값을 저장하는 곳이다. 이 포인터를 때로는 링크(link) 또는 참조(reference)라고도 하는데 모두 주소값을 표현한다. 변수 중에는 항상 주소값만 저장하도록 선언된 것이 있는데 이것을 포인터 변수라 한다. 링크 필드는 바로 이 포인터 변수 역할을 하고 있는 것이다.

(2) 특징

① 포인터를 위한 기억 공간이 추가로 필요하다.

② 검색에 더 많은 시간이 걸리고 링크로 인한 추가 공간이 필요하다.

③ 비연속적 공간의 활용이 가능하다.

④ 연결리스트는 어느 위치에서나 자료의 삽입과 삭제가 쉽다.

⑤ 크기가 제한되어 있지 않아 공간을 효율적으로 사용할 수 있다.

(3) 포인터 변수에 대해 허용되는 식

① p = null 또는 p ≠ null : p의 포인터 값이 널인가 아닌가를 검사

② p = q : 포인터 p와 q가 모두 똑같은 주소를 가리키는가를 검사

③ p ← null : p의 포인터 값으로 널을 지정

④ p ← q : q가 가리키는 노드를 p도 똑같이 가리키도록 지정

⑤ p.link ← q : p가 가리키는 노드의 링크 필드에 q의 포인터 값을 지정

⑥ p ← p.link : q가 가리키는 노드의 링크 값을 포인터 p의 포인터 값으로 지정

※ 배열을 이용한 순서 리스트의 순차 표현의 장단점
- 순차 표현은 리스트의 논리적 순서와 저장된 원소의 물리적 순서가 같은데, 이러한 순차 표현의 장점은 무엇보다도 표현이 간단하고 원소의 접근이 빠르다는 것이다. 연속된 메모리에 위치한 원소의 위치를 나타내는 인덱스는 직접 메모리 주소로 변환할 수 있기 때문에 빠른 임의 접근이 가능하다.
- 반면에 원소들이 순차적으로 저장되기 때문에 발생하는 단점으로는 원소의 삽입과 삭제가 어렵고 시간이 많이 걸린다는 것이다.
- 순차 표현에서는 리스트 원소의 순서가 연속적인 물리적 주소로 표현되기 때문에 원소를 삽입하거나 삭제하기 위해서는 해당 원소의 위치 뒤에 있는 모든 원소를 뒤로 물리거나 앞으로 당겨야만 된다. 이러한 데이터의 이동은 특히 원소수가 많은 리스트에서는 너무나 큰 오버헤드가 아닐 수 없다.
- 또한 리스트의 길이, 즉 원소의 수가 임의로 늘어나고 줄어드는 상황에서는 배열의 적정 크기를 미리 결정하기가 어렵다. 이 것은 자연히 배열의 오버플로우나 과다한 메모리 할당으로 인한 저장 공간의 낭비와 비효율을 가져오기 쉽다.

8 **스택(Stack)**

(1) 스택의 개념

① TOP이라고 불리우는 한쪽끝에서 삽입과 삭제가 모두 이루어지는 순서리스트이다.

② **LIFO**(Last In First Out) **구조** ⋯ 가장 마지막에 입력한 자료가 가장 먼저 삭제된다.

③ 스택의 구조에서 제일 위에 놓인 자료의 위치를 가리켜 Top(Stack Pointer)이라고 하며, Top을 이용하여 스택에 자료를 삽입하고 삭제한다.

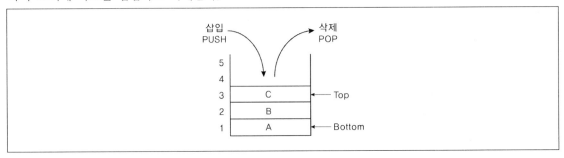

(2) 스택의 응용 분야

인터럽트 처리, 수식의 계산, 서브루틴의 복귀번지 저장 등에 이용

(3) 사칙연산식의 전위/중위/후위 표현

우리가 보통 사용하는 것은 중위 표기식이지만, 컴파일러에 의해 변환되는 형태는 후위 표기식이다.

① **전위 표기법**(Prefix) ⋯ 연산자 → Left → Right, +AB

② **중위 표기법**(Infix) ⋯ Left → 연산자 → Right, A+B

③ **후위 표기법**(Postfix)=**폴리쉬 표기법**(polish notation) ⋯ Left → Right → 연산자, AB+

9 큐(Queue)

(1) 큐의 개념

① 한쪽 끝에서 삽입만, 다른 한쪽 끝에서는 삭제만 수행

② **FIFO**(First In First Out) **구조** … 삽입된 순서대로 삭제된다.

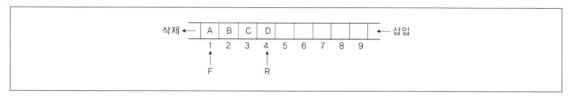

③ 큐는 자료의 삽입과 삭제가 서로 반대 방향에서 이루어지기 때문에 삽입과 삭제의 위치를 가리킬 두 개의 지시자가 필요하다.

　　㉠ 프런트(F, Front) 포인터 : 가장 먼저 삽입된 자료의 기억공간을 가리키는 포인터로 삭제 작업을 할 때 사용한다.

　　㉡ 리어(R, Rear) 포인터 : 가장 마지막에 삽입된 자료가 위치한 기억장소를 가리키는 포인터로 삽입 작업을 할 때 사용한다.

(2) 큐의 응용 분야

운영체제의 작업 스케줄링, 일괄처리, 스풀(Spool) 운영에 이용

10 데크(Deque : Double-ended queue)

① 삽입과 삭제가 리스트의 양쪽 끝에서 모두 발생할 수 있다.

② 포인터를 두 개 두고 운영한다.(left, right)

③ 큐의 양쪽 끝에서 삽입 연산과 삭제 연산을 수행할 수 있는 확장된 큐로서, 스택의 특성과 큐의 특성을 모두 가지고 있는 자료구조이다.

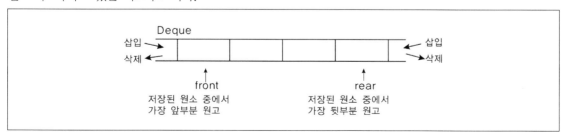

⑪ 비선형 구조

(1) 비선형구조는 자료가 순차적으로 연결되지 않은 형태의 자료 구조이다.

(2) 비선형 구조는 자료를 불규칙하게 연결한 구조로, 각 자료가 1:多 또는 多:多 관계를 갖는다.

(3) 선형 구조에는 트리, 그래프 등이 있다.

⑫ 트리(Tree)

(1) 트리의 개념
① 계층적인 자료를 표현하는 데 이용되는 자료 구조
② 한 지점에서 상하 관계에 의해 여러 갈래로 나뉘어 연결되는 형태의 비선형 구조
③ 트리는 이 단어가 의미하는 것과 같이 나무인데 다만 뿌리를 위로한 형태로 노드(node)들을 간선 (edge)으로 연결한 계층형 자료구조를 의미한다. 따라서 이 트리는 제일 위에 하나의 노드를 루트 (root)로 하여 나머지 노드들이 간선으로 연결되어 있다.

(2) 트리의 용어

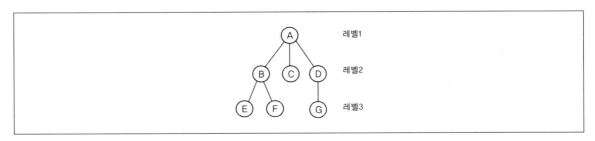

① **노드**(node) … 한 정보 아이템과 이것으로부터 다른 아이템으로 뻗은 가지를 합쳐서 말한다.
② **근노드**(Root Node) … 트리의 뿌리가 되는 노드를 의미한다. 예 A
③ **단노드**(Terminal Node, Leaf Node) … 노드의 차수(Degree)가 0인 노드 또는 자식이 없는 노드를 의미 한다. 예 C, E, F, G
④ **간노드**(Nonterminal Node) … 노드의 차수(Degree)가 0이 아닌 노드 또는 자식을 가지고 있는 노드를 의미한다. 예 A, B, D
⑤ **차수**(Degree) … 각 노드의 가지수, 또는 각 노드가 가지고 있는 자식 노드의 수를 의미한다.
　　　예 A의 차수는 3, B의 차수는 2, C의 차수는 0

⑥ **트리의 차수**(Tree Degree) … 트리 전체에서 노드의 차수(Degree)가 가장 큰 것을 트리의 차수라고 한다.

　예 트리의 차수는 3이다.

⑦ **레벨**(Level) … 근노드를 1 레벨(또는 0 레벨로 할 수도 있음)로 하여 차례로 2, 3 레벨로 증가시켜서 표시한다.

⑧ **높이**(Height) … 트리가 가지고 있는 최대 레벨을 말한다. **예** 높이 3

⑨ **자노드**(Child Node) … 각 노드에 연결되어 있는 다음 레벨의 노드를 의미한다.

　예 트리에서 B노드에 대한 자노드는 E와 F이다.

⑩ **부노드**(Parent Node) … 각 노드의 바로 상위 레벨에 있는 노드를 의미한다.

　예 트리에서 G에 대한 부노드는 D이다.

⑪ **제노드**(Sibling Node, Brother Node) … 같은 부노트에 연결되어 있는 노드를 의미한다.

　예 트리에서 B, C, D는 제노드이다.

⑫ **숲**(forest) … n개의 서브트리를 가진 트리에서 루트 노드를 제거하면 항상 n개의 분리된 트리가 만들어지게 된다. 이 n, $n \geq 0$개의 분리된 트리의 집합을 포리스트라 한다. 루트 노드가 3개의 서브트리를 가지고 있는 위의 트리에서 루트 A를 제거하면 다음 그림과 같이 3개의 트리로 된 포리스트를 얻을 수 있다.

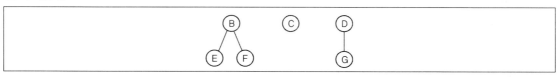

⑬ 그래프

(1) 그래프의 개념

데이터 사이의 임의의 관계가 비선형적으로 나타나는 구조를 말하는 것으로 최단거리 탐색, 연구계획 분석, 공정 계획 분석, 전자 회로 분석, 통계학 등의 응용 분야에 쓰이고 있는 구조이다.

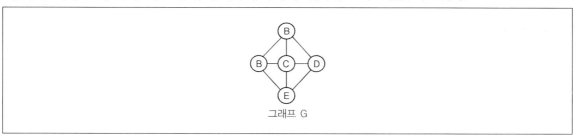

그래프 G

(2) 그래프의 구조

그래프는 정점(vertext)과 간선(edge)들의 집합으로 구성된다. 수학적으로는 G = (V, E)로 표시한다.

① **정점**(vertices)

    ㉠ 여러 가지 특성을 가질 수 있는 객체를 의미

    ㉡ $V(G)$: 그래프 G의 정점들의 집합

    ㉢ 노드(node)라고도 불림

② **간선**(edge)

    ㉠ 정점들 간의 관계를 의미

    ㉡ $E(G)$: 그래프 G의 간선들의 집합

    ㉢ 링크(link)라고도 불림

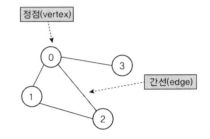

(3) 그래프의 종류

① **무방향 그래프**(undirected graph)

    ㉠ 무방향 간선(undirected edge)만 사용

    ㉡ 간선을 통해서 양방향으로 갈수 있음

    ㉢ 도로의 왕복통행 길

    ㉣ (A, B)와 같이 정점의 쌍으로 표현

    ㉤ $(A, B) = (B, A)$

② **방향 그래프**(directed graph)

    ㉠ 방향 간선(undirected edge)만 사용

    ㉡ 간선을 통해서 한쪽 방향으로만 갈 수 있음

    ㉢ 도로의 일방통행 길

    ㉣ $<A, B>$와 같이 정점의 쌍으로 표현

    ㉤ $<A, B> \neq <B, A>$

③ **가중치 그래프**

    ㉠ 가중치 그래프(weighted graph)는 네트워크(network)라고도 함

    ㉡ 간선에 비용(cost)이나 가중치(weight)가 할당된 그래프

⑭ 정렬

① **정렬의 개념** … 2개 이상의 자료를 작은 것부터 큰 것 순서의 오름차순(ascending)이나 큰 것부터 작은 것 순서의 내림차순(descending)으로 재배열하는 것

② **키**(key) … 자료를 정렬하는데 사용하는 기준이 되는 특정 값

⑮ 버블 정렬(Bubble Sort)

① **개념** … 인접한 두 개의 원소를 비교하여 크기가 순서대로 되어 있지 않으면 이들을 서로 교환하는 정렬 방식

② **버블 정렬 알고리즘 분석**

ⓐ 메모리 사용공간 : n개의 원소에 대하여 n개의 메모리 사용

ⓑ 연산 시간

ⓐ **최선의 경우** : 자료가 이미 정렬되어있는 경우
  • 비교횟수 : i번째 원소를 (n-i)번 비교하므로,

$$(n-1)+(n-2)+(n-3)+\cdots+3+2+1 = \frac{n(n-1)}{2} \text{번}$$

  • 자리교환횟수 : 자리교환이 발생하지 않음

ⓑ **최악의 경우** : 자료가 역순으로 정렬되어있는 경우
  • 비교횟수 : i번째 원소를 $(n-i)$번 비교하므로, $\frac{n(n-1)}{2}$번

  • 자리교환횟수 : i번째 원소를 $(n-i)$번 교환하므로, $\frac{n(n-1)}{2}$번

ⓒ 버블 알고리즘은 중첩된 두 개의 for 루프에서 $\frac{n(n-1)}{2}$번의 비교 연산을 해야 되기 때문에 평균 시간 복잡도는 $O(n^2)$이 된다.

16 선택 정렬(Selection Sort)

① **개념** … 전체 자료 중 최소값을 찾아 첫 번째 위치에 놓고 나머지 중에서 다시 최소값을 찾아 두 번째 레코드 위치에 놓는 방식을 반복하여 정렬하는 방식

② **선택 정렬 알고리즘 분석**

ㄱ 메모리 사용공간 : n개의 원소에 대하여 n개의 메모리 사용

ㄴ 비교횟수

@ 1단계 : 첫 번째 원소를 기준으로 n개의 원소 비교

ⓑ 2단계 : 두 번째 원소를 기준으로 마지막 원소까지 $n-1$개의 원소 비교

ⓒ 3단계 : 세 번째 원소를 기준으로 마지막 원소까지 $n-2$개의 원소 비교

ⓓ i단계 : i번째 원소를 기준으로 n-i개의 원소 비교

$$전체\ 비교횟수 = \sum_{i-1}^{n-1} n-1 = \frac{n(n-1)}{2}$$

ㄷ 시간 복잡도 : 어떤 경우에서나 비교횟수가 같으므로 시간 복잡도는 $O(n^2)$이 된다.

17 삽입 정렬(Insert Sort)

대상 자료가 일부 정렬되어 있을 때 유리한 정렬 방식으로 선택(기준)된 키 값을 앞쪽 자료들의 키 값과 비교하여 자신의 위치를 찾아 삽입 정렬시키는 방식

18 셀 정렬(shell sort)

① **개념**

ㄱ 셀 정렬은 일정한 간격(Interval)으로 떨어져 있는 자료들끼리 부분집합을 구성하고 각 부분집합에 있는 원소들에 대해서 삽입 정렬을 수행하는 작업을 반복하면서 전체 원소들을 정렬하는 방법이다.

ㄴ 전체 원소에 대해서 삽입 정렬을 수행하는 것보다 부분집합으로 나누어 정렬하게 되면 비교 연산과 교환 연산의 횟수를 줄일 수 있다.

ㄷ 삽입 정렬이 어느 정도 정렬된 배열에 대해서는 대단히 빠른 것에 착안한 방법이다.

ㄹ 셀 정렬은 삽입 정렬의 $O(n^2)$보다 빠르다.

② 삽입 정렬과의 비교

　　㉠ 삽입 정렬의 최대 문제점은 요소들이 삽입될 때, 이웃한 위치로만 이동한다는 것이다. 만약 삽입되어야 할 위치가 현재 위치에서 상당히 멀리 떨어진 곳이라면 많은 이동을 해야만 제자리로 갈 수 있다. 셸 정렬에서는 요소들이 멀리 떨어진 위치로도 이동할 수 있다.

　　㉡ 삽입 정렬과는 다르게 셸 정렬은 전체의 리스트를 한 번에 정렬하지 않는다. 대신에 먼저 정렬해야 할 리스트를 일정한 기준에 따라 분류하여 연속적이지 않은 여러 개의 부분 리스트를 만들고, 각 부분 리스트를 삽입 정렬을 이용하여 정렬한다. 모든 부분 리스트가 정렬되면 셸 정렬은 다시 전체 리스트를 더 적은 개수의 부분 리스트로 만든 후에 알고리즘을 되풀이한다. 위의 과정은 부분 리스트의 개수가 1이 될 때까지 되풀이된다.

③ 정렬 과정

　　㉠ 셸 정렬에서 부분집합을 만드는 기준이 되는 간격을 매개변수 h에 저장하고 한 단계가 수행될 때마다 h의 값을 감소시키고 셸 정렬을 순환 호출하는데, 결국 h가 1이 될 때까지 반복하면서 정렬을 완성한다.

　　㉡ 셸 정렬의 성능은 매개변수 h의 값에 따라 달라진다.

　　㉢ 일반적으로 사용하는 h의 값은 원소 개수의 1/2을 사용하고 한 단계 수행될 때마다 h의 값을 반으로 감소시키면서 반복 수행한다.

④ 셸 정렬의 장점

　　㉠ 불연속적인 부분 리스트에서 원거리 자료 이동으로 보다 적은 위치교환으로 제자리 찾을 가능성 증대

　　㉡ 부분 리스트가 점진적으로 정렬된 상태가 되므로 삽입정렬 속도 증가

⑲ 병합 정렬(merge-sort)

① 여러 개의 정렬된 자료의 집합을 병합하여 한 개의 정렬된 집합으로 만드는 정렬 방법

② 병합 정렬은 전체 원소들에 대해서 수행하지 않고 부분집합으로 분할(divide)하고, 각 부분집합에 대해서 정렬 작업을 완성(conquer)한 후에 정렬된 부분집합들을 다시 결합(combine)하는 분할 정복(divide and conquer) 기법 사용

⑳ 퀵 정렬(quick sort)

① 정렬할 전체 원소에 대해서 정렬을 수행하지 않고, 기준 값을 중심으로 왼쪽 부분 집합과 오른쪽 부분 집합으로 분할하여 정렬하는 방법

② 왼쪽 부분 집합에는 기준 값보다 작은 원소들을 이동시키고, 오른쪽 부분 집합에는 기준 값보다 큰 원소들을 이동시킨다.

③ 이때 사용하는 기준 값을 피봇(pivot)이라고 하는데, 리스트의 첫 번째 요소를 피봇으로 선택하기도 하고 가운데에 위치한 원소를 피봇으로 선택하기도 한다.

④ 퀵 정렬은 다음의 두 가지 기본 작업을 반복 수행하여 완성한다.

    ㉠ 분할(divide) : 정렬할 자료들을 기준값을 중심으로 2개의 부분 집합으로 분할한다.

    ㉡ 정복(conquer) : 부분 집합의 원소들 중에서 기준값보다 작은 원소들은 왼쪽 부분 집합으로, 기준값보다 큰 원소들은 오른쪽 부분집합으로 정렬한다. 부분 집합의 크기가 1 이하로 충분히 작지 않으면 순환호출을 이용하여 다시 분할한다.

㉑ 히프 정렬

① 히프 자료구조를 이용한 정렬 방법

② 히프에서는 항상 가장 큰 원소가 루트 노드가 되고 삭제 연산을 수행하면 항상 루트 노드의 원소를 삭제하여 반환

    ㉠ 최대 히프에 대해서 원소의 개수만큼 삭제 연산을 수행하여 내림차순으로 정렬 수행

    ㉡ 최소 히프에 대해서 원소의 개수만큼 삭제 연산을 수행하여 오름차순으로 정렬 수행

③ 히프 정렬 수행 방법

    ㉠ 정렬할 원소들을 입력하여 최대 히프 구성

    ㉡ 히프에 대해서 삭제 연산을 수행하여 얻은 원소를 마지막 자리에 배치

    ㉢ 나머지 원소에 대해서 다시 최대 히프로 재구성

    원소의 개수만큼 ㉡~㉢를 반복 수행

⑤ 히프 정렬 알고리즘 분석

    ㉠ 메모리 사용 공간

        ⓐ 원소 n개에 대해서 n개의 메모리 공간 사용

        ⓑ 크기 n의 히프 저장 공간

    ㉡ 연산 시간

        ⓐ 히프 재구성 연산 시간

          • n개의 노드에 대해서 완전 이진 트리는 $\log2(n+1)$의 레벨을 가지므로 완전 이진 트리를 히프로 구성하는 평균시간은 $O(\log2n)$

          • n개의 노드에 대해서 n번의 히프 재구성 작업 수행

        ⓑ 평균 시간 복잡도 : $O(\log2n)$

㉒ 기수 정렬(Radix Sort)

① 개요

ㄱ 기수 정렬은 분배 방식의 정렬 방법으로 정렬할 원소의 킷값에 해당하는 버킷(Bucket)에 원소를 분배하였다가 버킷의 순서대로 원소를 꺼내는 방법을 반복한다.

ㄴ 기수 정렬은 원소의 키를 표현하는 값의 기수(Radix)만큼의 버킷이 필요하고, 킷값의 자릿수만큼 기수 정렬을 반복한다.

ㄷ 10진수로 표현된 킷값을 가진 원소들을 정렬할 때는 0부터 9까지 10개의 버킷을 사용한다.

ㄹ 먼저 키값의 일의 자리에 대해서 기수 정렬을 수행하고, 다음 단계에서는 킷값의 10의 자리에 대해 그리고 그 다음 단계에서는 100의 자리에 대해서 기수 정렬을 수행한다. 한 단계가 끝날 때마다 버킷에 분배된 원소들을 버킷의 순서대로 꺼내서 다음 단계의 기수 정렬을 수행해야 하므로 큐를 사용하여 버킷을 만든다.

② 특징

ㄱ 기수 정렬은 추가적인 메모리를 필요로 하지만 다른 정렬 기법보다 빠르기 때문에 상당히 인기 있는 정렬 기법 중의 하나이다.

ㄴ 기수 정렬의 단점은 정렬할 수 있는 레코드의 타입이 한정된다는 점이다. 즉 기수 정렬을 이용하려면 레코드의 키들이 동일한 길이를 가지는 숫자나 문자열로 구성되어 있어야 한다.

※ 정렬 방법의 성능 비교

알고리즘	최선	평균	최악
삽입 정렬	$O(n)$	$O(n^2)$	$O(n^2)$
선택 정렬	$O(n^2)$	$O(n^2)$	$O(n^2)$
버블 정렬	$O(n^2)$	$O(n^2)$	$O(n^2)$
셸 정렬	$O(n)$	$O(n^{1.5})$	$O(n^{1.5})$
퀵 정렬	$O(n log_2 n)$	$O(n log_2 n)$	$O(n^2)$
히프 정렬	$O(n log_2 n)$	$O(n log_2 n)$	$O(n log_2 n)$
합병 정렬	$O(n log_2 n)$	$O(n log_2 n)$	$O(n log_2 n)$
기수 정렬	$O(dn)$	$O(dn)$	$O(dn)$

1 알고리즘의 조건으로 옳지 않은 것은?

① 1개 이상의 출력이 존재해야 한다.

② 각 명령어의 의미는 명확해야 한다.

③ 한정된 수의 단계 후에는 반드시 종료되어야 한다.

④ 각 명령어들은 실행 가능한 연산이어야 한다.

⑤ 프로그래밍 언어로만 작성되어야 한다.

2 다음의 자료 구조 중 비선형 구조를 모두 고른 것은?

〈보기〉

㉠ 배열   ㉡ 행렬

㉢ 연결리스트   ㉣ 트리

㉤ 그래프

---

① ㉠, ㉡   ② ㉡, ㉢

③ ㉢, ㉣   ④ ㉢, ㉤

⑤ ㉣, ㉤

✅ ANSWER | 1.⑤ 2.⑤

1 알고리즘의 조건

  ㉠ 입력 : 0개 이상의 입력이 존재하여야 한다.

  ㉡ 출력 : 1개 이상의 출력이 존재하여야 한다.

  ㉢ 명백성 : 각 명령어의 의미는 모호하지 않고 명확해야 한다.

  ㉣ 유한성 : 한정된 수의 단계 후에는 반드시 종료되어야 한다.

  ㉤ 유효성 : 각 명령어들은 실행 가능한 연산이어야 한다.

2 비선형 구조에는 트리, 그래프가 있다.

3 연결리스트에 대한 설명으로 옳지 않은 것은?

① 포인터를 위한 기억 공간이 추가로 필요하다.

② 서로 인접해있는 기억 공간을 포인터로 연결하였다.

③ 연결리스트는 어느 위치에서나 자료의 삽입과 삭제가 쉽다.

④ 크기가 제한되어 있지 않아 공간을 효율적으로 사용할 수 있다.

⑤ 마지막 링크에는 NULL이 들어가 연결된 자료의 끝을 나타낸다.

4 다음 그림과 같이 리스트의 한쪽 끝에서만 삽입과 제거를 할 수 있는 후입선출되는 선형구조로 옳은 것은?

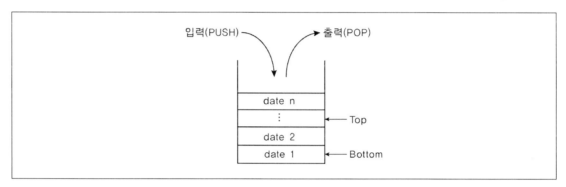

① 스택   ② 큐

③ 데크   ④ 순서리스트

⑤ 히프

ⓥ **ANSWER** | 3.② 4.①

3 연결리스트는 서로 떨어져 있는 기억 공간을 포인터를 이용해 연결한 자료구조이다.

4 스택은 리스트의 한쪽 끝에서만 삽입과 제거를 할 수 있는 후입선출되는 선형구조이다.

5 서브루틴의 복귀번지 저장 등에 이용되는 자료구로로 옳은 것은?

① 연결리스트   ② 큐

③ 스택   ④ 히프

⑤ 데크

6 다음 중 중위표기식을 후위표기식으로 변환하였을 때 옳은 것은?

$5+(4-2)\times 3$

① $\times+542-3$ ② $542-\times+3$

③ $542-3\times+$ ④ $2-3\times54+$

⑤ $\times+-5423$

7 다음 중 괄호 안에 들어갈 단어를 순서대로 나열한 것으로 옳은 것은?

(   )은/는 한쪽 끝에서 데이터가 삽입되고 다른 한쪽 끝에서 데이터가 삭제되는 (   )하는 선형구조이다.

① 큐, 후입선출   ② 큐, 선입선출

③ 스택, 선입선출   ④ 데크, 후선출

⑤ 스택, 후입선출

 ANSWER | 5.③ 6.③ 7.②

---

5 스택의 응용분야 … 인터럽트 처리, 수식의 계산, 서브루틴의 복귀번지 저장 등

6 $5+(4-2)\times 3$

    ㉠ 먼저 −를 계산한다. 이미 괄호로 묶여 있으므로 넘어간다.

      다음 ×를 계산한다.

      × 양쪽을 괄호로 묶어 주면 $5+((4-2)3)$

      마지막으로 +를 계산한다. $(5+((4-2)\times 3))$

    ㉡ $(5+((4-2)\times 3))$

    ㉢ 괄호를 모두 없애 주면 최종 결과값은 $542-3\times+$ 이다.

7 큐는 한쪽 끝에서 데이터가 삽입되고 다른 한쪽 끝에서 데이터가 삭제되는 선입선출하는 선형구조이다.

8 다음 중 작업 스케줄링이나 버퍼 등에 이용되는 선입선출 방식의 자료구조로 옳은 것은?

① 큐
② 스택
③ 데크
④ 선형리스트
⑤ 연결리스트

9 큐(queue)에 대한 설명으로 옳지 않은 것은?

① 한쪽 끝에서는 삽입만, 다른 한쪽 끝에서는 삭제만 수행된다.
② FIFO(First In First Out) 구조이다.
③ 삽입과 삭제의 위치를 가리킬 때 두 개의 지시자가 필요하다.
④ 연결리스트로 구현된 큐는 배열로 구현된 큐에 비해 크기가 제한되지 않는다.
⑤ 인터럽트를 처리할 때 이용될 수 있다.

10 다음 중 선형리스트 중 가장 일반적인 것으로 스택과 큐를 혼합한 형태로 리스트의 양쪽에서 삽입과 삭제가 모두 이루어지는 것은?

① 데크
② 연결리스트
③ 순서리스트
④ 트리
⑤ 그래프

⊘ ANSWER | 8.① 9.⑤ 10.①

8 큐는 작업 스케줄링이나 버퍼 등에 이용되는 선입선출 방식의 자료구조이다.

9 ⑤ 스택에 대한 설명이다.

10 데크는 선형리스트 중 가장 일반적인 것으로 스택과 큐를 혼합한 형태로 리스트의 양쪽에서 삽입과 삭제가 모두 이루어진다.

11 다음 중 Post Order로 옳은 것은?

① 후위 순회 방식이다. left－right－root로 순회한다.

② 하위 순회 방식이다. root－right－left로 순회한다.

③ 전위 순회 방식이다. root－left－right로 순회한다.

④ 중위 순회 방식이다. left－root－right로 순회한다.

⑤ 우위 순회 방식이다. right－left－root로 순회한다.

12 다음 중 선형 구조에 해당하지 않는 것은 무엇인가?

① 연결리스트   ② 큐

③ 스택   ④ 트리

⑤ 데크

13 다음 중 아래의 그림에서 트리의 차수(degree)를 구하면?

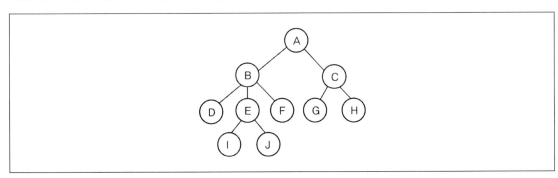

① 1   ② 2

③ 3   ④ 4

⑤ 5

ANSWER | 11.①   12.④   13.③

11 Post Order는 후위 순회 방식이다. left－right－root로 순회한다.

12 ④번의 트리(Tree)는 비선형 구조에 해당한다.

13 트리의 차수(Tree Degree)는 트리 전체에서 노드의 차수(Degree)가 가장 큰 것을 트리의 차수라고 한다.

14 다음 트리를 중위 순서로 운행한 결과는?

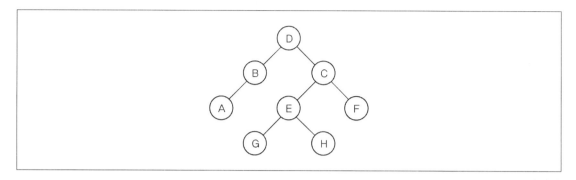

① A B C D E F G H
② A B D G E H C F
③ A B D C E G H F
④ B D G H E F A C
⑤ B D A G H E F C

15 다음 중 버블 정렬을 이용한 오름차순 정렬 시 3회전 후의 결과는?

9, 7, 8, 4, 6

① 7, 8, 4, 6, 9   ② 7, 9, 8, 4, 6
③ 4, 6, 7, 8, 9   ④ 7, 4, 6, 8, 9
⑤ 4, 6, 7, 9, 8

ⓒ **ANSWER** | 14.② 15.③

14 트리의 모든 노드를 방문하는 방법은 전위순회, 중위순회, 후위순회가 있다. 중위 순회(Inorder traversal)는 먼저 왼쪽 서브트리, 루트, 오른쪽 서브트리 순으로 방문하므로 A B D G E H C F 순서가 된다.

15 버블정렬 알고리즘은 가장 높은 수를 찾아 가장 뒤로 보내는 정렬이다. 즉, 두 수를 계속 비교해 가장 뒤에 높은 수가 위치하게 된다.

16 입력값으로 8, 5, 6, 2, 4를 버블 정렬했을 때 2회전 후의 결과는?

① 2, 4, 5, 6, 8

② 5, 6, 2, 4, 8

③ 5, 8, 6, 2, 4

④ 2, 5, 4, 6, 8

⑤ 5, 2, 4, 6, 8

17 8, 5, 6, 2, 4를 선택 정렬했을 때 3회전 후의 결과는?

① 2, 8, 6, 5, 4

② 2, 4, 5, 8, 6

③ 2, 4, 8, 6, 5

④ 2, 4, 5, 6, 8

⑤ 2, 5, 4, 8, 6

18 일정한 간격으로 떨어져 있는 자료들끼리 부분집합을 구성하고 각 부분집합에 있는 원소들에 대해서 삽입 정렬을 수행하는 작업을 반복하면서 전체 원소들을 정렬하는 방법은?

① 선택 정렬(Selection Sort)

② 버블 정렬(Bubble Sort)

③ 삽입 정렬(Insert Sort)

④ 병합 정렬(merge-sort)

⑤ 셸 정렬(shell sort)

✅ **ANSWER** | 16.⑤ 17.② 18.⑤

16 버블정렬은 인접한 두 개의 원소를 비교하여 결국 크기가 가장 뒤에 높은 수가 위치하도록 정렬하는 방식이다.

17 선택 정렬은 전체 자료 중 최소값을 찾아 첫 번째 위치에 놓고 나머지 중에서 다시 최소값을 찾아 두 번째 레코드 위치에 놓는 방식을 반복하여 정렬하는 방식이다.

18 셸 정렬은 일정한 간격(Interval)으로 떨어져 있는 자료들끼리 부분집합을 구성하고 각 부분집합에 있는 원소들에 대해서 삽입 정렬을 수행하는 작업을 반복하면서 전체 원소들을 정렬하는 방법이다. 전체 원소에 대해서 삽입 정렬을 수행하는 것보다 부분집합으로 나누어 정렬하게 되면 비교 연산과 교환 연산의 횟수를 줄일 수 있다.

19 다음은 어느 정렬에 대한 설명인가?

> • 정렬할 전체 원소에 대해서 정렬을 수행하지 않고, 기준 값을 중심으로 왼쪽 부분 집합과 오른쪽 부분 집합으로 분할하여 정렬하는 방법이다.
> • 왼쪽 부분 집합에는 기준 값보다 작은 원소들을 이동시키고, 오른쪽 부분 집합에는 기준 값보다 큰 원소들을 이동시킨다.

① 버블 정렬(Bubble Sort) ② 선택 정렬(Selection Sort)
③ 삽입 정렬(Insert Sort) ④ 퀵 정렬(quick sort)
⑤ 히프 정렬(heap sort)

20 정렬 알고리즘에 대한 설명으로 옳지 않은 것은?

① 버블 정렬의 평균 시간복잡도는 $O(n^2)$이다.
② 퀵 정렬 알고리즘의 수행시간은 최악의 경우 $O(nlog^2n)$이다.
③ 삽입 정렬은 대상 자료가 일부 정렬되어 있을 때 유리한 정렬 방식이다.
④ 삽입 정렬의 최대의 문제점은 요소들이 삽입될 때, 이웃한 위치로만 이동한다는 점이다.
⑤ 기수 정렬은 추가적인 메모리를 필요로 하지만 다른 정렬 기법보다 빠르기 때문에 인기있는 정렬 기법중의 하나이다.

✅ ANSWER | 19.④ 20.②

19 퀵 정렬에 대한 설명이다. 퀵 정렬은 분할(divide)과 정복(conquer)이라는 두 가지 기본 작업을 반복 수행하여 완성한다.

20 퀵 정렬 알고리즘의 수행시간은 최악의 경우 $O(n^2)$이다.

① 프로그래밍 언어의 설계 원칙

(1) 효율성(efficiency)

① **목적 코드의 효율성** … 목적 코드의 효율성은 번역기가 효율적인 실행 코드를 생성할 수 있어야 함을 의미한다. 여기서 번역기는 컴파일러 또는 인터프리터를 말한다.

② **번역의 효율성** : 번역의 효율성은 번역기가 효율적으로 실행 코드를 생성할 수 있어야 함을 의미한다. 이는 설계된 언어가 번역기에 의해 빠르게 번역될 수 있어야 함을 뜻하는 것이다.

③ **구현 용이성** : 번역기를 효율적으로 작성할 수 있어야 함을 의미한다. 설계된 언어가 복잡하면 구현 용이성이 떨어지는데 이러한 언어의 예로 ALGOL 60과 Ada를 들 수 있다.

④ **프로그래밍 효율성** : 프로그래밍 효율성은 설계된 언어로 얼마나 빠르고 쉽게 프로그램을 작성할 수 있는가에 달렸다. 언어 구조가 간결하면 프로그래밍 효율성이 높아지는데 LISP가 이에 해당되는 언어이다.

(2) 일반성(generality)

일반성은 특별한 경우를 피하고 밀접하게 관련 있는 개념들을 하나의 더 일반적인 것으로 결합하는 성질을 의미한다.

(3) 직교성(orthogonality)

직교성은 한 언어의 구성자가 문맥이 다르다고 다른 의미를 지녀서는 안된다는 성질이다.

(4) 획일성(uniformity)

획일성은 비슷한 것은 비슷하게 보이고 비슷한 의미를 가져야 하며, 다른 것은 다르게 보이고 다른 의미를 가져야 한다는 원칙이다.

(5) 간결성(simplicity)

간결성은 단어 뜻 그대로 언어가 복잡하지 않고 간결해야 함을 의미한다.

(6) 표현력(expressiveness)

표현력은 언어가 복잡한 과정이나 구조를 얼마나 쉽게 표현할 수 있는가를 의미한다.

(7) 확장성(extensibility)

① 확장성은 사용자가 언어에 새로운 기능을 추가할 수 있도록 하자는 성질이다.

② 사용자가 새로운 타입을 정의하는 것, 라이브러리에 새로운 함수를 추가하는 것, 번역기에 새로운 키워드를 추가하는 것 등을 언어의 확장성이라 할 수 있다.

(8) 정확성(preciseness)

정확성은 프로그램의 실행을 예측할 수 있도록 하는 언어에 대한 정확한 정의가 있는지를 의미한다.

(9) 기계 독립성(machine independence)

기계 독립성은 언어가 특정 기계에 의존적이지 않고 독립적인 것을 의미한다.

(10) 제약성(restrictability)

제약성은 언어에 대한 최소한의 지식과 일부 언어 구조만 알고 있더라도 프로그램을 작성할 수 있는 성질을 의미한다.

(11) 보안성(security)

보안성은 프로그래밍 오류를 줄이고 오류 발견을 쉽게 하는 언어를 설계하는 원칙이다.

② 프로그래밍 구현 기법

(1) 컴파일 기법

① 개념

　㉠ 컴파일 기법이란 주어진 고급 프로그래밍 언어로 작성한 프로그램을 실제 컴퓨터의 기계어로 번역하여 동등한 의미의 기계어 프로그램을 만들어 실행시키는 방법이다.

　㉡ 일반적으로 컴파일러는 원시(source)언어(고급 또는 저급언어)로 작성된 프로그램을 입력으로 읽어서 목적(object)언어(저급 또는 고급언어도 가능)로 된 기능이 동등한 프로그램을 출력해주는 언어처리기로 정의된다.

② **번역기의 종류**

　㉠ **컴파일러(compiler)** : 고급언어인 원시언어를 실제 기계언어에 가까운 저급언어인 목적언어로 만들어 주는 번역기이다. 일반적으로 이 저급언어는 순기계어 형태로 일반적으로 목적 코드 또는 어셈블리 언어가 이에 해당된다.

　㉡ **어셈블러(assembler)** : 목적언어가 준기계어 형태라는 점에서는 컴파일러와 유사하나 원시언어가 어셈블리 언어인 번역기를 의미한다. 어셈블러에서는 일반적으로 어셈블리 명령어 하나당 하나의 기계어 명령으로 단순 번역된다.

　㉢ **링커(linker)** : 링커(또는 링키지 에디터)는 재배치 형태의 기계어로 구성된 여러 개의 프로그램(대부분의 경우 각각 컴파일된 목적 코드와 라이브러리 프로그램)을 묶어서 로드 모듈(load module)이라는 어느 정도 실행 가능한 하나의 기계어로 번역해 주는 번역기이다.

　㉣ **로더(loader)** : 로더는 로드 모듈로 된 기계어 프로그램을 실제 실행 가능한 기계어로 번역해서 주기억장치에 적재한다.

　㉤ **프리프로세서(preprocessor)** : 프리프로세서는 원시언어와 목적언어가 모두 고급언어인 번역기인데, 프리프로세서기법은 한 고급언어로 작성된 프로그램을 그에 대응되는 다른 고급언어(주어진 컴퓨터에 구현되어 있는 언어)로 번역하여, 그 출력된 고급언어를 이미 구현된 방법으로 실행시킬 때 사용한다. 일반적으로 주어진 고급언어를 확장한 언어를 설계했을 때, 그 언어를 기존의 표준언어로 번역해서 실행하고자 프리프로세서 기법을 사용한다.

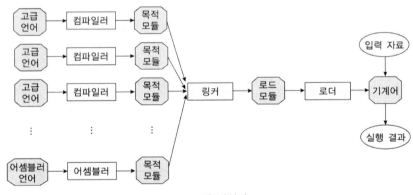

프로그램 번역기

⑵ 인터프리터 기법

① **개념** … 이 인터프리터는 고급언어로 된 프로그램을 입력으로 읽어 기계어 수행과 동일한 알고리즘으로 프로그램의 각 문장을 디코딩하고 실행시킴으로써 이 고급 언어를 시뮬레이션 하는 것이다.

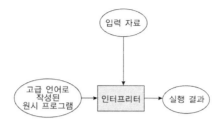

인터프리터 실행

② **번역기 종류와 인터프리터**

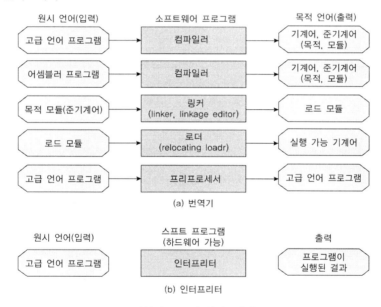

(a) 번역기

(b) 인터프리터

번역기 종류와 인터프리터

(3) 인터프리터 기법과 컴파일 기법의 비교

컴파일러	인터프리터
고급언어로 표현된 고수준의 프로그램을 읽어들임	
목적코드 생성	목적코드 생성치 않음
기억장소 많이 필요 (한줄의 원시 프로그램이 때로는 몇백 개의 기계어 명령어로 번역되기 때문에 매우 큰 기억장치가 필요할 수 있다. 특히 입출력 명령문은 입출력 형식을 위한 코드 외에 기계 상태 파악 코드와 버퍼 등으로 인하여 더욱 큰 기억장치가 필요하다.)	기억장소 적게 필요 (프로그램이 실행될 때까지 원시언어의 형태를 유지하기 때문에)
실행시간의 효율성 강조 (번역을 하고 나면 그 이후부터는 매우 빠른 시간에 실행될수 있기 때문에)	유연성 강조 (유연성이 높은 언어의 구현에 편리한데, 실행할 때마다 형 검사 등을 수행하기 때문에 실행 중에 자료의 동적 변화나 사용자와의 대화가 쉽기 때문에)

③ 프로그래밍 언어의 분류

(1) 명령형 언어(imperative language)=절차적 언어(procedural)

① 명령형 언어는 폰 노이만 구조라 불리는 컴퓨터 구조를 기반으로 한다.

② 폰 노이만 구조의 컴퓨터는 메모리에 저장된 명령어들을 순차적으로 실행하며 실행 과정 중에 필요한 데이터를 메모리에 저장하는 특징이 있다.

③ 이러한 폰 노이만 모델의 특징을 그대로 따르는 명령형 언어는 명령의 순차적인 실행, 메모리 위치를 의미하는 변수의 사용, 변수의 값을 바꾸는 배정문의 사용을 특징으로 갖는다.

④ FORTRAN, COBOL, Pascal, C, C++, Java 등 대부분의 언어가 이에 속한다고 할 수 있다.

> **예** 다음 C 코드는 명령형 언어의 특징을 보여 준다. 변수 x와 y를 사용하고, 배정문 '='을 사용하며, 위에서부터 아래로 순차적으로 실행되는 것을 볼 수 있다.

```
int main(void) {
    int x, y;
    x = 10;
    y = x + 20;
    return 0;
}
```

(2) 함수 언어(functional language)

① 프로그램을 기억장소의 상태변화 및 이에 대한 조작으로 기술하는 것이 아니라, 입력과 출력의 함수만을 사용하여 기술하는 언어를 말한다.

② 명령형 언어는 프로그램의 실행이 컴퓨터의 내부 상태를 변경한다.

③ 함수형 언어에서는 명령형 언어와는 달리 기억 장소의 상태에 대한 개념이 존재하지 않는다.

④ 함수형 언어의 프로그램은 입력 데이터를 호출함수의 인자로 사용하고, 함수를 적용하여 입력데이터를 원하는 결과로 반환하는 형식을 취한다.

⑤ 명령형 언어에서 사용하는 변수, 배정문 등을 사용하지 않고 프로그램을 구성한다.

⑥ 대표적인 함수형 언어로는 LISP가 있다.

(3) 논리 언어(logic language) = 규칙 기반 언어

① 기호 논리의 원리를 기반으로 하는데, 개체에 대한 사실과 개체 사이의 관계 규칙을 이용해서 원하는 결과를 얻어낸다.

② 논리 언어의 대표적인 언어에는 Prolog가 있다.

(4) 객체지향 언어(object-oriented language)

① 객체지향 언어는 객체(object)라는 단위로 모든 처리를 기술한다.

② 객체는 데이터들과 이러한 데이터들과 연관된 동작들이 하나로 묶인 개념이라 생각하면 된다.

③ 객체지향 언어는 추상 데이터 타입, 상속, 동적 바인딩이라는 개념을 지원한다.

④ C++, Smalltalk, Java 등이 대표적인 객체 지향 언어이다.

❹ 프로그래밍 언어의 역사

(1) 디지털 컴퓨터 이전의 역사(1950년 이전)

① 폰 노이만(von Neumann)의 두가지 중요한 개념
  ㉠ 프로그램 내장 방식
    ⓐ 메모리에 프로그램을 저장하고 프로그램 명령어들을 차례대로 실행하는 것
    ⓑ 현재 대부분의 컴퓨터들이 이 방식을 적용
  ㉡ 조건 제어 전이(conditional control transfer)
    ⓐ 정해진 순서대로만 수행하도록 만들어진 하나의 프로그램이 아니라 어떠한 순서로도 이동하여 실행될 수 있는 코드의 소모임인 서브루틴 개념

ⓑ 폰 노이만은 컴퓨터코드가 'IF~THEN'과 같은 조건 구조와 'FOR'와 같은 반복구조가 가능하여야 한다고 주장

ⓒ 이러한 개념은 후에 반복해서 쓰일 수 있는 코드 모음인 라이브러리 개념의 시초가 된다.

② **플란칼퀼**(Plankalkül)

㉠ 독일의 과학자인 콘라트 추제는 이 언어를 체스에 적용하였지만 궁극적인 개발 목적은 2진 산술연산에 사용된 Konrad Z 시리즈 컴퓨터를 위함

㉡ 단일 비트를 제공하고 정수 타입과 부동소수점 수치 타입을 지원

㉢ 배열과 레코드도 제공하는데 다른 레코드를 레코드의 원소로 포함 가능

㉣ 이 언어는 실제로 구현되지 않음

(2) 1950년대

① **어셈블리 언어**

㉠ 1950년대 컴퓨터가 상업화되면서 복잡한 기계어 대신 어셈블리 언어라고 하는 대체 언어를 사용하게 되었다. 어셈블리 언어는 어려운 기계어 코드를 move, jump, brunch 등과 같은 쉬운 명령어로 나타낸 것이다.

㉡ 기계어와 어셈블리 언어는 기계 의존적이며 자연 언어와는 차이가 나는 구문을 사용했기에 저급 언어라 불린다.

② **FORTRAN**

㉠ 최초의 고급 언어

㉡ 과학 계산 목적으로 IBM에서 설계

㉢ 효율적인 기계어 코드를 생성함

㉣ 호환성이 좋음

③ **LISP**

㉠ MIT에서 존 매카시가 만듦

㉡ 인공지능분야에서 사용하기 위해 고안

㉢ 일반적인 리스트 구조와 함수의 응용을 기본으로 함

(3) 1960년대

① **ALGOL 60**

㉠ 기계에 종속적이지 않은 언어의 필요성을 느껴 결성된 미국과 유럽의 공동위원회에 의해 1858년부터 1960년에 걸쳐서 개발된 언어

㉡ FORTRAN의 많은 특징을 포함함

㉢ 블록 구조 개념의 도입과 재귀호출 기능의 도입

② 구문은 Backus-Naur 형식(약어로 BNF) 표기법으로 기술

② COBOL

　　㉠ 1959년에서 1960년 사이에 미국방성에서 해군 Grace Hopper가 이끈 팀에 의해 만들어짐

　　㉡ 사무처리용으로 만들어짐

　　㉢ 자료를 구성하는데 레코드 구조를 도입

　　㉣ 자료구조와 실행 부분을 분리함

　　㉤ PICTURE를 써서 원하는 출력 양식의 가변성을 부가

　　㉥ 코드의 작성량이 많다는 단점

③ SNOBOL

　　㉠ 문자열 처리에 초점을 맞추어 개발된 언어이기 때문에 문자열 패턴에 관련된 강력한 연산들의 집합을 가지고 있다.

　　㉡ 프로그래밍 구조나 프로그램 작성 전에 실시하는 초안 구상의 비효율성, 번역 프로그램의 실행 문제 때문에 현재 사용되지 않음

④ PL/I … IBM에 의해 발명되어 IBM System/360 컴퓨터와 동시에 출시된 크고 복잡한 블록 구조 언어

⑤ BASIC

　　㉠ 다트머스 대학의 존 케머니와 토마스 커츠가 개발

　　㉡ 새로운 시분할 시스템을 위한 간단한 언어로 개발

⑥ Simula 67

　　㉠ 노르웨이 컴퓨터 센터에서 뉘고르와 달에 의해 탄생

　　㉡ 시뮬레이션을 위해 디자인됨

　　㉢ 객체지향언어의 기본이 되는 클래스 개념 도입

(4) 1970년대

① Pascal

　　㉠ Algol 개념 도입

　　㉡ 복잡하거나 교육적 목적에 부합되지 않는 주요 기능은 생략

　　㉢ 교육용으로뿐만 아니라 상업적으로도 높은 기능성 갖춤

　　㉣ 단순하고 배우기가 쉬우며, 명쾌한 구조를 지님으로써 1970년대에 성공한 언어 중의 하나가 됨

② C언어

  ㉠ 벨연구소의 데니스 리치에 의해 고안

  ㉡ 처음에는 시스템 프로그래밍을 위해 설계되었지만, 점차 폭넓고 다양한 응용 분야에 모두 사용됨

③ Smalltalk

  ㉠ 1972년에서 1980년 사이에 제록스사의 팰로앨토 연구소에서 앨런 케이, 댄 인갈스와 다른 연구자에 의해 개발

  ㉡ 객체지향 접근방식으로 일관된 객체지향언어의 순수한 모범 케이스

④ Prolog

  ㉠ 콜메로에르가 이끄는 그룹에 의해 마르세유에서 개발

  ㉡ 인공지능 분야에서 많이 쓰이고 있고 모범적인 언어로 인식됨

(5) 1980년대

① Modula 2

  ㉠ Modula 2의 설계는 Pascal과 Modula에 기반하고 있다.

  ㉡ 추상화와 부분적 동시처리 개념, 내장형 시스템 프로그래밍을 목적으로 하드웨어에 쉽게 접근할 수 있는 기능도 추가한 다목적 언어

② Ada

  ㉠ 1980년대를 대표하는 중요한 프로그래밍 언어

  ㉡ 미국 국방성 주도로 탄생

  ㉢ 객체지향 프로그래밍의 특징을 지닌 블록 구조 언어

③ C++

  ㉠ C로부터 파생된 객체지향 언어

  ㉡ 클래스, 상속 그리고 객체지향의 특징

④ Python

  ㉠ 하위도 로쉼이 만든 객체지향적 언어

  ㉡ 높은 효율, 쉬운 사용법, 확장성

  ㉢ 문법이 매우 간단하며 명령문 위주로 되어 있음

(6) 1990년대

① Visual Basic … 통합 개발 환경을 위하여 시각적 편리함을 추구하여 Basic을 GUI적으로 발전시킨 것

② Java

　　㉠ 단순하고 편리한 객체지향적 언어

　　㉡ 처음에는 가전제품의 소프트웨어를 개발하기 위한 언어로 만들어짐

　　㉢ 객체지향적이고, 강력하고 편하며 보안성이 뛰어나는 등 여러 가지 장점을 지닌언어

　　㉠ 자바가상기계(JVM) 위에서 동작하기 때문에 다양한 응용분야에 적합

③ **스크립트 언어**

　　㉠ **클라이언트 측 스크립트** : 웹 서버에서 다운로드한 스크립트를 클라이언트 웹 브라우저에서 동작
　　　　예 JavaScript

　　㉡ **서버 측 스크립트** : 스크립트를 서버에서 실행하고 실행 결과를 클라이언트에게 전송
　　　　예 PHP, ASP

5 C언어의 기초 개념

(1) C 언어의 특징

① 이식성이 좋다.

② 하드웨어까지 제어할 수 있다.

③ 구문이 간결하고 명확하다.

④ 대규모의 고기능 프로그램을 만들 수 있다

⑤ 범용적-사무처리, 과학 기술, 상업용

⑥ 다른 프로그래밍의 기본이 된다

(2) C 언어의 프로그램의 실행 과정

(3) C 프로그램의 작성 규칙

① 대문자와 소문자가 구별되며, 주로 소문자에 기초하여 작성된다.

② C 프로그램은 여러 여러 함수가 모여 구성된다.

③ C 프로그램은 반드시 하나의 main() 함수가 존재해야 한다.

　(프로그램이 시작할 때 main() 함수가 가장 먼저 호출되며, 메인함수가 다른 함수들을 호출하여 실행된다.)

④ 함수의 본체는 '{'로 시작해서 '}'로 끝난다.

⑤ 명령어의 끝엔 반드시 세미콜론(;)을 붙여야 한다.

(4) C 프로그램의 기본구조

```
전처리기 지시어                예 #include <stdio.h> / #define MAX 100
함수의 선언 및 정의            예 int sum(int a, int b);
전역 변수의 선언 및 정의        예 int summary;
main() 함수                    예 void main()
{ ⇨ 시작
    선언문
    함수문
    대입문
    제어문
} ⇨ 끝
함수의 정의
```

‣ 전처리기 지시어를 프로그램의 상단 즉, main() 함수 위에 둔다.

‣ 함수의 선언 및 정의는 전처리기 지시어 다음에 위치하도록 한다.

‣ 프로그램 전반에 사용되는 전역 변수도 main() 함수 위에 선언한다.

‣ main() 함수를 만든다.

‣ main() 함수도 함수이므로 블록으로 묶어둔다. 즉 중괄호 { }를 사용한다.

‣ 함수의 선언 및 정의에서 함수의 정의는 main() 함수가 끝나고 하는 것이 좋다. 만일 함수의 선언과 정의를 동시에 하였다면 main() 함수가 끝나고 함수의 정의를 다시 하지는 않는다.

① **전처리기 지시어** … 작성된 원시 프로그램 내부에는 # 기호로 시작하는 특별한 지시어들이 포함되어 있는데 컴파일러가 이상 없이 컴파일을 수행하기 위해서는 이들 지시어를 먼저 처리해 주어야 한다. 이 지시어들을 전처리기 지시어(preprocessor directive)라 하며 전처리기(preprocessor)라는 프로그램에 의해서 이들 지시어에 대한 선행처리가 수행된다. 주로 많이 사용되는 전처리기 지시어는 #include와 #define이 있다.

㉠ #include문 : C 언어로 프로그래밍을 할 때 함수나 변수들을 사용하려면 #include문을 사용하여 프로그램에 포함시켜야 한다.

> – 사용방법 : #include 〈헤더파일〉
> – 예 : #include 〈conio.h〉
> #include 〈stdlib.h〉
> #include 〈math.h〉
> #include 〈string.h〉

㉡ #define문 : 전처리기가 상수를 정의하기 위해 사용

> – 사용방법 : #define [상수이름][상수값]
> – 예 : #define MIN 10
> #define AVERAGE 50

② **함수의 선언 및 정의**

㉠ 함수의 선언

> – 사용방법 : [함수의 반환 자료형] 함수명(매개변수);
> – 예 : int sum(int a, int b);
> ⇨ sum이라는 함수는 매개 변수로 정수형 변수 a와 b를 사용하며 호출할 때 정수형 데이터를 반환한다.

㉡ 함수의 선언 및 정의

> – 사용방법 :
> [함수의 반환 자료형] 함수명(매개변수);
> {
> 함수의 기능
> }

③ **전역 변수의 선언 및 정의**

㉠ 변수의 선언

> – 사용방법 : [변수의 자료형] 변수명;
> – 예 :
> int a;
> char b;

ⓒ 변수의 선언 및 정의

> – 사용방법 : [변수의 자료형] 변수명 = 상수값
> – 예 : float c = 3.14;

④ main() 함수

> – 사용방법 : [함수의 반환 자료형] main(매개변수)
> – 예 : int main(void)
>   int main()
>   void main(void)
>   void main()
>   main()

⑤ 선언문, 함수 호출문, 대입문, 제어문, 주석문

ⓐ 선언문 : main() 함수 내에서 사용할 변수(지역 변수)를 선언 및 정의한다. 선언 방법은 전역 변수의 선언 및 정의 방법과 같다.

ⓑ 함수 호출문 : 프로그램 수행에 필요한 내장 함수나 사용자 정의 함수를 호출하여 사용한다.

ⓒ 대입문 : 전역 변수나 지역 변수로 선언한 변수에 값을 저장한다. 대입은 =연산자를 사용한다.

> – 사용방법 : 변수명 = 값;
> – 예 : summary = 10;
>   ch = 'A';
>   pi = 3.14;

ⓓ 제어문 : 프로그램의 흐름과 순서를 제어하는 명령문으로 조건에 따른 판단과 선택, 반복 처 리, 처리의 흐름을 조절한다.

ⓔ 주석문 : 프로그래머가 프로그래밍을 할 때 프로그램에 대한 보충 설명 등을 위해 사용한다. 주석문은 C 언어 컴파일러가 컴파일하지 않는다. 즉 실행 파일에는 주석문의 내용이 들어가지 않는다.

ⓐ 여러줄의 주석 : /* */
ⓑ 한줄의 주석 : //

출제예상문제

1 다음 중 2진수로 표현된 기계어를 기억하거나 사용하기 편리하게 하기 위하여 명령어의 연산자와 주소부분을 기호화 한 언어로 옳은 것은?

① 어셈블리어
② 컴파일러
③ 인터프리터
④ 프리프로세서
⑤ 스크립트 언어

2 다음 중 LISP의 특징으로 옳지 않은 것은?

① 자료구조가 프로그램처럼 실행될 수 있으며 프로그램이 자료처럼 연산된다.
② 되부름 언어이다.
③ 기본 자료구조가 연결리스트를 사용한다.
④ 일반적인 연산이 불가능하다.
⑤ 일반적인 리스트 구조와 함수의 응용을 기본으로 한다.

ANSWER | 1.① 2.④

1 어셈블리어는 2진수로 표현된 기계어를 기억하거나 사용하기 편리하게 하기 위하여 명령어의 연산자와 주소부분을 기호화한 언어이다.

2 LISP의 특징
ㄱ 자료구조가 프로그램처럼 실행될 수 있으며 프로그램이 자료처럼 연산된다.
ㄴ 되부름 언어이다.
ㄷ 기본 자료구조가 연결리스트를 사용한다.
ㄹ 일반적인 연산이 가능하다.
ㅁ MIT에서 존 매카시가 만듦
ㅂ 인공지능분야에서 사용하기 위해 고안
ㅅ 일반적인 리스트 구조와 함수의 응용을 기본으로 한다.

3 컴퓨터에서 즉시 실행 가능한 형태의 목적 프로그램으로 바꾸어 주는 번역 프로그램은?

① 인터프리터   ② 할당
③ 바인딩   ④ 포인터
⑤ 컴파일러

4 다음 설명으로 옳은 것은?

> 사람이 인식할 수 있는 언어로서 사용자의 입장에서는 사용이 편하지만 기계로 처리하려면 기계가 인식할 수 있는 언어로 번역하여야 한다.

① 고급 언어   ② 저급 언어
③ 기계어   ④ 질의어
⑤ 객체지향 언어

5 다음 중 어셈블리어의 특징으로 옳지 않은 것은?

① 호환성이 좋다.
② 하드웨어에 대한 전문지식이 있어야 한다.
③ 기종마다 언어가 다르다.
④ 비트연산이 가능하며 시스템 프로그램 작성에 적합하다.
⑤ 저급언어이다.

ANSWER | 3.⑤   4.①   5.①

3 컴파일러는 고급언어로 쓰인 프로그램을 의미적으로 동등하고 즉시 실행 가능한 형태의 목적 프로그램으로 바꾸어 주는 번역 프로그램을 말한다.

4 고급언어는 사람이 인식할 수 있는 언어로서 사용자의 입장에서는 사용이 편하지만 기계로 처리하려면 기계가 인식할 수 있는 언어로 번역하여야 한다.

5 어셈블리어의 특징
  ㉠ 하드웨어에 대한 전문지식이 있어야 한다.
  ㉡ 기종마다 언어가 다르다.
  ㉢ 비트연산이 가능하여 시스템 프로그램 작성에 적합하다.
  ㉣ 호환성이 없다.
  ㉤ 저급언어이다.

6 다음 중 인터넷 프로그래밍 언어인 자바(JAVA)에 대한 설명으로 옳지 않은 것은?

① 이식성이 높은 언어이다.

② 자체 통신기능을 가지며 다양한 응용 프로그램을 만들 수 있다.

③ 실시간 정보를 통해 애니메이션을 구현한다.

④ 분산 네트워크 상에서의 프로그램 작성이 용이하다.

⑤ 3차원 가상공간과 입체 이미지들을 묘사하기 위한 언어이다.

7 다음 설명으로 옳은 것은?

> 1957년 IBM에 의해 개발되어 수식계산 등 과학기술계산에 사용하기에 편리하도록 설계되었으며 어셈블리어처럼 기계중심의 언어가 아니고 인간의 사고와 일상생활에서 사용하는 자연어에 가까운 것으로 과학기술계산용 언어의 가장 대표적인 언어이다.

① C++ 언어   ② BASIC 언어

③ Pascal 언어   ④ 어셈블리어 언어

⑤ FORTRAN 언어

Ⓥ **ANSWER** | 6.⑤ 7.⑤

6 3차원 가상공간과 입체이미지들을 묘사하기 위한 언어는 VRML이다.

7 FORTRAN 언어는 1957년 IBM에 의해 개발되어 수식계산 등 과학기술계산에 사용하기에 편리하도록 설계되었으며 어셈블리어처럼 기계중심의 언어가 아니고 인간의 사고와 일상생활에서 사용하는 자연어에 가까운 것으로 과학기술계산용 언어의 가장 대표적인 언어이다.

8 다음 중 FOTRAN 언어의 특징으로 옳지 않은 것은?

① 과학기술계산용 언어로 통계학, 공학, 수학 등 복잡한 계산을 요구하는 곳에 적합하다.
② 일반적인 산술식과 거의 같은 형태로 사용하므로 주로 수치계산용으로 사용된다.
③ 문법이 간단하다.
④ C언어와 가장 유사한 언어이다.
⑤ 컴파일러 언어로서 기종에 관계없이 사용할 수 있다.

9 다음 중 COBOL 언어의 특징으로 옳은 것은?

① 사무처리용으로 개발되었다.
② 명령어가 기계어로 되어 있어 인간이 빨리 이해할 수 없다.
③ 원시프로그램 자체가 문서화되어 있지 않아 유지 및 보수가 어렵다.
④ 소량의 데이터를 처리하기에 적합하다.
⑤ 코드의 작성량이 많지 않고 간결하다.

ANSWER | 8.④ 9.①

---

8 FOTRAN 언어의 특징
　㉠ 과학기술계산용 언어로 통계학, 공학, 수학 등 복잡한 계산을 요구하는 곳에 적합하다.
　㉡ 일반적인 산술식과 거의 같은 형태로 사용하므로 주로 수치계산용으로 사용된다.
　㉢ 문법이 간단하다.
　㉣ BASIC 언어와 가장 유사한 언어이다.
　㉤ 컴파일러 언어로서 기종에 관계없이 사용할 수 있다.
　㉥ 최초의 고급언어로 자연어와 비슷해 비교적 문법이 간단하다.

9 COBOL 언어의 특징
　㉠ 사무처리용으로 개발되었다.
　㉡ 명령어가 일상용어로 되어 있어 인간이 빨리 이해할 수 있다.
　㉢ 원시 프로그램 자체가 문서화되어 있어 유지 및 보수가 용이하다.
　㉣ 다량의 데이터를 처리하기에 적합하다.
　㉤ 코드의 작성량이 많다는 단점이 있다.

10 다음 고급언어의 종류와 특징으로 바르게 연결된 것은?

① COBOL – 대표적인 과학기술계산용 언어이다.
② FORTRAN – 일반사무 처리용 언어로 널리 사용되는 컴파일러 언어이다.
③ BASIC – 교육용으로 개발된 대표적인 인터프리터 방식의 언어이다.
④ ALGOL – 이식성이 뛰어나 거의 컴퓨터 기종에 제한받지 않고 프로그래밍을 할 수 있다.
⑤ PASCAL – 인공지능 분야에서 많이 쓰이고 있다.

11 다음 중 고급언어로 작성된 프로그램을 다른 고급언어로 번역해 주는 프로그램으로 옳은 것은?

① 기계어 ② 어셈블리어
③ 프리프로세서 ④ 컴파일러
⑤ 인터프리터

12 다음 설명으로 옳은 것은?

> 어휘분석단계에서 구분한 토큰들을 검사하여 한 문장을 구성할 수 있는지의 문법적인 오류를 검색한다.

① 파싱 ② 토큰
③ 해싱 ④ 오토마타
⑤ 컴파일

⊘ **ANSWER** | 10.③ 11.③ 12.①

---

10 ① COBOL : 일반사무처리용 언어로 널리 사용되는 컴파일러 언어이다.
② FORTRAN : 대표적인 과학기술계산용 언어이다.
③ BASIC : 교육용으로 개발된 대표적인 인터프리터 방식의 언어이다.
④ ALGOL : 가장 논리적인 이론을 가진, 알고리즘을 기술하기 위한 언어로 채택되었다.
⑤ PASCAL : 교육용으로뿐만 아니라 상업적으로도 높은 기능성을 갖춤

11 프리프로세서(Preprocessor)는 고급언어로 작성된 프로그램을 다른 고급언어로 번역해 주는 프로그램이다.

12 파싱은 어휘분석단계에서 구분한 토큰들을 검사하여 한 문장을 구성할 수 있는지의 문법적인 오류를 검색한다.

13 다음 중 C, C++, Java 등의 언어에서 사용되는 동적 기억장소 할당에 대한 설명 중 옳은 것은?

① 프로그램 수행을 시작할 때 프로그램 수행에 필요한 전체 메모리의 크기가 결정된다.

② 쓰레기 수집(garbage collection)을 지원하는 언어의 경우 허상 포인터(dangling pointer) 문제가 발생하지 않는다.

③ 동적으로 할당되는 기억장소는 스택 영역의 활성화 레코드(activation record)에 배정된다.

④ C 언어에서는 쓰레기 수집(garbage collection) 방법을 사용하여 메모리를 관리한다.

⑤ C 언어에서는 동적 할당과 관련된 연산자를 기본적으로 제공하고 있다.

14 객체지향 언어가 아닌 것은?

① 자바

② 파이썬

③ C++

④ C#

⑤ LISP

15 객체지향 프로그래밍의 특징으로 옳지 않은 것은?

① 구조적 프로그램보다 프로그램을 읽기가 쉽다.

② 문제를 풀기 위한 명령어를 순차적으로 실행해 표현한다.

③ 인간이 문제를 해결하는 방법과 유사한점이 많아 대형 프로그램의 작성이 용이하다.

④ 객체, 클래스, 상속을 지원한다.

⑤ 기능과 데이터를 하나로 묶어 캡슐화한 후, 메시지를 전달해 일을 처리하므로 효율적이다.

✅ ANSWER | 13.② 14.⑤ 15.②

13 C, C++, Java 등의 언어에서 사용되는 동적 기억장소 할당에서 쓰레기 수집(garbage collection)을 지원하는 언어의 경우 허상 포인터(dangling pointer) 문제가 발생하지 않는다.

14 객체지향 언어로는 자바, 파이썬, C++, C# 등이 있다.

15 ② 절차 지향 언어의 특징이다.

16 다음은 객체지향의 어떤 개념에 대한 설명인가?

하나의 메시지에 대해 각 클래스는 각자 고유의 방법으로 응답을 하는 능력을 의미하며, 이 개념이 적용된 형태로 메서드 오버로딩(overloading)과 메서드 오버라이딩(overriding)이 있다.

① 객체(object)
② 클래스(class)
③ 상속(inheritance)
④ 캡슐화(encapsulation)
⑤ 다형성(polymorphism)

17 다음 프로그램이 수행되었을 때 SUM의 값으로 옳은 것은?

```
void main() {
int a, b, c, sum=0;
for(a=1; a<6; a++)
for(b=6; b>1; b--)
sum+=1;
}
```

① 5
② 10
③ 20
④ 25
⑤ 30

ANSWER | 16.⑤ 17.④

16 다형성(polymorphism)이란 하나의 메시지에 대해 각 클래스(객체)가 가지고 있는 고유의 방법으로 응답을 하는 능력을 말한다. 즉, 여러 가지 형태의 응답이 있다는 것을 의미한다.

17 for(a=1; a<6; a++)→1에서 6→5번 수행
for(b=6; b>1; b--)→6에서 2→5번 수행
5×5=25번 수행하고 sum은 1씩 더해지므로 25이다.

18 다음과 같은 프로그램의 실행결과로 옳은 것은?

```
#include <stdio.h>
void main() {
    int a, b, c, result;
    a = 20; b=20;c=30;
    result = -a*b/5+c%7;
    printf("result=%d", result);
}
```

① result＝−78　　　　② result＝−82

③ result＝0　　　　　④ result＝82

⑤ result ＝ 78

※ 주어진 프로그램을 보고 물음에 답하시오. 【19~20】

```
#include <stdio.h>
void main() {
    char s[70];
    ┌─────────────────┐ ······ ㉠
    └─────────────────┘
    ┌─────────────────┐ ······ ㉡
    └─────────────────┘
}
```

18 연산자의 우선순위 주의…단항연산자, 승제, 가감
　　　−20*20/5＋30%7＝−400/5＋2＝−80＋2＝−78

19 다음 그림에서 문자열 자료를 입력 받기 위해 ㉠의 위치에 사용될 수 있는 표준 입력 함수로서 옳은 것은?

① gets(s); ② puts(s);

③ getchar() ④ putchar()

⑤ scanf(s);

20 다음 그림에서 문자열 자료를 출력하기 위해 ㉡의 위치에 사용될 수 있는 표준 입력 함수로서 옳은 것은?

① gets(s); ② puts(s);

③ getchar() ④ putchar()

⑤ printf(s)

19 gets(변수);는 문자열을 키보드로부터 입력받는다.

예〉 char s[50];

gets(s);

표준 입력함수	기능
gets()	키보드를 통해 문자열을 입력 받음
getchar()	키보드를 통해 1개의 문자를 입력 받음
scang()	키보드를 통해 1개 이상의 자료를 입력 받음

20 puts(변수)는 문자열을 화면에 출력한다.

예〉 chars[]="seoul";

표준 입력함수	기능
printf()	화면에 여러 종류의 자료를 출력
putchar()	화면에 1개의 문자를 출력
puts()	화면에 문자열을 출력

10 IT 신기술 및 트렌드 용어 정리

1 ■■■■

컴퓨터
Computer

기억 장치에 담긴 명령어들에 의해 조작되며, 주어진 자료를 입력받아 정해진 과정에 따라 처리하여 그 결과를 생산하고 저장할 수 있도록 해주는 전자장치

자료를 처리하기 위해서 필요한 자료를 받아들이는 입력기능, 처리대상으로 입력된 자료와 처리결과로 출력된 정보를 기억하는 기억기능, 주기억 장치에 저장되어 있는 자료들에 대하여 산술 및 논리연산을 행하는 연산기능, 주기억 장치에 저장되어 있는 명령을 해독하고, 필요한 장치에 신호를 보내어 자료처리가 이루어지도록 하는 제어기능, 정보를 활용할 수 있도록 나타내 주는 출력기능 5가지의 기능이 있다.

> **상식PLUS⁺ 컴퓨터 단위**
>
> ㉠ 컴퓨터의 처리속도 단위
> - ms(milli second) : 10^{-3} sec(1/1,000)
> - μs(micro second) : 10^{-6} sec(1/1,000,000)
> - ns(nano second) : 10^{-9} sec(1/1,000,000,000)
> - ps(pico second) : 10^{-12} sec(1/1,000,000,000,000)
> - fs(femto second) : 10^{-15} sec(1/1,000,000,000,000,000)
> - as(atto second) : 10^{-18} sec(1/1,000,000,000,000,000,000)
>
> ㉡ 컴퓨터 기억용량 단위
> - 킬로 바이트(KB) : 2^{10} byte
> - 메가 바이트(MB) : 2^{20} byte(1024 KB)
> - 기가 바이트(GB) : 2^{30} byte(1024 MB)
> - 테라 바이트(TB) : 2^{40} byte(1024 GB)
> - 페타 바이트(PB) : 2^{50} byte(1024 TB)
> - 엑사 바이트(EB) : 2^{60} byte(1024 PB)
> - 제타 바이트(ZB) : 2^{70} byte(1024 EB)
> - 요타 바이트(YB) : 2^{80} byte(1024 ZB)

2 ■■■

중앙처리장치
CPU :
Central Processing Unit

컴퓨터 시스템 전체를 제어하고 자료의 모든 연산을 수행하고 명령어를 실행하는 데 필요한 데이터를 보관하는 장치

레지스터에 의해 기억기능이 수행된다. 산술연산과 논리연산을 위해 사용하며 연산장치에 의해 처리된다. 레지스터와 연산장치 간의 인터페이스인 버스를 통해 동작하고 PC(Program Center)에 의한 CPU의 주상태에 의해 제어된다.

3 ■■■

Mbps
Mega Bit per Second

1초당 1백만 비트를 보내는 데이터 전송 속도 단위

bps는 Bit per Second의 약자로 1초 동안 전송 가능한 모든 비트의 수를 의미한다. gbps는 초당 보낼 수 있는 정보의 양을 나타나는 단위로 1초에 약 10억 비트의 데이터의 전송속도를 나타낸다. 변조속도(Baud)는 신호의 변환과정에서 초당 전송되는 신호변화의 횟수로 초당 전송할 수 있는 최단 펄스의 수를 말한다.

> **상식PLUS⁺ 데이터 표현 단위**
>
> ㉠ 비트(Bit) : Binary Digit의 약자로 데이터(정보) 표현의 최소 단위로 1비트는 0 또는 1의 값을 표현한다.
> ㉡ 니블(Nibble) : 4Bit로 구성된 값으로 통신에서는 Quad Bit로 사용하기도 한다.
> ㉢ 바이트(Byte) : 하나의 문자, 숫자, 기호의 단위로 8Bit의 모임으로 주소·문자표현의 최소 단위이다.
> ㉣ 워드(Word) : CPU내부에서 명령을 처리하는 기본 단위로 연산의 기본 단위가 된다.
> ㉤ 필드(Field) : 항목(Item) 이라고도 하며, 하나의 수치 또는 일련의 문자열로 구성되는 자료처리의 최소단위이다.
> ㉥ 레코드(Record) : 하나 이상의 필드가 모여 구성되는 프로그램 처리의 기본 단위이다.

4 ■■■

BCD코드
Binary Coded Decimal

6비트를 사용하는 기본적인 코드이다.

6비트로 2^6(64)가지의 문자표현이 가능하나 영문자 대·소문자를 구별 못하는 문제점이 있다.

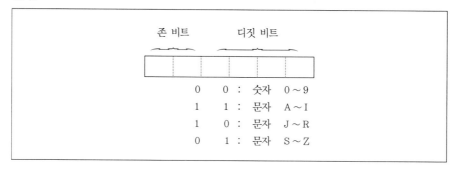

ⓐ ASCII 코드(American Standard Code For Information Interchange) : BCD코드와 EBCDIC코드의 중간 형태로 미국표준협회(ISO) 가 제안한 코드로 7비트로 2^7(128)가지의 문자표현이 가능하다. 일반 PC용 및 데이터 통신용 코드이다.

ⓑ EBCDIC 코드(Extended Binary Coded Decimal Interchange Code) : BCD코드의 확장코드로 8비트로 2^8(256)가지의 문자표현이 가능하고 주로 대형 컴퓨터에서 사용되는 범용코드이다.

5 ■■■■
디버깅
Debugging

오류 수정 및 컴퓨터 프로그램의 잘못을 찾아내고 고치는 작업

일단 작성된 프로그램들이 정확한가, 즉 잘못 작성된 부분이 없는가를 조사하는 과정이다. 이 작업은 기계에 넣기 전에 책상 위에서 주어진 문제대로 프로그램이 작성되었는가를 순서도와 메모리의 작업 영역표에 실제 데이터를 넣어서 수동 작업으로 정확한 결과가 나오는가를 검사하는 데스크상의 검사와 컴퓨터를 이용한 표준적 데이터로 메인 루틴을 조사하는(이때, 예외 사항이 포함된 데이터와 오류가 있는 데이터 포함) 컴퓨터를 사용한 검사이다. 실제 데이터를 사용하는 조사 등 세 단계로 나누어 진행된다. 또한 이 작업은 프로그램의 한 스텝 한 스텝씩을 추적해가는 추적(Trace) 기능을 이용해도 좋지만, 프로그램 처리 내용이나 기억 장치의 내용을 덤프하여 디버그 보조기(Debugging Aid)를 이용하는 것이 바람직하다.

상식PLUS⁺ 관련 용어
ⓐ 디버그(Debug) : 프로그램 개발 마지막에서 프로그램 오류를 밝혀내는 작업을 의미한다.
ⓑ 디버거(Debugger) : 오류를 수정하는 소프트웨어를 의미한다.

6 ■■■■
불대수
Boolean Algebra

두 가지의 요소에 대하여 하나를 택하는 것과 같은 연산을 수행하는 논리

영국의 수학자 불에 의해 창안되었다. 불대수는 참과 거짓 또는 이것을 숫자로 바꾼 1과 0으로 연산을 하는데, 이것을 논리상수라 한다. 이들 값을 기억하는 변수는 논리변수 또는 2진 변수라 한다. 불대수를 사용하면 컴퓨터 내부의 회로에 대한 것을 연산식으로 나타내어 설계와 분석을 쉽게 할 수 있고, 그 결과를 회로에 대응시킬 수 있으므로 논리회로를 다루는 데 편리하다. 기본연산으로 논리곱(AND), 논리합(OR), 논리부정(NOT), 배타적 논리합(XOR)이 있다.

상식PLUS⁺ 불함수(Boolean Function)
불대수에 의하여 표현된 식으로 불 변수와 기본연산인 논리곱(AND), 논리합(OR), 논리부정(NOT)으로 표현한 식이다. 불대수를 논리대수라고 하듯이 불 함수를 논리함수 또는 논리식이라고 한다.

논리 게이트
Logic Gate

게이트를 통해 2진 입력정보를 처리하여 0 또는 1의 신호를 만드는 기본적인 논리회로

반가산기는 두 개의 변수에서 입력되는 2진수 한 자리의 비트를 덧셈하는 회로이며, 전가산기는 2자리 2진수와 반가산기에서 발생한 자리올림(Cin)을 함께 덧셈하는 회로이다.

상식PLUS⁺ 조합 논리회로(Combinational Logic Circuit)
출력값이 입력값에 의해서만 결정되는 논리 게이트(Logic Gate)로 구성된 회로이다.

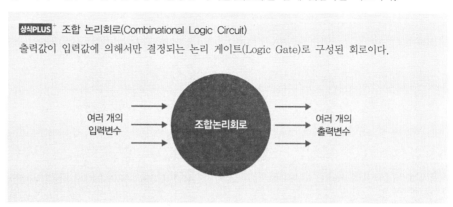

디코더
Decoder

해독기라는 의미로 코드형식의 2진 정보를 다른 형식의 단일신호로 바꾸어 주는 회로

2비트로 코드화된 정보는 네 가지 조합을 만들 수 있으므로, 이때에 출력되는 신호를 D0 ~ D3이라 한다면 아래와 같은 진리표와 회로도를 이용하여 2 × 4 해독기를 설계할 수 있다.

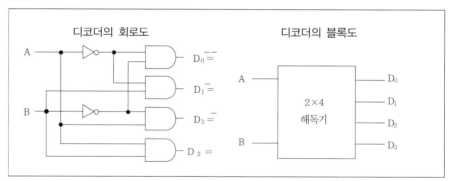

상식PLUS⁺ 인코더(Encoder)
부호기라는 의미로 해독기와 정반대의 기능을 수행하는 조합 논리회로로서 여러 개의 입력단자 중 어느 하나에 나타난 정보를 여러 자리의 2진수로 코드화하여 전달하는 것이다. 4 × 2 부호기는 4개의 입력단자 $D_0 \sim D_3$ 중 어느 하나에 나타난 입력정보를 2진수로 부호화하여 출력한다.

멀티플렉서
MUX : Multiplexer

여러 회선의 입력이 한 곳으로 집중될 때 특정회선을 선택하는 선택기

어느 회선에서 전송해야 하는지 결정하기 위하여 선택신호가 함께 주어져야 한다. 이 회로를 이용하면 여러 입출력 장치에서 일정한 회선을 통하여 중앙처리장치로 전해 줄 수 있고, 하나의 입력회선에 여러 터미널을 접속하여 사용할 수 있다. 입력회선이 네 개다.

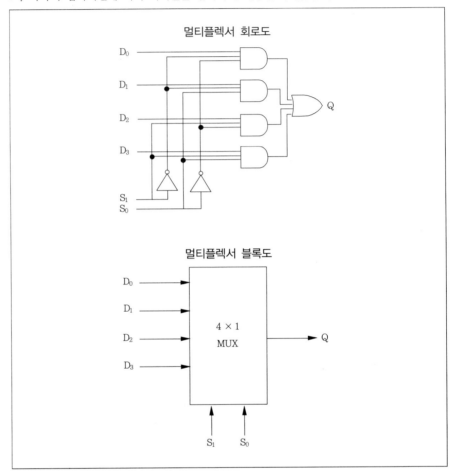

멀티플렉서 회로도

멀티플렉서 블록도

4×1
MUX

상식PLUS⁺ 디멀티플렉서(DMUX : Demultiplexer)

멀티플렉서와 반대기능을 수행하며 하나의 입력 회선을 여러 개의 출력회선으로 연결하여 선택 신호에서 지정하는 하나의 회선에 출력하므로 분배기라고도 한다.

두 가지 상태 중 어느 하나를 안정된 상태로 유지하는 쌍안정 멀티바이브레이터(Bistable Multivibrator)로 각 상태를 1과 0으로 대응시키면 1비트를 기억한 것과 같은 형태

플립플롭은 입력이 변하지 않는 한, 현재 기억하고 있는 값을 유지하고 서로 보수관계에 있는 2개의 출력이 나오고, Q, $\overline{Q}$로 나타낸다.

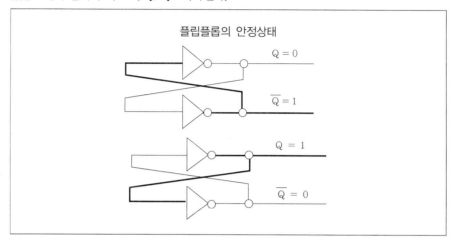

그림은 NOT 게이트를 Q와 $\overline{Q}$의 안정된 상태를 유지할 수 있도록 구성한 것이다. Q가 1인 경우 되먹임되는 $\overline{Q}$는 0이 되고, $\overline{Q}$가 1인 경우 되먹임되는 Q가 0이 된다. 이러한 상태는 외부의 어떤 작용이 없으면 현재의 상태를 계속해서 유지할 수 있지만, Q와 $\overline{Q}$가 모두 1이거나 모두 0인 경우는 불안정상태가 된다.

상식PLUS⁺ 플립플롭의 종류
- ㉠ RS(Set / Reset) 플립플롭 : S(Set)와 R(Reset)인 두 개의 상태 중 하나를 안정된 상태로 유지시키는 회로로서, 외부에서 입력되는 펄스가 1인 경우를 S, 0인 경우를 R로 하여 어느 펄스가 입력되었는지 그 상태를 보존시킨다.
- ㉡ JK(Jack / King) 플립플롭 : RS 플립플롭을 개량하여 S와 R이 동시에 입력되더라도 현재 상태의 반대인 출력으로 바뀌어 안정된 상태를 유지할 수 있도록 한 것이다.
- ㉢ D(Delay) 플립플롭 : RS 플립플롭을 변형시킨 것으로 하나의 입력단자를 가지며, 입력된 것과 동일한 결과를 출력한다.
- ㉣ T(Toggle) 플립플롭 : 펄스가 입력되면 현재와 반대의 상태로 바뀌게 하는 토글(Toggle)상태를 만드는 회로이다.

11 ■■■
레지스터
Register

연산된 데이터가 이동될 때까지 대기하고, 이동된 내용이 연산될 때까지 대기시키는 역할을 수행하는 곳

비트 정보를 일시적으로 저장하거나 입출력 정보를 바꾸거나, 저장된 정보를 다시 꺼내 쓰기 위한 용도로 프로그램 수행 도중에 데이터의 요구가 있을 때까지 또는 버스나 다른 장치가 데이터를 받을 준비가 될 때까지 일시적으로 데이터를 기억하는 임시기억 장치이고 플립플롭들이나 래치들로 구성된다. n비트 레지스터는 n개의 플립플롭으로 구성된다.

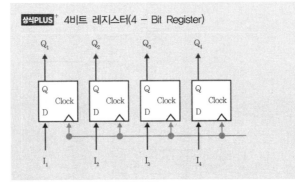

상식PLUS⁺ 4비트 레지스터(4 – Bit Register)

12 ■■■
카운터
Counter

입력펄스에 따라 레지스터의 상태가 미리 정해진 순서대로 변화하는 레지스터

어떤 사건의 발생 횟수를 세거나 동작순서를 제어할 때 사용한다. 모든 플립플롭이 같은 클럭펄스를 입력받아 동기되고 정해진 순서대로 상태가 변하는 동기 카운터(Synchronous Counter)와 연속된 플립플롭에서 한 플립플롭의 출력이 다음 플립플롭의 클록으로 연속적으로 전달되는 비동기 카운터(Asynchronous Counter)가 있다.

13 ■■■
오픈 소스 SW
Open Source SW

라이선스 비용 지불 없이 무료로 공개된 소스코드

누구나 사용·복제·수정이 가능한 소프트웨어이다. 소프트웨어 사용제한을 막기 위해 리처드 스톨만이 자유소프트웨어재단을 설립하여 자유소프트웨어 운동을 전개하면서 자유로이 오픈 소스 SW를 사용할 수 있게 되었다.

상식PLUS⁺ 오픈 소스 SW 라이선스(Open Source Software License)
오픈 소스 SW 개발자와 이용자 간의 조건을 명시한 계약이다. 무료 이용, 배포, 소스코드 취득·수정 등의 특징이 있다. GPL(General Public License), LGPL(Lesser General Public License) 등이 있다.

14 ■■■
소프트웨어
Software

하드웨어 각 장치들의 동작을 지시하는 제어신호를 만들어서 보내주는 기능과 사용자가
컴퓨터를 사용하는 기술

시스템 소프트웨어와 응용 소프트웨어가 있다. 시스템 소프트웨어는 사용자가 컴퓨터에 지
시하는 명령을 지시 신호로 바꿈으로써 하드웨어와 사용자를 연결하여 사용자가 하드웨어
를 사용할 수 있도록 하는 것이고 응용 소프트웨어는 단독으로 동작하지 못하고 시스템
소프트웨어의 제어에 의하여 동작하는 것이다.

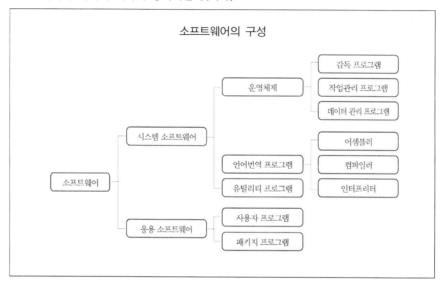

상식PLUS⁺ 하드웨어(Hardware)

㉠ 정의 : 컴퓨터 시스템을 구성하고 있는 모든 전자·기계적 장치를 말한다.

㉡ 하드웨어 시스템 구성

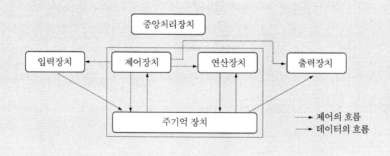

15 ■■■■
펌웨어
Firmware

속도가 빠르고 반영구적인 ROM에 기록된 마이크로 프로그램의 집합

대부분의 컴퓨터 주변기기에는 하드웨어와 소프트웨어 사이를 궁합이 잘 맞도록 조정해주는 부분이 있는데, 그것은 소프트웨어를 하드웨어화시킨 것으로서 소프트웨어와 하드웨어의 중간에 해당하는 것이다.

16 ■■■□
마이크로 프로세서
Micro Processor

제어장치와 연산장치의 주요 기능을 하나의 칩에 저장한 일종의 중앙처리장치

마이크로 컴퓨터는 마이크로 프로세서와 기억 장치 및 주변장치 사이를 연결하는 입·출력 인터페이스(Interface), 그리고 이들 사이에 신호를 전달하는 버스(Bus)로 구성된다. 마이크로 프로세서가 개발됨으로써 컴퓨터는 급진적으로 소형화되고, 가격이 저렴해져서 개인용, 업무용으로 널리 보급되기 시작했다.

> **상식PLUS⁺ 프로세서 종류**
> ㉠ CISC(Complex Instruction Set Computer) : 복잡한 명령어 집합 컴퓨터로 고급언어의 모든 명령이 기계어로 대응되도록 설계하여 컴파일 동작을 간소화하고 컴퓨터의 성능을 향상시킨다.
> ㉡ RISC(Reduced Instruction Set Computer) : 간소화된 명령어 집합을 가지고 있어 실행시간이 줄고, 적은 회로영역을 차지하여 여분의 영역은 CPU의 다른 기능을 수행할 수 있다.

17 ■■■□
마이크로 동작
Micro Operation

마이크로 동작은 CPU 내에서 하나의 명령어를 수행하기 위한 기본적인 동작

레지스터에서 레지스터로의 2진 정보를 전송하는 레지스터 전송 마이크로 동작, 레지스터에 저장된 숫자 또는 데이터에 대해 산술동작을 수행하는 산술 마이크로 동작, 레지스터에 저장된 숫자가 아닌 데이터의 비트스트링 사이에 이루어지는 2진 연산인 논리 마이크로 동작, 레지스터 내용에 대한 시프트 동작을 실행하는 것이다. 직렬 컴퓨터에서는 레지스터 간에 2진 정보를 전송하기 위하여 사용되고, 병렬 컴퓨터에서는 산술, 논리연산을 수행하기 위하여 사용되는 시프트 마이크로 동작이 있다.

18 ■■■□
스케줄링
Scheduling

처리해야 하는 순서를 CPU가 처리하는 과정

정적 스케줄링과 동적 스케줄링이 있다. 정적 스케줄링은 각 태스크를 프로세서에게 할당하고 실행되는 순서가 사용자의 알고리즘에 따르거나 컴파일할 때에 컴파일러에 의해 결정되는 스케줄링이다. 동적 스케줄링은 프로그램이 실행될 때 각 태스크를 처리기에게 할당하는 방법이다.

19 ■■■■
버스
Bus

중앙처리장치 내부 또는 외부의 자료, 주소, 제어신호를 전달하는 역할

CPU에서는 주소(번지)버스(Address Bus)와 데이터버스(Data Bus)가 주로 사용된다. 주소(번지)버스는 주기억 장치의 주소를 지정하기 위한 신호선이다. 데이터버스는 CPU와 주기억 장치에서 데이터를 송수신하기 위한 신호선, 제어버스(Control Bus)는 시스템 동작을 제어하기 위한 신호선이다.

> **상식PLUS⁺ 설계방식에 따른 버스의 발달과정**
> ㉠ ISA : 한 번에 16비트를 이동하는 버스로 호환성은 좋으나 처리속도가 느려 병목현상이 발생한다.
> ㉡ EISA : ISA를 개선하여 32비트를 이동한다.
> ㉢ VESA : 병목현상을 개선하기 위해 등장한 버스로 32비트를 이동한다.
> ㉣ PCI : 최대 64비트까지 이동가능하고 표준화된 클럭속도와 커넥터를 가진다.
> ㉤ AGP : 팬티엄에서 그래픽카드의 인터페이스로 이용한다.

20 ■■■■
인터럽트
Interrupt

정상적인 명령어 인출단계로 진행하지 못할 때에 실행을 중단하지 않고 특별히 부여된 작업을 수행한 후 원래의 인출단계로 진행하도록 하는 것

정전이나 기계적 고장, 프로그램상의 문제, 프로그램 조작자에 의한 의도적인 중단, 입·출력조작에 CPU의 기능이 요청되는 경우, 프로그램에서 오버플로나 언더플로 인터럽트 요청에 의해서 인터럽트가 발생한다. 중앙처리장치와 주변장치의 차이에 따른 효율적인 시스템 자원의 활용과 기계적 장애로 인하여 실행하던 프로그램을 완료하지 못하였을 때, 처음부터 다시 하지 않아도 되도록 할 수 있기 때문에 인터럽트는 필요하다.

21 ■■■■
스트로브 제어
Strobe 制御

데이터를 전송할 때 실제로 전송하는 것을 알려주기 위해 보내는 신호

두 개 이상의 장치가 비동기적일 경우에 데이터 전송을 알리는 신호를 보내 데이터가 전송될 시간을 알려주어야 한다. 스트로브 신호를 보내기 위한 회선이 필요하며 송신 쪽에서 수신 쪽으로 보내는 방법과, 수신 쪽에서 송신 쪽으로 보내는 두 가지 방법이 있다. 전송한 데이터를 수신 쪽에서 확실하게 수신하였는지를 알 수 없다는 단점이 있다.

22 ■■■■
제어장치
Control Unit

명령어를 기억 장치로부터 하나씩 가져와서 해독하는 것

명령어 해독과 연산을 위하여 제어신호를 만들어 내는 레지스터의 종류이다.

상식PLUS 제어장치의 종류 및 기능

장치명	장치의 기능
프로그램 카운터 (Program Counter)	• 명령계수기라고도 한다. • 다음에 실행할 명령이 들어 있는 번지를 기억하는 레지스터 명령이 주기억 장치로부터 판독되어 실행단계에 들어가면 프로그램 카운터의 내용에 1이더해진다. • CPU는 프로그램 카운터가 나타내는 번지의 명령을 주기억 장치로부터 순차 판독하여 실행 할 수 있다. • 이 레지스터로부터 프로그램의 수행순서가 결정되기 때문에 컴퓨터의 실행순서를 제어하는 역할을 수행한다.
명령 레지스터 (Instruction Register)	• 현재 실행중인 명령을 기억한다. • 제어장치로 하여금 그 명령이 올바르게 수행되도록 제어정보를 제공한다. • 명령 레지스터에 있는 명령어는 명령해독기에 의해서 명령의 의미가 해독되어 타이밍이 조정된 후 제어신호로써 각 구성 요소에 전달된다.
누산기 (ACC : Accumulator)	연산장치를 구성하는 중심이 되는 레지스터로서 사칙연산, 논리연산등 결과를 임시로 기억한다.
메모리 주소 레지스터 (Instruction Register)	프로그램 카운터가 지정한 주소를 일시 저장하는 레지스터이다.
메모리 버퍼 레지스터 (Instruction Register)	주소 레지스터가 지정하는 해당 번지의 기억 장치에 있는 내용을 임시로 보관한다.
명령 해독기 (Instruction Decoder)	명령 레지스터의 명령을 해독하여 부호기로 전송하는 장치로 AND 회로로 구성되어 있다.
부호기 (Encoder)	명령 해독기에서 보내온 명령을 실행하는 데 필요한 제어신호를 발생시켜 명령 실행을 지시하는 장치라 할 수 있다. OR회로로 구성되어 있다.
번지 해독기 (Address Decoder)	• 명령 레지스터의 번지부로부터 보내온 번지를 해독하고 해독된 번지에 기억된 내용을 데이터 레지스터로 불러내는데 필요한 신호를 보내주는 장치이다. • 수치로 된 주소값을 메모리상의 실제 주소로 변환하는 장치이며 데이터가 주기억 장치에 기억될 때나 인출될 때에는 반드시 데이터 레지스터를 거쳐야 한다. • 데이터 레지스터는 데이터가 이동하는 경우에 데이터의 이동을 중계하는 역할을 하는 레지스터이다.
범용 레지스터 (General Register)	• 기능을 정해 놓지 않은 레지스터로 주소지정, 연산을 위한 데이터 보관용, 제어용 정보의 보관하는 레지스터. • 누산기(ACC : Accumulator), 베이스레지스터, 계수기 레지스터가 있다.

23

명령어
Instruction

컴퓨터가 어떻게 동작해야 하는지를 나타내는 것

제어장치에서 해독되어 동작이 이루어진다. 명령어는 모드 필드(Mode)에서 0(직접명령) 또는 1(간접명령)이 저장된다. 연산자(OP Code)에서 컴퓨터에게 명령을 지시하고 번지부(Address)에서 처리해야 할 데이터가 어디에 있는지 표현한다.

Mode	Operation Code	Address(Operand)

상식PLUS⁺ 명령어 형식

㉠ **0 – 주소명령형식** : 번지부를 사용하지 않고 스택(Stack) 메모리를 사용한다. 계산하기 위해 후위식으로 바꾸어 주어야 한다.
㉡ **1 – 주소명령형식** : 데이터처리는 누산기(Accumulator)에 의해 처리된다.
㉢ **2 – 주소명령형식** : 가장 흔히 사용하는 방식으로 주소는 메모리나 레지스터의 번지이다. 주소1과 주소2를 연산하여 주소1에 기억시킨다.
㉣ **3 – 주소명령형식** : 주소1과 주소2를 연산하여 주소3에 기억시킨다. 프로그램의 길이는 줄일 수 있으나 명령어의 길이가 길어진다.

24

노드
Node

전송매체에 컴퓨터를 연결하는 부분

블록체인은 중앙 집중형 서버에 거래 기록을 보관, 관리하지 않고 거래에 참여하는 개개인의 서버들이 모여 네트워크를 유지 및 관리한다. 이 개개인의 서버, 즉 참여자를 노드라고 한다. 중앙 관리자가 없기 때문에 블록을 배포하는 노드의 역할이 중요하며, 참여하는 노드들 가운데 절반 이상의 동의가 있어야 새 블록이 생성된다. 노드들은 블록체인을 컴퓨터에 저장해 놓고 있는데, 일부 노드가 해킹을 당해 기존 내용이 틀어져도 다수의 노드에게 데이터가 남아 있어 계속적으로 데이터를 보존할 수 있다. LAN에서는 노드가 아주 간단한 대신에 매체접근 제어방식이 필요하고, WAN에서는 노드에 교환기를 사용하기 때문에 매체접근 제어방식을 사용하지 않아도 된다.

채널
Channel

중앙처리기능을 가진 소형처리기를 DMA 위치에 두고 입·출력에 관한 제어사항을 전담하도록 하는 전용 프로세서

채널의 주요 기능으로는 입·출력 명령의 해독, 입·출력장치에 입·출력 명령지시, 지시된 명령의 실행제어가 있다. 채널명령어(CCW : Channel Command Word), 채널상태어(CSW : Channel Status Word), 채널번지워드(CAW : Channel Address Word) 등의 워드가 채널동작을 수행할 때 필요하다.

인터페이스
Interface

사용자와 시스템 간의 정보교류를 원활하게 이뤄지도록 하는 장치 또는 소프트웨어

전압, 주파수와 같은 전기적 특성과 기계적 특성, 명령·응답과 같은 논리적 특성 등으로 구성되어 모든 조건이 일치하면 상호작용을 도와주는 것이다.

> **상식PLUS⁺ 인터페이스 종류**
> ㉠ 하드웨어 인터페이스(Hardware Interface) : 정보기기의 하드웨어 간에 원활한 통신을 위한 신호의 송수신 방법으로 플러그, USB, RS – 232C, SCSI, 카드 등이 있다.
> ㉡ 소프트웨어 인터페이스(Software Interface) : 통신을 위해 소프트웨어 간에 메시지를 전달하는 인터페이스이다.
> ㉢ 사용자 인터페이스(UI : User Interface) : 기계와 사용자 간의 정보교류를 위한 인터페이스로 인간 – 기계 인터페이스(MMI : Man – Machine Interface)이다.

27

사용자 인터페이스
UI : User Interface

사용자와 시스템 간에 원활한 의사소통을 위한 소프트웨어

정보제공·전달하는 물리적 제어의 분야, 콘텐츠의 상세표현과 전체 구성과 관련된 분야, 모든 사용자가 쉽고 편리하게 사용하는 기능에 관련한 분야가 있다. 사용자가 제일 자주 보는 영역으로 만족도에 큰 영향을 주므로 자주 변경이 된다. 직관성, 유효성, 학습성, 유연성을 기본원칙으로 삼는다. 설계를 할 때에는 사용자가 사용할 때 이해하기 편리해야 하며 일관성 있고 단순하게 제공되어야 한다.

> **상식PLUS⁺ UX(User Experience)**
> 사용자가 서비스를 이용하면서 느끼는 경험을 의미한다. 기능의 효용성뿐만이 아니라 사용자와 소통과 상호 교감을 통해서 일어나는 경험이다. 주관성, 정황성, 총제성의 특징을 가진다.

DMA
Direct Memory Access

입·출력에 관한 모든 동작을 자율적으로 수행하는 방식

DMA는 중앙처리장치로부터 입·출력에 관한 사항을 모두 위임받아 입·출력동작을 수행하며, 자기드럼이나 자기디스크와 같이 속도가 빠른 장치에서 원하는 만큼의 데이터를 입·출력시켜 준다. 하나의 버스를 통하여 여러 개의 인터페이스와 함께 연결된 입·출력 장치를 제어한다. DMA 전송을 수행하기 위해 주기억 장치에 접근을 요청하는 기능, 입력과 출력 중 어느 동작을 수행할 것인지를 나타내는 기능, 어디의 데이터를 얼마만큼 입·출력할 것인지를 나타내는 기능, 데이터의 입·출력이 완료되었을 때 그 사실을 중앙처리장치에 보고하는 기능을 필요로 한다.

파이프라인
Pipeline

각 단계를 분업화하여 차례대로 진행시키는 과정

하나의 프로세서를 서로 다른 기능을 가진 여러 개의 서브 프로세서로 나누어 각 프로세서가 동시에 서로 다른 데이터를 처리하도록 하는 기법이다. 각 세그먼트에서 수행된 연산결과는 다음 세그먼트로 연속적으로 넘어가게 되어 데이터가 마지막 세그먼트를 통과하면 최종 연산 결과를 얻게 된다. 하나의 연산에서 연산을 중복시키는 것은 각 세그먼트마다 레지스터를 둠으로써 가능하다. 매 클럭펄스마다 각 세그먼트의 결과가 레지스터에 보관된다.

상식PLUS⁺ 파이프라인 처리과정

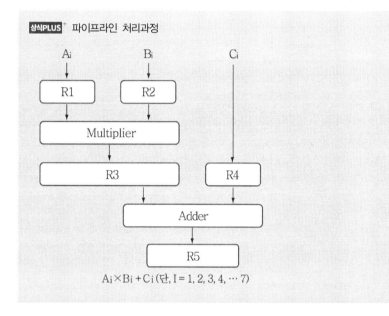

$A_i \times B_i + C_i$ (단, $I = 1, 2, 3, 4, \cdots 7$)

데이터 웨어하우스
Data Warehouse

방대한 조직 내 데이터 베이스를 효과적으로 관리하는 공간

1980년대 IBM이 자사 하드웨어를 판매하기 위해 도입한 것으로, 정보(Data)와 창고 (Warehouse)의 합성어이다. 기업이 정보를 효율적으로 관리하기 위해 만들어진 것이다. 조직에서 분산되어 있는 데이터 베이스를 데이터를 추출 · 저장 · 조회한다. 주제별로 구성 하고 일관적인 형태로 변환하여 통합성이 유지된다. 정해진 기간 동안 시계열성을 유지하며 한번 보관된 정보는 변경이 수행되지 않는 일관성이 유지된다.

상식PLUS⁺ 데이터 마트(Data Mart)
하나의 부서 중심으로 이뤄진 비교적 작은 규모의 데이터 웨어하우스와 같다.

데이터 통신
Data Communication

정보수요를 충족하기 위한 정보전달기능과 전달된 정보의 처리기능을 상호결합하여 가장 경제적이고 효율적으로 실현하기 위한 시스템

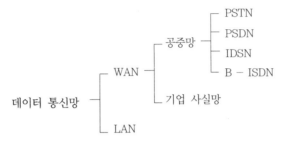

> **상식PLUS⁺** 데이터 통신 네트워크(Data Communication Network)
> ㉠ WAN(Wide Area Network) : 전국 규모의 광범위한 지역에 설치되는 광역망이다.
> ㉡ LAN(Local Area Network) : 특정 구내 또는 건물 안에 설치된 네트워크이다.
> ㉢ 공중망(Public Carrier Network) : 전기통신 사업자가 공익사업으로 설치한 망이다.
> ㉣ 기업 사설망(Enterprise Wide Private Network) : 기업체가 전용회선을 전기통신사업자로부터 빌리고 사설교환기를 설치하여 각 지점간의 데이터 통신을 가능하게 한 망이다.
> ㉤ 전화망(PSTN : Public Switched Telephone Network) : 전화망은 데이터 통신용으로 설계된 것이 아니므로 모뎀을 이용해야 데이터 통신을 할 수 있다.
> ㉥ 공중 데이터 교환망(PSDN : Public Switched Data Network) : 정보를 부호화하여 전달하는 망이다.
> ㉦ 종합 서비스 디지털망(ISDN : Integrated Service Digital Network) : 전화망에서 모뎀 없이 데이터 전송이 가능하게 변화시킨 것이다.
> ㉧ B - ISDN(Broadband - ISDN) : 음성이나 문자, 수치 등의 데이터뿐만 아니라 고품질 정지화상과 동화상, 즉 멀티미디어(Multimedia)를 전송할 수 있는 망이다.

32

프로토콜
Protocol

두 개의 시스템 간에서 정보를 교환하기 위한 규정 또는 약속

프로토콜의 요소로는 메시지의 서식, 부호화, 신호 레벨에 대한 방법인 메시지의 표현, 메시지를 송·수신 시스템 간에 올바르게 전달하기 위한 제어법, 통신로를 효율적으로 이용하는 방법, 서로가 보조를 맞추어서 통신의 진행을 하는 방법이 있다.

33 ■■■

HDLC
High Level Data
Link Control

반이중과 전이중의 두 통신 형태 기능을 가진 프로토콜

Point to Point 또는 Multipoint 링크상에서 사용한다. 주스테이션 – 부스테이션(호스트 – 터미널)과 Peer(컴퓨터 – 컴퓨터) 사이에서 사용한다. 에러제어를 위해 Continuous RQ를 사용한다. ISO의 국제표준의 데이터 링크 프로토콜이다. 정규 응답모드(NRM : Normal Response Mode), 비동기 평형모드(ABM : Asynchronous Balanced Mode), 비동기 응답모드(ARM : Asynchronous Response Mode)가 있다.

34 ■■■

IETF
Internet Engineering
Task Force

국제 인터넷 표준화기구

인터넷의 운영·관리·개발과 프로토콜을 분석하는 인터넷 표준화 작업을 하는 국제기구이다. 인터넷아키텍처위원회(IAB)의 산하기관이다.

상식PLUS⁺ 국내외 기관

㉠ 국외
- **미국 규격협회(ANS)** : 민간인에 의한 임의의 국가규격 제정기관이다.
- **국제 표준화 기구(ISO)** : OSI 참조 모델을 개발한 국제기구로 산업체 전 분야의 표준화 발표 및 인정을 하는 기관이다.
- **국제 전기통신연합(ITU)** : 국제연합(UN)의 전기통신 전문기관이다.
- **전기통신 표준화 분과회(ITU – T)** : 국제 전신전화 자문위원회(CCITT)의 바뀐 명칭이다.
- **미국 전자공업협회(EIA)** : 데이터 통신 관련 규격을 다루는 기술위원회로 RS – 232C 인터페이스 규격 등을 제정했다.
- **미국 전기전자공학회(IEEE)** : 데이터 통신 부분에서 LAN 표준을 규정한다.
- **전자산업협회(EIA)** : 미국의 전자공학회로 전자기기의 규격통일을 규정한다.
- **월드와이드웹 컨소시엄(W3C)** : 웹 표준을 제정하는 국제 컨소시엄이다.
- **개방형 모바일 연합(OMA)** : 모바일 데이터 서비스를 검증하기 위한 포럼이다.

㉡ 국내
- **한국정보통신기술협회** : 우리나라의 정보통신 관련 표준화 업무를 효율적으로 추진하기 위한 기관이다.
- **한국전자통신연구원** : 전기통신 분야를 연구·개발하고 이를 보급하기 위한 법인이다.
- **한국전산원** : 정보화 촉진과 정보화 관련 정책개발을 지원하기 위한 기관이다.

---

35 ■■■

오픈 아키텍처
Open Architecture

하드웨어 사양과 규격 등을 공개하여 추가 시스템이 개발이 가능하도록 하는 것

개방형 구조라는 의미로 하드웨어 제조업체가 규격을 공개하여 시스템용 어댑터나 소프트웨어, 애플리케이션 등의 개발에 이용이 가능한 것을 의미한다.

36

아키텍처
Architecture

하드웨어, 소프트웨어, 컴퓨터 시스템의 전체를 설계방식

컴퓨터 아키텍처라고도 부르며 컴퓨터 시스템 전체를 기능적으로 제작하는 것을 의미한다. 하드웨어의 경우 CPU, 내부 기억 장치, 레지스터, 제어장치 등이 포함되고 구성 요소를 배치 및 결합하여 컴퓨터를 구성하는 것을 의미한다.

> **상식PLUS⁺ 아키텍처 유형**
>
> ㉠ **소프트웨어 아키텍처(Software Architecture)** : 소프트웨어를 개발할 때 복잡도가 높은 요소를 원활하게 다루기 위한 구성 요소이다. 소프트웨어 설계는 요구사항을 분석하고, 아키텍처를 분석·설계한 뒤 검증·승인하는 절차로 진행된다. 저장소 구조, MVC(Model View Controller)구조, 클라이언트 – 서버 모델, 계층구조 등이 대표적인 유형이다.
> ㉡ **네트워크 아키텍처(Network Architecture)** : 프로토콜의 방대화와 복잡화에 대응하기 위하여 프로토콜의 구성 요소의 논리기능을 정리하여 계층화해서 프로토콜을 체계화한 것이다.
> ㉢ **데이터 아키텍처(Data Architecture)** : 데이터, 데이터 베이스, 데이터표준, 데이터 보안 등의 기준을 체계적이고 구조적으로 관리·설계하는 과정이다.

패킷교환
Packet Switching

전체 데이터 블록을 패킷(Packet)이라고 부르는 일정한 크기 이하의 데이터단위로 나누어 처리하는 방식

전송 시스템들이 패킷단위로 전송선로를 공유하므로 전송선 점유의 공평성이 제공된다. 스위치는 하나의 패킷만 축적되면 바로 다음 스위치로 재전송할 수 있으므로 전체 메시지의 전송 시간을 줄이게 되어 대화형 방식의 통신지원이 가능하다. 패킷단위로 상황에 맞는 경로를 선택하므로 교환기 또는 회선에 장애가 발생되더라도 정상적인 다른 회선으로 우회전송이 가능하다. 디지털 전송을 기본으로 하고 있고 교환기에서 에러검출기능을 행할 수 있으므로 재전송을 실시할 수 있다. 네트워크 접속으로 많은 수의 사용자가 사용할 수 있다. 기본적으로 다중화처리이므로 회선의 사용효율이 높다. 축적기능이 갖는 기본적인 성질로서 전송속도, 전송제어절차 등의 프로토콜은 단지 교환기에만 의존하므로 어떤 단말기기 사이에도 손쉬운 전송이 가능하다. 현재의 패킷전송기술로는 전송속도가 64Kbps 정도이므로 근거리통신망(LAN)에서의 통신속도 1 ~ 10Mbps에 비해 매우 낮아 병목현상을 일으킨다. 서로 다른 결로를 선택하면 패킷의 도착순서가 다를 수 있으므로 송신순서대로 재정리하는 기능이 필요하다.

대역폭
Bandwidth, 帶域幅

신호가 포함하는 주파수의 범위인 스펙트럼의 폭

신호의 대역폭은 신호가 포함하는 주파수의 범위이고 전송매체의 대역폭은 전송매체가 지원할 수 있는 주파수의 범위이다.

> **상식PLUS⁺ 전송매체 대역폭**
>
> 전송매체를 통해 전송할 수 있는 신호 주파수의 범위(Analog)가 전송매체의 대역폭이다. 전송선로의 대역폭에 의한 전송속도(Data Rate)를 제한한다. 8비트로 구성된 ASCII 문자가 300bps의 전송속도로 전송할 경우, 주기 T의 값은 26.67msec이며 기본 주파수 f_0는 37.5Hz (=1 / 26.67)이다. 따라서, 3100Hz의 대역폭을 지원하는 전화선을 사용할 경우 80여 개의 고조파(Harmonics) 성분을 전송할 수 있다.

39

네트워크
Network

어떤 공동의 목적을 위해 다수의 지점을 상호 연결시킨 통신형태

분산된 여러 단말장치를 전송장치, 교환장치, 그리고 이들 사이를 연결하는 통신선로로 구성하여 정보를 송·수신할 수 있는 통신시스템을 말한다. 송·수신기인 단말장치와 전송장치, 교환장치의 요소를 가지고 있다.

네트워크
준비지수
NRI :
Networked
Readiness Index

ICT 발전 및 활용도와 경쟁력 등을 평가한 지표

세계경제포럼이 국제적인 경영대학인 인시아드(INSEAD)와 공동으로 개인과 정부, 기업의 정보통신기술의 발전도와 경쟁력을 국가별로 평가한 지수이다.

토폴리지
Topology

근거리망을 나타내는 요소

1개의 통신회선에 여러 개의 단말기 접속하는 버스형, 이웃하는 노드끼리만 연결하는 링형, 중앙 노드에 의해 모든 통신제어가 이루어지는 중앙집중형인 별(Star)형(성형), 노드가 트리구조로 연결하는 트리형, 모든 노드와 노드를 통신회선으로 연결하는 망형이 있다. 전송속도와 전송거리를 결정하는 요소로 광섬유, 트위스티드 페어(Twisted Pair), 동축케이블 등이 있다.

OSI 7계층

Open System
Interconnection 7 Layer

모든 네트워크에 생기는 충돌을 완화하기 위해 제시된 표준 네트워크 구조

응용 X에서 응용 Y로 전송할 데이터가 있을 때 응용 X는 이용자 데이터를 응용계층에 있는 응용실체(Entity)에 보낸다. 응용실체는 헤더(Header)를 이용자 데이터에 부착하여(캡슐화) 표현계층으로 전달한다. 표현계층은 이것을 하나의 데이터로 간주하고 여기에 표현계층의 헤더를 붙인다. 이 과정이 계층 2까지 계속되고, 계층 2에서는 헤더뿐만 아니라 트레일러(Trailer)를 붙인다. 물리 계층은 전송매체를 통해서 전송 시킨다. 수신측 시스템에서는 이와 역과정이 일어난다.

OSI 참조모델 7계층		TCP / IP 프로토콜 계층	
7계층	응용 계층	4계층	응용 계층[HTTP, TELNET, FTP(SMTP)]
6계층	표현 계층		
5계층	세션 계층		
4계층	전송(트랜스포트) 계층	3계층	전송 계층(TCP, UDP)
3계층	네트워크 계층	2계층	네트워크 계층(IP, ICMP, IGMP)
2계층	데이터링크 계층	1계층	링크 계층(이더넷, 토큰링, 토큰버스, FDDI)
1계층	물리 계층		

43

토큰링

Token Ring

링형 토폴로지에 사용되는 근거리망의 방식

토큰패싱 방식을 사용하고 토큰과 데이터 패킷은 전송링에서 한 방향으로 4Mbps, 16Mbps의 전송속도로 전송된다. 연구소나 사무환경에서 사용한다. 전송할 데이터가 있는 각 DTE들이 빈 토큰(Free Token)을 기다리고, 빈 토큰을 가진 DTE는 전송로에 자신의 데이터를 전송할 수 있는 권한을 가진다. 전송이 끝난 DTE는 다른 DTE가 전송할 수 있도록 토큰을 빈 상태로 만들어 다시 링에 돌아다니게 한다.

> **상식PLUS⁺ 토큰 버스(Token Bus)**
> 버스구조에 토큰 패싱을 사용한다. 토큰을 사용하여 정해진 순서대로 송신권을 준다. 우선권 메커니즘에 의한 우선적인 송신권의 부여가 가능하다. 공장환경에서 사용한다. 동축(75ohm)케이블을 사용한다.

44

이더넷

Ethernet

버스형으로 연결된 LAN

DEC, INTEL, XEROX 3개 사에 의해 개발된 근거리 통신망이다. ISO의 7계층 구조의 1계층이 물리 계층과 2계층인 데이터링크 계층을 구성한다. 동축케이블에 송 · 수신하기 위한 송 · 수신기와 케이블을 이용하고 이더넷 제어기를 사용한다.

45 ■■■
종합정보통신망
ISDN :
Integrated Services
Digital Network

종합정보통신망, 디지털 전송방식, 여러 통신서비스를 하나의 회선으로 종합적으로 이용하는 고속 · 고품질 · 멀티미디어 통신

가입자선을 디지털화한다. 사용자정보 전송채널과 제어신호용 채널을 따로 둔다. 동일채널을 회선교환(Circuit Switching) 및 패킷교환(Packet Switching)의 양쪽에서 사용한다. 계층화된 프로토콜 구조를 가진다. 음성 및 데이터를 포함한 다양한 서비스를 제공한다. 대규모의 전송용량(1.5Mbps까지 전송 가능)을 가진다. 트위스티드 페어 케이블을 사용한다.

> **상식PLUS** ISDN 사용자 서비스
> ㉠ 베어러 서비스(Bearer Service) : 가입자간의 정보의 전달기능을 제공한다.
> ㉡ 텔레 서비스(Tele Service) : 상위계층(OSI 계층 4, 5, 6, 7)의 기능을 포함하는 모든 계층의 표준화된 서비스를 제공한다.
> ㉢ 부가서비스(Supplementary Service) : 음성, 영상 등의 기본 서비스에 추가된 새로운 서비스를 제공한다.

46 ■■■
광대역 종합정보통신망
B - ISDN :
Broadband Integrated
Services Digital Network

광범위한 서비스를 제공하는 공중 광역망(WAN)

음성 및 데이터뿐만 아니라, 이미지(Image) 및 동화상도 전송 가능한 고속 통신망이다. 광섬유를 사용한다. 고정크기의 셀(Cell)단위로 정보를 분할하여 전송한다. 제공되는 서비스로는 광대역 화상전화 서비스, 화상회의 서비스, 의료영상정보 · 예술작품 및 광고영상의 고속전송 서비스, 고속 고해상도의 팩시밀리 서비스, 칼라 팩시밀리 서비스, 화상 · 문서 탐색 서비스, 텔레비전 영상(기존의 TV 및 HDTV)의 분배 서비스, LAN의 상호접속 서비스, HiFi 오디오 분배 서비스 등이 있다.

47 ■■■
가상이동망 사업자
MVNO :
Mobile Virtual
Network Operator

주파수를 보유하고 있는 이동통신망사업자의 망을 통해 독자적인 이동통신서비스를 제공하는 사업자

MVNO는 고객의 가입 서비스에 대해 완전한 지배권을 갖는다. 또 자체 상표로 독자적인 요금체계를 설정할 수 있으며, 이용자 측면에서 마치 새로운 서비스 사업자가 생긴 것처럼 보이는 효과가 있다. MVNO가 도입될 경우 기대되는 장점은 고객의 선택권 확대, 서비스 종류의 다양화, 요금인하 효과 등 세 가지를 들 수 있다. 1999년 11월 영국의 버진 모델이 처음 상용화했다.

48

비동기
전송 모드
ATM :
Asynchronous
Transfer Mode

가상 회선 셀 릴레이(Virtual Circuit Cell Relay)방식으로 통신하는 프로토콜 방식

고정길이의 셀(53 Octets의 길이)을 전송단위로 사용한다. 셀은 5 Octets의 헤더필드와 48 Octets의 정보필드로 구성된다. 고속의 패킷(셀)교환 및 다중화기능을 제공한다. 연결형 (Connection Oriented) 모드를 사용한다.

> **상식PLUS⁺ ATM 스위치의 3가지 기본기능**
>
> ㉠ Routing : 셀을 출력단(Outlets)으로 경로를 배정하는 기능이다. 경로배정은 Translation Table 에 준하여 이루어진다.
> ㉡ Queuing : 셀 충돌 시 저장기능을 제공한다. 같은 출력단을 향하는 셀이 동시에 여러 입력 단으로부터 들어올 때 셀의 충돌이 발생할 수 있다. 이때 서비스되지 않는 셀을 임시로 저 장함으로써 셀의 손실을 방지한다.
> ㉢ 셀 헤더의 번역 : Translation Table에 준하여 셀의 헤더값을 변환한다.

49

동기식 광
네트워크
SONET :
Synchronous
Optical Network

WAN시스템의 광케이블로 동기식으로 데이터 전송을 하기 위한 표준 기술

미국에서 ANSI에 의하여 표준화되었다. CCITT에서는 SONET을 기본으로 SDH(Synchro nous Digital Hierarchy : 동기식 디지털 계위)를 국제표준으로 권고하였다. 다중 디지털 전송속도의 계층(Hierarchy)을 제공한다. 155.52Mbps를 기본속도로 하여 n배 (n=1, 4, 8, 16)의 속도가 가능하다. SDH에서는 이들의 각 속도 단위를 STM − n(Synchronous Transport Module Level n)이라 부른다. 장치의 상호 연결을 위한 광신호 표준을 규정하였다. 155.52Mbps의 SDH 전송 시스템에서는 270 × 9Octet의 묶음이 한 프레임 형식으로 규정된다.

50

인트라넷
Intranet

인터넷의 WWW(World Wide Web : 웹) 기술을 그대로 사내 정보시스템에 이용한 것

기업체·연구소 등의 조직 내부의 모든 업무를 인터넷으로 처리할 수 있는 새로운 개념의 네트워크 환경을 말한다. 인터넷 기술과 통신규약을 이용하여 업무를 통합한 정보시스템으로 어디에서든 정보에 편리하게 접근이 가능하고 자료 교환도 수월하며 내·외부에서 정보교류 가 편리하다는 장점이 있다.

> **상식PLUS⁺ 엑스트라넷(Extranet)**
>
> 인터넷 기술을 사용하여 기업과 고객, 공급업체 및 사업 파트너 등을 네트워크로 연결하여 정 보를 공유하는 기업간 정보시스템을 말한다.

51 ■■☒

침입 탐지 시스템

IDS :
Intrusion Detection
System

방화벽에 기본적인 시스템으로 해킹을 탐지하는 시스템

다양한 해킹 수법을 내장하여 해킹을 실시간으로 탐지할 수 있다. 침입이 발생할 경우 관리자에게 침입상황을 전송하여 보안상태를 유지한다. 수동적으로 대처하는 방화벽과 달리 적극적으로 침입을 탐지하여 대처한다.

52 ■■☒

SMTP

Simple Mail
Transfer Protocol

전자메일을 전송할 때 사용하는 표준 프로토콜

인터넷 메일 호스트 사이에 메시지를 주고 받기 위해 사용하는 하위레벨 프로토콜로 메일 메시지를 ASCII화일로 한정한다.

> **상식PLUS** POP(Post Office Protocol)
> 전자우편 수신담당, 즉 사용자가 쉘 계정이 있는 호스트에 직접 접속하여 메일을 읽지 않고 자신의 PC에서 바로 유도라나 넷스케이프 메일을 이용하여 자신의 메일을 다운로드 받아서 보여주는 것을 정의한 프로토콜이다.

53 ■■■

방화벽

Firewall

네트워크 내부 또는 네트워크 간의 보안을 담당하기 위해서 특정 네트워크를 격리시키는 데 사용되는 시스템

효과적인 방화벽은 네트워크 안팎의 모든 통신 내용을 점검하여 허용된 통신만 가능하도록 한다. 방화벽은 외부로부터의 침입방지와 내부정보의 불법적인 유출을 방지하는 기능을 담당한다. 방화벽의 종류로는 네트워크 차원의 방화벽과 스크린 서브넷 게이트웨이가 있다. 네트워크 차원의 방화벽(스크린 호스트 게이트웨이)은 외부로부터 들어오는 모든 패킷은 스크린 라우터를 거치고, 스크린 라우터는 외부 패킷이 바로 사내 네트워크로 돌아오는 것을 차단한다. 스크린 서브넷 게이트웨이는 인터넷과 내부 네트워크 사이에 DMZ이라는 중립지역을 설정하고, 외부에 공개하여 사용하는 모든 서버들을 이 서브넷에 위치시킨다. DMZ은 외부에서 비교적 자유롭게 접근할 수 있는 영역이며, 여기서 네트워크 내부로 들어가기 위해서는 다시 라우터를 거쳐야 한다.

54 ■■■

시큐어 코딩

Secure Coding

소프트웨어 보안의 취약점을 보완하는 프로그래밍을 하는 것

소프트웨어의 소스코드에 존재하는 위험을 제거하고 보안 위한 프로그래밍 활동이다. 일정 규모 이상의 기업에서는 시큐어 코딩을 의무화하고 있다. 시큐어 코딩의 규칙으로는 입력 데이터 검증, 보안기능, 에러처리기능, API오용, 캡슐화, 시간 및 상태, 코드 오류 등이 있다.

55

미들웨어
Middleware

분산되어있는 서로 다른 기종의 하드웨어나 프로토콜 등을 연결하여 응용 프로그램과 운영환경의 중간에서 원활한 통신을 도와주는 소프트웨어

하드웨어, 네트워크 프로토콜, 응용 프로그램, 운영체제 등에 존재하는 차이를 연결해주는 소프트웨어로 통신이나 트랜잭션 관리를 주로 실행한다. 분산 컴퓨터 환경에서 발생되는 문제를 해결하기 위한 것으로 TCP/IP, 분산컴포넌트객체기술(DCOM), 코바(CORBA) 등이 해당된다.

> **상식PLUS⁺ TP – Monotor(Transaction Processing Monitor)**
> 철도나 비행기 예약과 관련한 트랜잭션 업무를 처리 · 감시하는 미들웨어이다. 사용자가 증가하여도 빠르게 응답 속도 유지가 가능하다.

TCP
Transmission
Control Protocol/
Internet Protocol

인터넷 동작의 중심이 되는 프로토콜

TCP는 데이터의 흐름을 관리하고 데이터가 정확한지 확인하는 역할을 하며, IP는 데이터를 네트워크를 통해 한 장소에서 다른 장소로 옮기는 역할을 한다. 서브네트워크, 다중네트워크에서 전체를 구성하는 한 요소로 존재하는 네트워크이다. 토큰링과 같은 네트워크접속 프로토콜을 이용하여 서브네트워크에 연결한다. 이 프로토콜은 한 호스트에서 같은 서브네트워크에 있는 다른 호스트로 데이터를 보내거나 다른 서브네트워크에 있는 호스트의 경우 라우터로 데이터 전달을 가능하게 한다.

> **상식PLUS⁺ 인터넷 프로토콜의 4계층**
> ㉠ 링크 계층(Link Layer) : 데이터링크 계층, 네트워크 인터페이스계층 등을 포함한 계층이다.
> ㉡ 네트워크계층(Network Layer) : 네트워크에서 패킷을 이동시키기 위해서 호스트 간의 데이터 이동경로를 구하는 계층(IP, ICMP, IGMP)이다.
> ㉢ 전달계층(Transport Layer) : 호스트 간의 데이터 흐름을 가능하게 하는 계층(TCP, UDP)이다.
> ㉣ 응용계층(Application Layer) : 사용자에게 각종 서비스를 제공하기 위한 계층으로 E – mail 전송을 위한 SMTP, 파일전송과 관련된 FTP, 원격컴퓨터 접속을 위한 TELNET, 웹 서비스를 위한 HTTP 등이 있다.

57

게이트웨이
Gateway

2020 | 대구은행

사용자가 다른 네트워크로 접속하기 전에 지나가는 프로토콜 변환장치

두 개의 완전히 다른 프로토콜 구조를 가지는 7계층 사이를 결합하는 데 사용한다. 즉, 서로 다른 LAN 사이, 동일 LAN상의 서로 다른 프로토콜을 가지는 기기들 사이, LAN과 다른 구조를 갖는 장거리 통신망 사이를 연결하는 장비이다.

58 ■■□□

UDP
User Datagram Protocol

정보를 교류할 때 한쪽에서 일방적으로 데이터 흐름을 가능하게 하는 프로토콜

TCP와는 상대되는 개념으로 데이터를 받는 이용자가 확인을 하는 것과 상관없이 오직 전달만 하는 방식을 의미한다. 수신에 대한 책임이 없고 안정성이 떨어지나 TCP에 비해 속도가 빠르다.

> **상식PLUS** SCTP(Stream Control Transmission Protocol)
>
> 스트림 제어 전송 프로토콜로 TCP와 UDP와 비슷하나 이 둘이 가진 단점을 개선하여 설계된 프로토콜이다. 메시지 지향적인 특성과 연결 지향적인 특성을 조합하여 만들어진 프로토콜로 멀티 스트리밍과 멀티호밍의 특성을 제공한다. VoIP 신호전달이나 실시간 다중미디어를 전송하는 등 다양하게 응용이 가능하다.

59 ■■■

MIME
Multipurpose Internet
Mail Extensions

인터넷 전자메일을 통하여 여러 다른 종류의 파일들을 전송 가능하게 하기 위해 개발된 것

보통의 텍스트 데이터 이외의 확장코드, 화상, 음성 등을 인터넷 메일로 보내기 위한 방법이다. 인터넷 통신에서 여러 포맷의 문서를 전송하기 위해 사용된다. 이 프로토콜은 원래 문서내용의 포맷과 컴퓨터상에 나타나는 문서포맷 간의 관계를 설정하는 것으로 복잡한 파일포맷을 관리한다. 사용하는 응용 프로그램은 전송된 문서의 내용을 처리하기 위해 필요한 소프트웨어의 유형을 설정한다. 적절한 보조 프로그램 설정을 하고 소프트웨어의 도움을 받으려면 넷스케이프는 자동적으로 여러 가지의 포맷으로 전송되는 내용과 접속할 수 있도록 필요한 업무를 수행한다.

60 ■■■

MAC 주소
Media Access
Control Address

모든 기기가 네트워크에서 사용하는 고유의 번호

네트워크상에서 컴퓨터나 모바일기기를 식별하기 위해서 사용하는 주소로 고유 번호이다. 국제전기전자기술자협회(IEEE)에 의해서 관리되고 있다. 사용자가 임의로 변경이 가능한 IP주소와 달리 MAC 주소는 쉽게 변경할 수 없다.

61 ■■□

IP주소
Internet Protocol Address

TCP/IP 프로토콜로 통신할 때 송·수신자를 구별하기 위한 고유주소

인터넷에 연결된 컴퓨터를 숫자로 표현한 주소이며, 도메인 주소와 달리 숫자를 사용하여 실질적으로 컴퓨터가 인식하게 되는 주소이다. 이는 반드시 한 컴퓨터에 하나의 주소만 가져야 한다. 관리기관은 NIC이고, 지역별로 미국은 InterNIC, 아시아·태평양은 APNIC, 유럽은 RIPE, 한국은 KRNIC, 일본은 JPNIC이다. 인터넷은 IP(Internet Protocol) 주소체계를 따른다. IP 주소는 범위 및 등록 가능한 호스트 수를 나타낸다.

62

인터네트워킹
Internetworking

개개의 LAN을 연결하여 WAN, 또는 WAN에서 더 큰 WAN으로 연결시키는 이론이나 기술

다른 컴퓨터들에 있는 자원에 접근할 필요가 있고 단일네트워크로 모두를 결합하는 것은 불가능하므로, 다른 네트워크들을 상호 연결할 필요성이 존재한다. 사용자에게 상호 연결된 네트워크의 집합은 하나의 커다란 네트워크로 보인다. 인터네크워킹에 요구되는 사항은 네트워크 간의 링크를 제공한다. 적어도 물리적이고 링크를 제어하는 연결이 필요하다. 서로 다른 네트워크상의 프로세스 간에 정보의 경로배정과 전달에 대한 것을 제공한다. 여러 종류의 네트워크들과 게이트웨이의 사용에 대한 트랙을 보존하며, 상태정보를 유지하고 요금 서비스를 제공한다. 임의로 구성된 네트워크들의 네트워크를 이루는 구조에 수정이 필요하지 않은 방법을 통하여 위에 설명되어 있는 서비스를 제공하며, 이것은 인터네트워킹 설비가 네트워크들 사이에서 다소의 차이점을 조정해야 한다는 것을 의미한다.

상식PLUS⁺ 인터네트워킹 용어

㉠ Communication Network(통신망) : 네트워크에 연결된 Station들 사이에 데이터 전송 서비스를 제공하는 설비이다.

㉡ Internet : 브릿지나 경로에 의해 상호 연결된 통신망들의 모임이다.

㉢ Subnetwork : 인터네트의 네트워크 구성 요소로 Local Network라고도 일컫는다.

㉣ End System(ES) : 사용자 응용을 지원하는 서브네트워크에 부착된 Device(컴퓨터, 터미널)이다.

㉤ Intermediate System(IS) : 두 개의 서브네트워크를 연결하기 위해 사용하며, 서로 다른 서브네트워크에 부착된 ES사이에 통신을 허용한다.

㉥ Bridge : 같은 LAN Protocol을 사용하는 두 LAN을 연결하기 위하여 사용되는 IS, OSI 2계층 기능을 수행한다.

㉦ Router : 경로배정기로 유사하거나 그렇지 않은 두 네트워크를 연결하기 위하여 사용되는 IS, OSI 3계층 기능을 수행한다.

㉧ Port : 모뎀과 컴퓨터 사이에 데이터를 주고받을 수 있는 통로이다.

63

IPv6
Internet Protocol
Version 6

IP주소 표현 방식의 차세대 버전

128비트의 주소체계를 가진 인터넷 프로토콜(IP) 버전 6(Internet Protocol Version 6)의 줄임말이다. 주소유형은 유니캐스트, 애니캐스트, 멀티캐스트이 있다.

64 ■■■
라우터
Router

네트워크 트래픽을 메트릭으로 포워딩하여 최적의 경로를 결정하는 장치

프로토콜의 전환이 없거나 프로토콜이 다른 세 개 이상의 네트워크를 연결하여 데이터 전달 통로를 제공해주는 Host LAN을 WAN에 접속시킬 때 유용한 장비이다. OSI 3계층(네트워크계층)에서 동작한다.

상식PLUS 네트워크 관련 장비

장비명	설명
네트워크 인터페이스카드 (NIC)	• 컴퓨터와 컴퓨터 또는 컴퓨터와 네트워크를 연결하는 장치 • 정보 전송 시 정보가 케이블을 통해 전송될 수 있도록 정보 형태를 변경 • 이더넷 카드(LAN 카드) 혹은 어댑터라고 함
허브(Hub)	네트워크를 구성할 때 한꺼번에 여러 대의 컴퓨터를 연결하는 장치로, 각 회선을 통합적으로 관리
리피터 (Repeater)	거리가 증가할수록 감쇠하는 디지털 신호의 장거리 전송을 위해서 수신한 신호를 재생시키거나 출력전압을 높여 전송하는 장치
브리지 (Bridge)	단순 신호 증폭뿐만 아니라 네트워크 분할을 통해 트래픽을 감소시키며, 물리적으로 다른 네트워크를 연결할 때 사용
라우터 (Router)	• 인터넷에 접속할 때 반드시 필요한 장비로, 최적의 경로를 설정하여 전송 • 각 데이터들이 효율적인 속도로 전송될 수 있도록 데이터의 흐름을 제어
게이트웨이 (Gateway)	주로 LAN에서 다른 네트워크에 데이터를 보내거나 다른 네트워크로부터 데이터를 받아들이는 출입구 역할

---

65 ■■■
WAIS
Wide Area
Information Service

네트워크상의 분산된 데이터 베이스를 대상으로 자료를 색인(Index)화한 정보검색 서비스

프로토콜은 Z39.50으로 도서관 자료검색 표준이다. Client / Server 구조이고 Wais에서 각 데이터 베이스, 즉 서버에 관한 정보를 소유한 데이터 베이스이다.

상식PLUS MBONE(Multicast Bone)

인터넷상에서 화상회의와 같이 여러 참가자가 있고, 이들 간에 오디오나 비디오같은 멀티미디어 데이터를 전송하는 애플리케이션을 가동하기 위해 만들어진 '가상 네트워크' 혹은 '시범 네트워크'이다.

66

DNS
Domain Name System

인터넷에 연결된 특정컴퓨터의 도메인 네임을 IP Address로 바꾸어 주거나 또는 그 반대의 작업을 처리해주는 시스템

TCP/IP 네트워크에서 사용되는 서비스 구조이다. 한글이나 영문으로 구성되어 인터넷 주소를 숫자로 해석해주는 네트워크 서비스이다. 인터넷 주소는 기억하기 쉽도록 영문으로 구성되는데 컴퓨터가 이해할 수 있는 숫자 언어로 변경하여 인터넷에 접속이 편리하도록 도와주는 서버이다.

상식PLUS⁺ 인터넷 관련 조직

㉠ ISOC(Intenet Society) : 인터넷 운영의 통일성과 표준유지를 위해 1983년에 조직하였으며, 인터넷의 최종적인 일을 담당한다.

㉡ NIC(Network Information Center) : IP주소의 할당, 네트워크와 도메인 이름의 등록, 국가별로 분산하는 일을 한다.

㉢ LAB(Intenet Architecture Board) : 인터넷의 구조발전에 관련된 기술적이고 정책적인 문제를 다루는 위원회로, RFC 문서의 출판과정을 관리(IETF가 실제적인 관리)하고 IETF의 활동을 검토한다.

㉣ IETF(Inernet Engineering Task Force) : 누구나 가입이 가능하다. 10개의 분야로 나누어지며 이 분야 안에 다양한 워킹그룹(필요에 의한 조직)들이 있다.

㉤ IRTF(Internet Reseach Task Force) : 컴퓨터 통신망에 대한 연구 또는 기술개발 등을 위한 조직으로 주로 이론적인 관점의 연구조직이다.

㉥ KNC(Korea Networking Cound) : 한국전산망협의회로 전산망간의 상호 연동 및 조정을 한다.

㉦ ANC(Academic Network Cound) : 학술전산망 협의회이다.

㉧ KRNIC(Korea Network Center) : 한국망정보센터로 국내 IP주소 할당, 도메인 등록망 정비 관리 등을 한다.

㉨ CERT - Korea(Computer Emergency Response Team) : 전산관련 보안위원회

프록시 서버
Proxy Server

클라이언트와 서버 사이에서 데이터를 중계해주는 서버

시스템에 방화벽을 가지고 있는 경우 외부와의 통신을 위해 만들어놓은 서버이다. 방화벽 안쪽에 있는 서버들의 외부 연결은 프록시 서버를 통해 이루어지며 연결 속도를 올리기 위해서 다른 서버로부터 목록을 캐시하는 시스템이다. 웹에서 프록시는 우선 가까운 지역에서 데이터를 찾고, 만일 그곳에 데이터가 없으면 데이터가 영구 보존되어 있는 멀리 떨어진 서버로부터 가져온다.

URL
Uniform Resource Locator

WWW 정보의 주소지정방식

WWW은 하이퍼텍스트 문서뿐만 아니라 FTP, Gopher, Usenet 등 인터넷에 존재하는 어떠한 형태의 정보라도 가져올 수 있다. 프로토콜 ://도메인 네임[:포트번호] / 경로명 / 파일명의 형식이다.

상식PLUS 프로토콜별 URL

서비스 종류	프로토콜 및 포트번호	형식 예
www	프로토콜 : http:// 기본 포트번호 : 80	http://www.dacom.net
telnet	프로토콜 : telnet:// 기본 포트번호 : 23	telnet://chollian.net
ftp	프로토콜 : ftp:// 기본 포트번호 : 21 사용자 ID와 비밀번호가 필요한 경우 : ftp://사용자ID : 비밀번호@서버주소	ftp://ftp.netscape.com
gopher	프로토콜 : gopher:// 기본 포트번호 : 70	gopher://gopher.kormet.net
news group	프로토콜 : news 기본 포트번호 : 119	news://news.kornet.net
e – mail	프로토콜 : mailto: 기본 포트번호 : 25	mailto:user_id@domain.name
file	file:///또는 없음	file:///c:/infor/index.htm

WWW
World Wide Web

분산 멀티미디어 하이퍼 시스템

인터넷에 존재하는 각종 형태의 문서 및 데이터를 통합적으로 연결하여 사용하는 시스템이다.

상식PLUS WWW 용어

㉠ 하이퍼미디어(Hypermedia) : 웹페이지에서 문서뿐만 아니라 사운드, 그래픽, 동영상 등 다른 형식의 데이터를 포함하고 있는 것

㉡ 하이퍼텍스트(Hypertext) : 특정 데이터 항목이 다른 문서와 링크관계를 가지고 있는 문서

㉢ 하이퍼링크(Hyperlink) : 하이퍼텍스트 문서 중 반전되어 있는 단어로 URL에 의해서 다른 문서로 지정해 놓은 것

㉣ HTML(Hypertext Markup Language) : 하이퍼텍스트 문서의 형태를 만들기 위해 태그 등을 이용하여 명령을 주는 언어

㉤ 북마크(Bookmark) : 인터넷상의 여러 사이트를 돌아다니다가 기억해 놓고 싶은 사이트를 보관하여 나중에 리스트에서 선택만 하면 바로 접속할 수 있게 하는 기능

㉥ 미러사이트(Mirror Site) : 거울이 되는 사이트로, 좋은 프로그램과 자료가 있는 사이트의 공개 자료를 다른 호스트에 복사해 두는 것

HTML
Hyper Text
Markup Language

하이퍼텍스트 문서의 형태를 만들기 위해 태그(TAG) 등을 이용하여 명령을 주는 언어

웹에서 사용되는 각각의 하이퍼텍스트 문서를 작성하는 데 사용되며, 우리가 인터넷에서 볼 수 있는 수많은 홈페이지들은 기본적으로 HTML이라는 언어를 사용하여 구현된 것이다.

상식PLUS⁺ HTML의 기본구성

```
〈HTML〉
        〈HEAD〉
                    〈TITLE〉 문서 제목 〈/TITLE〉
        〈/HEAD〉
        〈BODY〉
                    실제로 표시되는 문서의 내용
        〈/BODY〉
〈/HTML〉
```

71

HTTP
Hyper Text
Transfer Protocol

웹 서버와 사용자의 인터넷 브라우저 사이에 문서를 전송하기 위해 사용되는 통신 규약

마우스 클릭만으로 필요한 정보로 직접 이동할 수 있는 방식을 하이퍼 텍스트라고 하며, HTTP는 이 방식의 정보를 교환하기 위한 하나의 규칙으로, 웹사이트 중 HTTP로 시작되는 주소는 이런 규칙으로 하이퍼텍스트를 제공한다는 의미를 담고 있다.

그래픽 사용자 인터페이스
GUI :
Graphical User Interface

컴퓨터와 사용자 사이에 정보교환을 할 때 그래픽으로 작업하는 환경

시각적 이미지로 이해가 잘가는 아이콘으로 지정하여 사용자 명령으로 프로그램을 가동하거나 파일을 확인하는 환경을 의미한다. 사용자가 직관적으로 조작하는 방법을 이해할 수 있다.

운영체제
OS : Operating System

사용자에게 최대의 편리성을 제공하도록 하기 위한 사용자와 컴퓨터 하드웨어 간의 인터페이스를 담당하는 시스템 소프트웨어

사용자가 프로그램을 편리하고 효율적으로 수행할 수 있는 인터페이스 환경을 제공한다. 시스템 측면에서는 제한된 컴퓨터 하드웨어를 효율적으로 관리하여 시스템 성능을 극대화한다. 이를 위해 처리량 증대, 반응시간 단축, 사용가능성 증대, 신뢰성 향상 등을 목표로 설계되어야 한다. 동기화 및 프로세서 스케줄링을 관리하는 CPU관리, 메모리 할당 및 회수기능을 관리하는 기억 장치관리, 입·출력장치의 활용과 입·출력수행을 관리하는 주변장치 관리, 파일의 생성 및 소멸 등을 유지하고 관리파일 관리 기능이 있다.

> **상식PLUS** 운영체제 종류
>
> ㉠ PC운영체제 : 윈도우(Windows), 맥(MAC)
> ㉡ 모바일 운영체제 : 안드로이드(Android), OS(Operating System)
> ㉢ 서버 운영체제 : 유닉스(UNIX), 리눅스(LINUX), 윈도우서버(Windows Server)

74

유닉스
UNIX

TCP/IP 프로토콜을 기본으로 하는 네트워크 시스템

사용자와의 인터페이스가 간단한 대화형의 시분할 시스템이다. 복수의 프로세스를 동시에 수행할 수 있는 다중 사용자, 다중 프로세스 시스템이다. 계층적 파일구조를 사용하여 사용자 간 또는 그룹 간 디렉토리 및 파일 운용이 효과적이다. 고급언어인 C언어로 대부분 구성되어 높은 이식성과 확장성을 가지며, 모든 코드가 공개되어 있다. 시스템 구조로는 운영체제와 사용자 간의 인터페이스를 제공하는 부분으로, 명령을 입력받아 해석해 주는 명령어 해석기 쉘(Shell)과 운영체제에서 가장 핵심적인 기능을 담당하는 커널(Kernel), 유틸리티 프로그램(Utility Program)으로 구성되어있다. 파일구조는 부트 블록(Boot Block), 슈퍼 블록(Super Block), Inode 블록이 있다.

> **상식PLUS** 운영체제
>
> ㉠ 도스(DOS) 운영체제 : Tree 구조를 갖춘 디렉토리를 관리한다. 바이트 단위로의 파일을 관리한다. 입·출력 방향을 전환(I/O Redirection)한다. Pipe를 처리한다. Batch 처리명령을 실행한다. UNIX 호환 시스템을 호출한다. 디바이스 드라이버를 조합한다.
> ㉡ 윈도우즈(Windows) 운영체제 : 단일 사용자의 다중작업이 가능하다. GUI(Graphic User Interface) 환경을 제공한다. P&P를 지원하여 주변장치 인식이 용이하다. 긴 파일이름을 지원한다. OLE(개체 연결 및 포함) 기능을 지원한다.

75 ■■■■
리눅스
LINUX

1991년 리누스 토르발즈가 공개한 운영체제

개인 컴퓨터용 공개 운영체제로 대형 기종에서만 작동하는 운영체제인 유닉스를 개인용 컴퓨터에서도 작동할 수 있도록 만든 무료 운영 체계이다. 사용자가 원하는 방식으로 기능을 추가할 수 있고, 다양한 플랫폼에서 사용이 가능하다.

76 ■■■■
MAC OS
Macintosh Operating System

애플에서 1980년에 유닉스 기반으로 개발한 운영체제

애플에서 생산하는 아이맥, 맥북 등에서만 사용되는 운영체제이다. 매킨토시 OS로도 불렸고 그래픽 사용자 인터페이스를 제일 먼저 사용하여 주목을 받았다.

77 ■■■
스풀링
Spooling

입출력 장치가 독립적으로 작동하는 것

입력장치를 통해 가능한 많은 입력을 저장하거나 출력장치가 인쇄할 수 있는 상태가 될 때까지 출력을 저장할 수 있는 대용량 버퍼로, 디스크를 이용한 것이다. 버퍼링은 단 하나의 JOB을 계산처리하고 입·출력을 중복시킬 수 있으나 스풀링은 많은 JOB을 중복시킬 수 있다.

> **상식PLUS⁺ 버퍼링(Buffering)**
> 입·출력장치의 낮은 처리속도와 CPU의 처리속도의 차이를 조화시켜 최대한 유효시간을 없애기 위한 임시 기억 장치이다.

78 ■■■■
프로세스제어 블록
PCB : Process Control Block

프로세스에 대한 중요한 정보를 포함하고 있는 자료 구조

태스크제어 블록(Task Control Block), 작업제어 블록(Job Control Block), 프로세스 기술자(Process Descriptor)로 부르기도 한다. 프로세스에 대한 PCB의 정보는 보류, 준비, 실행, 대기, 중지 등의 프로세스의 현재 상태. 프로세스의 고유 식별자. 부모와 자식 프로세스에 대한 포인터. 프로세스가 다음에 실행할 명령어의 주소인 프로그램 카운터, 프로세스 스케쥴링 시 실행될 우선순위, 프로세스가 적재된 기억 장치의 주소에 대한 포인터, 프로세스에 할당된 자원에 대한 포인터, 누산기·인덱스 레지스터·스택 레지스터 등 범용 레지스터와 상태코드 정보, 경계 레지스터나 페이지 테이블 정보, CPU가 사용된 시간량, 시간의 범위, 계정번호, 작업 또는 프로세스 번호 등의 계정정보(회계정보), 입·출력 요구들, 입·출력장치들과 개방된 파일목록 등이 있다.

79

프로그래밍 언어
Programing Language

컴퓨터와 사람이 원활하게 소통할 수 있도록 만들어진 언어

하드웨어가 이해할 수 있도록 0과 1로 작성되는 기계어이다. 작성한 언어를 컴파일러나 인터프리터 등으로 기계어로 번역하여 컴퓨터가 이해할 수 있는 언어이다. 기계중심적인 언어인 저급언어로 기계어와 어셈블리어가 있고, 사람이 이해하기 쉬운 언어인 고급언어로 는 포트란, 파이썬, 자바, C, 포트란, 베이식 등이 있다.

종류	예시
인공지능 언어	LISP, PROLOG, SNOBOL 등
구조적 언어	PASCAL, Ada 등
객체지향 언어	Smalltalk, C++, JAVA 등
비주얼 프로그래밍언어	Visual BASIC, Visual C++, Delphi, Power Builder 등

상식PLUS 프로그래밍 언어의 종류

㉠ **자바(Java)** : 객체지향의 프로그래밍 언어로 썬 마이크로시스템즈 연구원들에 의해 개발되었으며 간략하고 네트워크 기능 구현이 용이한 객체지향 프로그래밍 언어이다. 객체지향 프로그래밍은 프로그램 작성 시, 각각의 역할을 가진 객체가 프로그램을 구성하는 것으로 비슷한 역할의 다른 프로그램을 할 경우 이전의 객체를 활용할 수 있다. 자바는 보안이 높고, 여러 기계에서 사용할 수 있다는 장점을 가진다.

㉡ **자바스크립트(JavaScript)** : 객체 기반의 스크립트 프로그래밍 언어이다. 웹 브라우저에 자주 사용되며 간단한 코딩을 짜는 것에 편리하나 보안에 취약하다. 오픈 소스가 다양하게 공유되어 있으며 별도의 컴파일 과정이 없어 처음에 배우기 좋다.

㉢ **파이썬(Python)** : 네덜란드 개발자가 개발한 프로그래밍 언어로 문법이 간결하고 표현구조와 사람의 사고체계와 유사하여 초보자도 쉽게 배울 수 있다. 독립적인 플랫폼으로 다양한 플랫폼에서 사용이 가능하다.

㉣ **C언어** : 시스템 기술용 프로그래밍 언어로 벨 연구소에서 개발한 시스템 언어이다. 컴퓨터 구조에 맞는 기초 기술이 가능하며 간결한 표기를 가지는 것이 특징이다. 안드로이드나 IOS의 운영체제에 사용되었다.

㉤ **C++언어** : C언어를 객체지향 프로그래밍 언어로 지원하기 위한 언어로 자료 은닉과 재사용성, 다양성 등의 특징이 있다.

신택스
Syntax

언어의 구성 요소들을 결합하여 다른 요소를 만드는 방법을 설명한 것

언어의 신택스는 대부분 문맥무관형 문법으로써 정의한다. 단어, 토큰(예약서, 상수, 특수 기호, 식별자로 구성)의 구조를 뜻한다. 자유포맷언어, 고정포맷언어가 있다.

주석문
Annotation

프로그래밍 언어를 작성할 때 정보 제공을 위해 사용하는 문장

코딩을 작성하다가 존재하는 난해하거나 어려운 문장을 쉽게 풀어서 쓴 설명이다. 복잡한 프로그램에 들어가는 다양한 변수와 함수를 혼동하지 않게 하기위해서 주석문을 작성한다. 실제 프로그램을 주지 않고 코드를 설명하는 목적만을 가진 것으로 C언어 프로그램에서는 '/*'와 '*/' 사이에 문장을 쓰고, 한 줄일 경우에는 '//' 뒤에 글을 써주면 주석문으로 인식한다.

82

컴파일러
Compiler

고급언어로 쓰인 프로그램을 즉시 실행될 수 있는 형태의 프로그램으로 바꾸어 주는 번역 프로그램

고급언어로 쓰인 프로그램이 컴퓨터에서 수행되기 위해서는 컴퓨터가 직접 이해할 수 있는 언어로 바꾸어 주어야 하는데 이러한 일을 하는 프로그램을 컴파일러라고 한다. 예를 들어, 원시언어가 파스칼(Pascal)이나 코볼(Cobol)과 같은 고급언어이고 목적언어가 어셈블리 언어나 기계어일 경우, 이를 번역해 주는 프로그램을 컴파일러라고 한다.

트랜잭션
Transaction

데이터 베이스의 상태를 일관적 상태로 유지하기 위한 동시성 제어 및 회복의 기본 단위

어느 한 사용자가 제기하는 조작명령의 집단을 하나의 트랜잭션이라고 부른다. SQL(Structured Query Language)로 표현된다. 작업을 수행하기 위해서 필요한 데이터 베이스의 연산을 수집한 것으로, 논리적인 작업단위이다. 장애가 발생하면 데이터를 복구하는 작업도 진행한다.

84

로킹기법
Locking

직렬성 보장의 한 방법으로 데이터 항목의 액세스를 상호 배타적으로 하는 기법

한 트랜잭션이 액세스하는 동안 다른 트랜잭션이 데이터 항목에 대한 로크를 소유한 경우에만 액세스가 가능하다. 공유 형태로는 트랜잭션 T가 항목 Q에 공유 형태의 로크를 얻으면(S로 표기), T는 항목 Q를 읽을 수는 있으나 쓸 수는 없다. 배타 형태로는 트랜잭션 T가 항목 Q에 배타 형태의 로크를 얻으면(X로 표기), T는 항목 Q를 읽고 쓸 수 있다.

> **상식PLUS⁺ 두 단계 로킹규약**
> ㉠ 요청 단계 : 로크를 얻을 수는 있으나 반납될 수 없다.
> ㉡ 반납 단계 : 로크를 반납할 수는 있으나 얻을 수 없다.

객체지향 설계 5원칙(SOLID)

객체지향적으로 설계하기 위한 다섯 가지 원칙

SRP(단일 책임원칙)인 하나의 클래스는 하나의 방법만을 가지므로 수정의 이유는 한 가지라는 원칙이다. OCP(개방 폐쇄원칙)인 수정할 때는 폐쇄하고 확장할 때는 개방해야 하는 원칙이다. LSP(리스코프 치환원칙)인 상속을 할 때 IS)A 관계 성립을 지켜야 하는 원칙이다. ISP(인터페이스 분리원칙)인 노출된 인터페이스가 사용자에 따라 다르게 제공되어야 하는 원칙이다. DIP(의존성 역전원칙)인 사용되고 있는 인터페이스가 변경되면 사용하는 인터페이스의 변경부분도 확인이 필요한 의존성을 가진다는 원칙이다.

86 ■■■■
프레임워크
Framework

개발을 수월하게 하기 위한 협업 형태로 제공되는 소프트웨어 플랫폼

소프트웨어 애플리케이션을 개발할 때 기능의 설계와 구현이 수월하게 가능하도록 한 소프트웨어이다. 개발·실행·테스트·운영 환경을 지원하여 개발기간을 단축할 수 있다. 소프트웨어의 프레임워크는 프로그램, 코드 라이브러리, 컴파일러, API 등이 있다.

87 ■■■□
통합개발환경
IDE : Integrated Development Environment

프로그램 개발에 관련된 코팅, 디버깅, 컴파일, 배포 등과 같은 모든 작업을 한 번에 처리하도록 만든 개발용 소프트웨어

별도의 소프트웨어 환경을 하나로 묶어 제공하는 대화형 인터페이스 기반 소프트웨어이다. 비주얼 스튜디어, 이클립스, Xcode 등이 있다. 통합개발환경에 구성 요소로는 코드 입력·편집을 하는 편집기, 작성코드를 기계가 인식 가능한 코드로 변환하기 위한 빌드도구, 프로그램 실행오류를 찾아내는 디버거, 협업을 위한 프로젝트 관리가 있다.

88 ■■■■
CI
Continuous Integration

지속적인 코드 통합

지속적으로 코드를 통합하여 애플리케이션 품질을 유지하는 것을 의미한다. 새로운 코드 변경 사항이 중앙 저장소에 주기적으로 병합하는 방식으로 여러 명의 개발자가 동시에 애플리케이션 개발을 할 때 충돌문제를 해결할 수 있다. CI를 수행을 위해서 CI서버, 소스 코드 저장소, 빌드 스크립트 세트, 빌드된 아티팩트용 테스트 스윗트가 있어야 한다.

> **상식PLUS⁺** CD(Continuous Delivery)
> 지속적인 서비스 제공·배포를 의미한다. 소프트웨어 신뢰도 유지를 위해서 지속적으로 서비스를 제공하며 관리하는 것을 의미한다.

89

리팩토링
Refactoring

결과를 변경하지 않고 프로그램 내부의 코드의 구조를 새로 개선하는 것

외부 기능 수정 없이 내부구조를 단순화하여 소프트웨어의 품질을 높이는 것으로 외부 프로그램 동작 변화 없이 내부구조가 개선되는 것을 의미한다. 오류 발견과 디버깅을 용이하게 하고 복잡한 코드를 가독성 높게 할 수 있다.

> **상식PLUS** 리팩토링 기법(Refactoring)
> 메소드 정리(Extract Method, Replace Parameter with Method), 메소드 추출(Extract Class, Extract Subclass, Extract Interface), 이름변경(Rename Method), 추측성 일반화(Inline Method, Collapse Hierarchy), 중복(Replace Magic Number with Symbolic Constant, Pull Up Field, Pull Up Method)

90

코드스멜
Code Smell

가독성이 떨어지는 코드

코드스멜에는 다양한 종류가 있다. 중복적으로 코드가 있는 경우, 메소드 내부가 긴 경우, 매개변수 개수가 많은 경우, 2가지 이유로 클래스가 수정되는 경우, 동시에 여러 클래스를 수정하는 경우, 데이터가 합쳐지지 않은 경우, 클래스를 만들지 않고 기본 타입만 사용한 경우, Switch문을 사용한 경우, 클래스의 역할이 없는 경우, 확장을 예상하고 사용하지 않는 클래스가 있는 경우, 클래스 인터페이스가 일치하지 않는 경우, 기존 라이브러리 클래스가 불완전하여 사용이 어려운 경우, 하위클래스가 평행상속을 하지 않는 경우, 코드의 주석이 자세한 경우 등이 코드스멜의 종류이다.

형상관리
Configuration Management

시스템의 형상요소를 기능적·물리적으로 변경사항을 관리하기 위해 기록·보고하고 검정하는 것

형상(Configuration)은 개발 과정에서 프로그램 설명 문서, 데이터 등을 의미한다. 개발된 형상을 체계적으로 관리하는 기법이다. 형상을 식별, 컨트롤, 감사, 기록하여 운영자는 효과적인 관리의 기준을 얻고 개발자는 관리가 용이하다.

> **상식PLUS** TFS(Team Foundation Server)
> 유명한 것은 마이크로소프트 제품의 비주얼 스튜디오로 C++와 C# 언어로 되어있다. 소스 코드 관리, 보고, 요구사항 관리 등의 다양한 관리기능을 가지고 있다.

92 ■■□

데이터처리 시스템
Data(Document) Processing System

데이터를 처리해주는 시스템

데이터를 편리하게 접근하기 위해 입력, 처리, 출력, 통신 등의 업무를 수행하는 것을 의미한다. 데이터처리 유형작업 준비시간을 줄이기 위해 처리할 여러 개의 작업들을 일정 기간 또는 일정량이 될 때까지 모아 두었다가 한꺼번에 처리하는 방식의 시스템이다.

> **상식PLUS** 데이터처리 시스템 종류
> ㉠ **온라인처리시스템** : 사용자가 운영체제나 프로그램에 직접 명령을 주고 즉시 응답을 받을 수 있는 시스템이다.
> ㉡ **분산처리시스템** : 지역적으로 분산된 여러 컴퓨터에 기능을 분담시킨 후, 통신망을 통하여 상호 간에 교신하여 처리하는 방식의 시스템이다.
> ㉢ **다중 프로그래밍 시스템** : 하나의 CPU를 이용하여 여러 개의 프로그램을 실행 시킴으로써 짧은 시간에 많은 작업을 수행할 수 있게 하여 시스템의 효율을 높여 주는 방식의 시스템이다.
> ㉣ **시분할 시스템** : 다중 프로그래밍의 변형된 형태로, 각 작업에 CPU에 대한 일정 시간을 할당하여 주어진 시간 동안 직접 컴퓨터와 대화형식으로 프로그램을 수행할 수 있도록 개발된 시스템이다.
> ㉤ **분산처리시스템** : 여러 개의 CPU를 사용하여 기억 장치를 공유하며, 다중작업을 구현한 시스템이다.
> ㉥ **실시간 시스템** : 단말기나 제어대상으로부터 처리요구자료가 발생할 때마다 즉시 처리하여 그 요구에 응답하는 방식의 시스템이다.

93 ■■■

코덱
Codec

음성 또는 영상의 신호를 디지털 신호로 변환하는 코더와 그 반대로 변환시켜 주는 디코더의 기능을 함께 갖춘 기술

음성이나 비디오 데이터를 컴퓨터가 처리할 수 있게 디지털로 바꿔 주고, 그 데이터를 컴퓨터 사용자가 알 수 있게 모니터에 본래대로 재생시켜 주는 소프트웨어이다. 동영상처럼 용량이 큰 파일을 작게 묶어주고 이를 다시 본래대로 재생할 수 있게 해준다. 파일을 작게 해주는 것을 인코딩(Encoding), 본래대로 재생하는 것을 디코딩(Decoding)이라고 한다. 또 데이터 압축 기능을 사용하여 압축하거나 압축을 푸는 소프트웨어도 코덱에 포함된다.

> **상식PLUS** 코덱 종류
> ㉠ **동영상 코덱** : MPEG(MPEG1, MPEG2, MPEg4)을 비롯하여 인텔의 Indeo, DivX, Xvid, H.264, WMV, RM, Cinepak, MOV, ASF, RA, XDM, RLE 등
> ㉡ **오디오 코덱** : MP3, AC3, AAC, OGG, WMA, FLAC, DTS 등
> ㉢ **압축 코덱** : 알집, 반디집, Filzip, 7 – Zip, WinRAR, WinZIP 등

94

알고리즘
Algorithm

문제해결을 위한 단계적으로 처리하는 절차 · 방법 · 명령어

알고리즘 수행을 위해 자료를 입력(Input)하면 업무가 수행되어 출력(Output)이 된다. 알고리즘을 처리할 때 명령어를 명확하게 입력해야 하는 명확성과 수행 후 종료되어야 하는 유한성, 실행이 가능해야 하는 효과성의 조건을 가진다. 데이터를 상태에 맞게 정렬하는 정렬 알고리즘과 데이터 집합에서 원하는 것을 찾는 검색 알고리즘, 그래프 정점에 들어가 처리하는 그래프 탐색 알고리즘이 있다.

상식PLUS 알고리즘 수행

㉠ 알고리즘 분석 기준 : 정확성, 작업량, 기억장소 사용량, 최적성, 단순성
㉡ 알고리즘 표현 방법 : 자연어, 순서도, 가상 코드, 프로그래밍 언어

플로우차트
Flowchart

컴퓨터로 처리해야 하는 작업 절차를 약속된 기호로 표시한 그림으로 알기 쉽게 나타낸 것

기호	의미	기호	의미
	터미널		정의된 처리
	처리기호		조합
	판단기호		정렬
	준비기호		발췌
	입 · 출력기호		병합
	콘솔		자기테이프
	온라인기억		자기디스크
	서류		자기드럼
	영상표시		결합자

96 ■■■
스택
Stack

1차원 배열 STACK(1 : n)에 나타낼 수 있는 순서리스트 또는 선형리스트의 형태로서 가장 나중에 저장한 데이터를 먼저 꺼내는 후입선출(LIFO : Last In First Out) 알고리즘을 갖는 주기억 장치나 레지스터 일부를 할당하여 사용하는 임시기억 장치

프로그램 실행 시 함수호출을 처리하기 위한 특별한 스택이다. 함수호출 시 프로그램은 활성레코드 또는 스택프레임이라는 구조를 생성하고 이것을 시스템스택의 톱(TOP)에 둔다. 초기에 호출된 함수의 활성레코드는 이전의 스택프레임에 포인터와 복귀주소를 가지고 있는데, 스택프레임 포인터는 호출한 함수의 스택프레임을 가리키고, 복귀주소는 함수가 종료된 후에 실행되어야 할 문장위치를 가리키고 있다.

97 ■■■
스택방식 언어
Stack Based Language

메모리 사용형태가 예측가능한 후입선출방식

실행시간 스택(Run Time Stack)으로 메모리를 할당한다. 메모리 필요량을 계산할 수 없는 프로그램도 사용이 가능하다. ALGOL60형 언어가 있다.

> **상식PLUS⁺ 정적 언어와 동적 언어**
> ㉠ 정적 언어(Static Language) : 메모리 할당이 실행 이전에 이루어진다. 환(Recursion)을 사용할 수 없다. FORTRAN, COBOL이 있다.
> ㉡ 동적 언어(Dynamic Language) : 메모리 사용형태를 미리 예측할 수 없다. 스택에 의한 메모리 할당이 불가능하다. LISP, PROLOG, APL, SNOBOL 4가 있다.

98 ■■■
오픈스택
Openstack

오픈 소스 클라우드 기술로 IaaS에 초점이 맞춰진 기술

2010년에 개발된 오픈스택 기술은 나사와 랙스페이스 기업에서 제작한 표준화된 하드웨어에서 사용이 가능한 오픈 소스 클라우드 기술이다. 오픈스택 파운데이션에서 관리하고 있는 이 기술은 IaaS를 구축하기 쉬운 플랫폼 중에 하나이다. 가상화 컴퓨팅 기술, 개인 데이터 저장 기술, 통신 기술 등을 제공하여 확장성과 모듈성의 장점을 지니고 있다. 업데이트 주기가 잦아 안정성이 떨어진다.

99

트리
Tree

기억장소 할당, 정렬, 검색에 응용하는 비선형 구조

트리는 각 노드 사이에 사이클이 형성되지 않고, 루트 노드라고 하는 한 정점에서 계속 가지를 치는 형식을 갖고 있다. T의 원소 가운데 루트 노드라고 하는 특정한 한 개의 노드가 존재하거나 루트 노드를 제외한 나머지 노드들은 n개(n≥0)의 서로 분리된 부분집합 T1, T2, T3, …, Tn으로 나누어지며, 각 Ti 는 트리가 되는 한 개 이상의 노드를 갖는 유한집합 T이다.

> **상식PLUS⁺ 트리의 용어**
> ㉠ 노드(Node) : 한 정보 아이템과 이것으로부터 다른 아이템으로 뻗어진 가지의 합이다.
> ㉡ 차수(Degree) : 한 노드에서 분기되는 노드의 가지수이다.
> ㉢ 트리의 차수(Degree of Tree) : 트리 내 노드 차수 중 최대 차수이다.
> ㉣ 노드의 레벨(Level of Node) : 루트의 레벨을 1로 가정한 후 자식 노드에서 1씩 증가한다.
> ㉤ 단말 노드(리프, Terminal Node) : 차수가 0인 노드이다.

코드
Code

배열하기 위해서 사용하는 숫자, 문자 또는 기호로서 분류, 배열 등이 용이하도록 사용하는 기능

데이터의 체계화, 정보처리시스템의 효율성 증대, 데이터의 호환성을 위한 표준화를 위해 필요하며 식별·배열·분류 3대 기능을 가지고 있다. 코드를 작성할 때는 최소의 자릿수를 지켜야 한다. 하나의 코드화 대상 항목에는 하나의 코드를 부여하는 고유성과 어느 하나의 분류기준에 따라 처리되는 경우 그 분류기준을 적용하여 분류의 편리성을 가져야 한다. 데이터가 증감하는 경우 이의 추가나 삭제가 용이해야 한다. 기계 처리의 용이성을 위해 입·출력이 쉬워야 하고, 컴퓨터 처리가 쉬워야 한다. 쉽게 이해할 수 있고, 기억하기 편리해야 한다.

> **상식PLUS⁺ 코드의 종류**
> ㉠ 순차코드(Sequential Code) : 코드대상에 대하여 데이터의 발생 순으로 코드를 부여하는 방식으로 변동 사항의 항목이나 다른 코드의 보조항목으로 사용된다.
> ㉡ 블록코드(Block Code) : 공통 특성이 있는 것끼리 묶어 임의의 블록으로 구분하여 블록 내에서 차례대로 일련번호를 부여한다.
> ㉢ 그룹분류코드(Group Classification Code) : 코드화 대상 항목을 각각 독립시켜 분류하여 각 집단 내에서 차례대로 일련번호를 부여한다. 분류기준을 명확하게 하여 기계처리에 용이하다.
> ㉣ 유효숫자코드(Significant Digit Code) : 코드화 대상항목의 속성 등을 숫자 그대로 사용하여 코드화한다. 코드의 판독과 추가가 용이하다.
> ㉤ 10진 코드(Decimal Code) : 도서정리의 목적에서 발달한 것으로 왼쪽과 오른쪽부분으로 분리되어 있다.
> ㉥ 연상기호코드(Mnemonic Code) : 코드화 대상 항목과 관계있는 문자 또는 숫자를 조합하여 표현하는 코드로 항목의 수가 각각 다른 경우에 적합하다.
> ㉦ 약자식코드(略字式 Code) : 관습이나 제도상 널리 사용되고 있는 문자를 약자로 코드화한 것이다.

큐
Queue

한쪽 끝에서 삭제가 일어나고 한쪽 끝에서 삽입이 되는 선입선출(FIFO : First In First Out) 알고리즘을 가지는 선형 리스트

큐의 항목(Item) 삽입 · 삭제 알고리즘을 수행하면 큐가 오른쪽으로 움직여감을 알 수 있는 순차큐의 연산과 삽입, 삭제를 위해 모듈로 연산자를 사용하며 순차큐의 단점을 보완한 효과적인 큐의 표현방법으로 1차원 배열 $Q(1:n)$을 원형으로 생각하는 원형큐가 있다. 큐의 적용분야는 작업 스케줄링(디스크의 일정 영역을 큐로 정하고 입력된 순서대로 프로그램을 실행하도록 하는 것), 버퍼 등 QUEUE FULL의 최악의 경우의 연산시간은 $O(n)$이다.

102

XML
eXtensible
Markup Language

HTML을 개선하여 만든 확장성 생성 언어

레바논 출신 유리 루빈스키가 HTML의 장애인 사용에 불편한 단점과 SGML의 복잡함을 해결하기 위해 발표한 인터넷 언어이다. HTML과 SGML가 장점을 최대한 수용하여 간편하게 만들어 졌다. 웹과 애플리케이션에서 개방적으로 사용이 가능하다. 자신만의 태그를 다양하게 생성하는 확장성이 있고 데이터가 사람과 기계가 쉽게 이해할 수 있는 구조로 되어있다. 다양한 포맷으로 변환이 가능하여 전자상거래, EDI(전자문서교환) 등에 활발하게 사용된다. 유니코드로 여러 국가의 언어를 지원한다.

> **상식PLUS** SGML(Standard Generalized Markup Language)
> 전자문서가 다양한 시스템 환경에서 사용할 수 있도록 한 문서처리의 표준이다. 국제표준화기구(ISO)에서 정한 문서처리표준이며 1986년 최초 공개되었다.

103

SQL
Structured
Query Language

데이터 베이스로부터 정보를 요청할 때 사용하는 구조화가 된 질의 언어

데이터 정의 · 조작 · 제작 기능에 관련된 명령을 모두 포함한 언어로 IBM 산호세 연구소에서 개발하였다. 1986년 11월 RDB에서 표준으로 규격화되고 있다. 관계 매핑을 기초로 한 대표언어로 입력한 테이블에서 원하는 출력을 매핑시키는 언어이다. SQL은 SELECT, UPDATE, DELETE, INSERT의 4개의 DML문장을 제공한다. 'SELECT(필드들) FROM (테이블) WHERE(명시된 조건 만족)'의 형식으로 작성하는 단순질의와 조건이 반드시 동등(=)일 필요는 없지만 연산자가 동등일 때, 이퀴조인(Equi Join)이라고하는 조인질의가 있다.

104 ■■■□
데이터 베이스
Data Base

데이터를 통합·운영·저장·공유를 하는 데이터 집합을 의미

중복적으로 공유가 되는 데이터를 한 곳에 모아 최소한의 중복을 위해 관리하는 상태이다. 여러 명의 사용자가 동시에 데이터 내용에 접근·확인하여 계속해서 변화할 수 있는 특징이 있다.

> **상식PLUS⁺ 데이터 베이스 유형**
> ㉠ 관계형 데이터 베이스(RDB : Relational Data Base) : 1970년대 E.F Codd에 의해서 만들어진 관계형 데이터 모델을 기반으로 한 데이터 베이스이다. Oracle, SQL 등이 있다. 간단하게 정보를 저장할 수 있고 질의어만 익히면 누구나 쉽게 검색이 가능하다.
> ㉡ 객체지향 데이터 베이스(OODB : Object Database) : 정보를 객체지향 프로그래밍(OOP) 기술로 저장한 데이터 베이스로 ObjectStore, O2, Uni - SQL 등이 있다. 비정형된 복합적인 정보들의 모델링이 가능하다.
> ㉢ 계층형 데이터 베이스(Hierarchical Database) : 상하 종속적인 관계의 트리 형태로 계층적으로 데이터 베이스를 저장하는 것으로 가장 오래된 데이터 베이스이다.
> ㉣ 네트워크형(망형) 데이터 베이스(Network - Type Data Base) : 계층형 데이터 베이스의 트리형태를 네트워크 형태로 저장하는 데이터 베이스이다.

105 ■■■■
스키마
Schema

데이터 개체, 속성, 이들 간의 관계, 데이터 값들이 갖는 제약조건에 관한 정의 총칭

스키마는 세 가지로 분류할 수 있다. 외부스키마는 서브스키마, 뷰라고도 한다. 데이터 베이스의 외적인 한 단면을 표현하며, 전체 데이터 베이스의 한 논리적 부분이다. 개념스키마는 기관이나 조직 입장에서 본 데이터 베이스 전체적 구조이며 내부스키마는 물리적 저장장치의 면에서 본 데이터 베이스 전체 구조이다.

106 ■■■■
데이터 정의 언어
DDL :
Data Definition Language

데이터 베이스 스키마를 정의하는 언어

컴파일 결과는 데이터 사전 파일에 저장한다. 데이터에 관한 데이터인 메타데이터를 포함한 파일로서, 실제의 데이터가 데이터 베이스 시스템에서 읽혀지거나 수정되기 전에 참조된다.

107 ■■■■
데이터 조작 언어
DML :
Data Manipulation Language

사용자로 하여금 데이터를 액세스하거나 조작하는 언어

절차식은 필요한 데이터를 어떻게 구하는지를 명시한다. 비절차식은 필요한 데이터만을 명시하고 어떻게 구하는지는 명시하지 않는다. 비절차식은 절차식보다 배우고 사용하기는 쉽지만 비효율적인 코드를 만들 수 있다. 질의어는 데이터 조작 언어에서 정보의 검색에 관여하는 부분으로 질의어와 데이터 조작언어를 같은 의미로 사용하는 것이 보통이다.

108 ■■■
DBMS
Data Base
Management System

데이터를 저장(정의), 조작, 제어하는 기능을 갖고 데이터 베이스에 대한 일반적인 데이터 모델을 제공하는 기능

DBMS는 외부스키마 → 대응하는 외부와 개념스키마의 접속 → 개념스키마 → 개념과 내부접속 → 기억장소의 구성·정의 순으로 검토한다. 저장된 데이터 베이스에 필수적인 연산을 수행한다. 관계 데이터 베이스를 액세스할 수 있고 갱신 연산을 수행하는 관리시스템을 관계 DBMS라 한다. DBMS의 표준 구성 요소는 데이터 정의언어(DDL), 데이터 조작언어(DML), 질의어와 보고서 작성기 및 그래픽 생성기, 주 언어 접속(Host Language Interface), 데이터 사전이 있다.

109 ■■■
데이터 베이스 관리자
DBA :
Data Base Administrator

DBA는 데이터 베이스를 여러 사람이 사용할 수 있도록 관리하고 제어하는 관리자

여러 사용자(응용 프로그램)가 필요로 하는 정보에 대한 요건을 결정하며, 그들이 필요로 하는 뷰를 제공하는 일을 한다. 사용자(응용 프로그램)와 대화를 하며 사용자와 시스템 분석가나 프로그래머 사이의 중재자 역할을 담당한다. DBA의 특정 임무는 설계, 관리, 운용 및 통제, 성능측정 등으로 나눌 수 있다.

110 ■■■
ORM
Object Relational Mapping

객체지향 프로그래밍의 객체와 데이터 베이스 간의 데이터를 매핑하는 기술

가상의 객체지향 데이터 베이스를 데이터와 연결하는 것으로 재사용과 유지 보수에 용이하다. SQL을 직접 입력하지 않아도 되어 간단하게 조작이 가능한 편이다. ORM을 구현하기 위한 프레임워크는 JAVA, C++, 파이썬, iOS, PHP, .net 등이 있다.

111 ■■■
대체키
Alternate Key

기본키를 제외한 후보키들

R에 대한 애트리뷰트 집합 A의 부분집합을 후보키라 한다. 후보키 중에서 선정한 키로서 언제 어느 때고 널이 될 수 없는 키는 기본키이고 유일성을 갖는 애트리뷰트 집합은 슈퍼키이다. 릴레이션 R1에 속한 애트리뷰트의 외래키가 참조 릴레이션 R2의 기본키인 것을 외래키라 한다. 기본키와 외래키는 무결성의 제약이 있다. 기본키 값은 널 값을 가질 수 없는 개체무결성, 외래키 값은 널이거나 참조 릴레이션에 있는 기본키 값과 같아야 하는 참조무결성, 애트리뷰트가 가질 수 있는 값은 범위가 존재하는 도메인 무결성이 있다.

무결성
Integrity

112■■■

데이터 베이스에 저장된 데이터 값이 정확하고 일관성 있게 유지되어 일치함을 보증하는 것

데이터를 보호하기 위해 항상 정확한 데이터를 보호하는 것을 익미한다. 여러 가지 제한을 설정하여 데이터의 정확성을 보증하는 것이다.

> **상식PLUS⁺ 무결성 종류**
> ㉠ 개체 무결성(Entity Integrity) : 기본키 값은 널 값을 가질 수 없다
> ㉡ 도메인 무결성(Domain Integrity) : 애트리뷰트가 가질 수 있는 값은 범위가 존재한다.
> ㉢ 참조 무결성(Referential Integrity) : 외래키 값은 널이거나 참조 릴레이션에 있는 기본키 값과 같아야 한다.
> ㉣ 사용자 정의 무결성(User Defined Integrity) : 속성 값이 사용자가 정의한 규칙에 만족해야 한다.

릴레이션
Relation

113 ■■■

일반적으로 릴레이션이 갖고 있는 어떤 속성의 부분집합의 값은 그 릴레이션의 튜플을 유일하게 식별

하나의 키값으로 하나의 튜플을 유일하게 식별한다. 키를 구성하는 속성 하나를 제거하면 유일한 식별성이 파괴된다. 기본 키는 한 릴레이션의 튜플에서 정의되지 않은 값을 가질 수 없으나 다른 키나 속성들은 정의되지 않은 값을 가질 수 있다. 파일과 레코드를 릴레이션으로 표현할 수 있으나 일반적인 파일과 릴레이션은 실행되는 연산이 다르기 때문에 구별해야 한다. 릴레이션은 영역에 대한 교차곱의 부분집합이며, 수학적 관계와는 달리 시간에 따라 변한다.

> **상식PLUS⁺ 릴레이션의 구성**
> ㉠ 릴레이션 스킴(릴레이션 타입) : 릴레이션 이름과 애트리뷰트 이름으로 구성된 R의 내포이다. 시간에 무관한 정적 성질을 가지고 있다.
> ㉡ 릴레이션 인스턴스(릴레이션 값) : R의 외연, 즉 어느 한 시점에 릴레이션 R이 포함하고 있는 튜플들의 집합이다. 삽입, 삭제, 갱신 연산을 통해 시간에 따라 변화하는 동적 성질을 가지고 있다.

고가용성
HA : High Availability

114 ■■■

끊임없이 정보시스템에서 서비스를 제공하는 것

오랜 시간 동안 지속적으로 사용할 수 있는 가용성을 의미한다. 고가용성의 기준은 1년에 서비스 중단기간이 5분 15초 이하를 나타내는 99.999%(파이프 나인)이다. 장애를 대비하기 위해 클러스터링을 이용하여 시스템을 두 개 이상으로 작업한다.

115

HIPO 기법
Hiearchy Plus
Input Process Output

HIPO는 입력 처리 출력관계를 시각적으로 기술하고 문서화의 도구 및 설계도구방법을 제공하는 기법

문서가 체계화되며 구상에 도움을 주기 쉽고 알기 쉬워 변경 유지 보수를 용이하게 한다. 소규모 시스템 개발에만 유용하다.

> **상식PLUS⁺ IPT(Improved Programming Technologies)**
>
> IPT는 향상된 프로그래밍 기법을 의미한다. 효율적이고 신뢰성이 높은 프로그램 개발을 위해 사용되는 각종 기법을 총칭한다. 소프트웨어 개발시 생산성 향상과 품질개선을 위한 공학적 기법이다.

클라우드 컴퓨팅
Cloud Computing

2020 | 농협은행 2019 | 농협은행 2018 | 기업은행

서로 다른 물리적인 위치에 존재하는 컴퓨터들의 리소스를 가상화 기술로 통합·제공하는 기술

소프트웨어(Software) 등의 IT자원을 필요한 때 필요한 만큼 빌려 쓰고 이에 대한 사용요금을 지급하는 방식의 서비스이다. 클라우드 컴퓨팅은 높은 이용편리성으로 산업적 파급효과가 커서 차세대 인터넷 서비스로 두각을 나타내고 있다.

> **상식PLUS⁺ 클라우드 컴퓨팅 필요기술**
>
> 가상화 기술, 대규모 분산처리, 오픈 인터페이스, 서비스 프로비저닝, 자원 유틸리티, 서비스 수준관리(SLA), 보안·프라이버시, 다중 공유모델

하둡
Hadoop

대용량 데이터처리 기술

High Availability Distributed Object Oriented Platform의 약자로 빅데이터를 효율적으로 다루기 위한 분산시스템으로 여러 개의 서버를 하나에 연결하여 처리하는 자바기반의 프레임워크이다.

> **상식PLUS⁺ 하둡 지원프로그램**
>
> ㉠ 스트리밍 데이터 수집 : Flume, Scribe, Chuckwa
> ㉡ 정형 데이터 수집 : Sqoop, Hiho
> ㉢ 분산 데이터 베이스 : Hbase, Cassandra
> ㉣ 실시간 SQL 질의 : Impala

클라우드 서비스
SaaS, IaaS, PaaP

각종 자료를 내부 저장공간이 아닌 외부 클라우드 서버에 저장한 뒤 다운로드 받는 서비스

인터넷으로 연결된 초대형 고성능 컴퓨터에 소프트웨어와 콘텐츠를 저장해 두고 필요할 때마다 꺼내 쓸 수 있는 서비스다. 사용자가 스마트폰이나 PC등을 통해 문서, 음악, 동영상 등 다양한 콘텐츠를 편리하게 이용할 수 있지만 인터넷 케이블이 끊어지면 국가적 '정보 블랙아웃' 상태가 올 우려가 있다고 전문가들은 지적하고 있다.

상식PLUS 클라우드 서비스 종류

ㄱ SaaS(Software as a Service) : 제공자가 소유하고 운영하는 소프트웨어를 웹 브라우저 등으로 통해 사용하는 서비스이다.

ㄴ IaaS(Infrastructure as a Service) : 응용서버, 웹 서버 등을 운영하기 위해서는 기존의 하드웨어 서버, 네트워크, 저장장치, 전력 등의 여러 가지 인프라가 필요하다.

ㄷ PaaP(Platform as a Service) : 개발자가 개발환경을 위한 별도의 하드웨어, 소프트웨어 등의 구축비용이 들지 않도록 개발, 구축하고 실행하는 데 필요한 환경을 제공하는 서비스이다.

ㄹ AIaaS(AI as a Service) : 인공지능(AI)을 클라우드에서 구현하여 재현되는 서비스이다. 중앙 서버에서 플랫폼을 구현할 수 있고 사용자에게 편의성을 제공한다. 사용한만큼 지급하는 운영 효율성과 쉽게 접근할 수 있다.

119

하이퍼바이저
Hypervisor

여러 개의 운영체제를 동시에 효과적으로 실행하기 위한 플랫폼

인터넷에서 여러 운영체제를 통제하기 위한 소프트웨어로 다수의 운영체제를 동시에 작동시킨다. 가상화 엔진의 한 종류로 가상화 머신 모니터(Virtual Machine Monitor)의 약자인 VMM라고도 부른다. CPU와 운영체제의 중간웨어로 사용된다.

아두이노
Arduino

마이크로 컨트롤러 보드를 기반으로 인터랙티브 객체들과 디지털 장치를 개발하기 위한 도구

2005년 이탈리아에서 마시모 반지 교수와 데이비드 쿠아르디에스 교수가 만든 것으로 스위치나 센서를 통해 들어온 입력값을 출력하여 상호작용이 가능한 물건을 만들어낼 수 있다. 마이크로 컨트롤러 플랫폼에 비해 저렴하며 다양한 운영체제에서 작동이 가능하고, 초보자 사용이 쉽고 다양한 시도가 가능한 유연성이 있다. 오픈 소스로 2013년에는 70만 개 이상의 공식 보드를 사용할 수 있었다. 아두이노 통합 개발 환경에서 소스 코드를 작성·편집·업로드 기능이 가능하다.

121 ■■■□

초고속 디지털 가입자 회선

VDSL :
Very High – Data
Rate Digital
Subscriber Line

초고속 디지털 전송기술의 일종

ADSL(비대칭디지털가입자 회선)에 이어 등장한 디지털 전송기술 중에 하나이다. 한국에서는 2002년부터 상용화되어 사용되었다. 전화선을 이용하여 초고속으로 다량의 데이터를 양방향으로 전송하는 인터넷 서비스를 의미한다. 기존 전화선을 이용하는 특징이 있고 비대칭형과 대칭형 종류가 있다. 대칭형은 양방향으로 13Mbps, 26Mbps의 속도이다. 비대칭형 서비스의 경우 수신속도는 13 ~ 52Mbps이고 송신속도는 1.6 ~ 6.4Mbps이다.

> **상식PLUS⁺ 비대칭 디지털 가입자 회선(ADSL : Asymmetric Digital Subscriber Line)**
>
> 1989년 미국 벨코아 회사가 개발한 기술로 기존 전화 회선을 이용하여 데이터 통신이 가능하도록 하는 수단이다. 별도로 회선을 설치하지 않아도 된다는 장점이 있다. 가정과 전화국 사이에 상향 하향의 속도가 다르다. 하향은 9Mbps가 가능하나 상향은 640Kbps으로 대칭을 이루지 않는다.

122 ■■■□

공개키 기반구조

PKI :
Public Key Infrastructure

안전거래를 위해 암호화·인증 등이 필수인 공개키 관리 기반구조

안전이 보장되지 않는 공중망에서 신뢰도를 높이기 위해 검증을 진행하는데 이것이 공개키 기반구조로 진행된다. 정책 승인기관(PAA), 정책 인증기관(PCA), 인증기관(CA), 등록기관(RA), 인증서 소유자 등으로 구성되어있다.

123 ■■□□

대칭키 암호

Symmetric Key Algorithm

암호화와 복호화와 암호키를 사용하는 알고리즘의 한 종류

암호화키와 복호화키가 동일하게 사용되는 방식이다. 일반적으로 사용되어 관용암호라고도 하고 비밀키 암호라고도 부른다. 대표적인 방식으로는 데이터 암호화 표준(DES)와 IDEA가 있다.

124 ■■□□

복호화

Decoding

부호화를 역순으로 진행하는 것으로 수행되기 전 상태로 되돌리는 것

디코딩이라고도 하며 아날로그 신호가 부호기에서 디지털 단위로 변환되는 과정을 다시 역순으로 수행하는 것을 말한다.

> **상식PLUS⁺ 암호화(Encryption)**
>
> 의미를 이해할 수 없는 형식의 암호문으로 변환하는 것으로 정보를 보호할 수 있다.

125 ■■■
해시함수
Hash Function

다양한 크기의 데이터를 고정된 길이의 해시 값으로 출력하는 함수

암호화 기술 중에 하나로 현재 표준 해시함수는 160 ~ 256비트의 해시값을 출력한다. 암호 알고리즘에는 키를 사용한다. 하지만 해시함수는 키를 사용하지 않아 항상 동일한 출력값이 나오는 특성에 따라 무결성을 검증할 수 있다. 동작 알고리즘이 간단하여 상대적으로 시스템 자원 소모량이 적은 편이다. MD5, SHA 등의 해시함수가 있다.

126 ■■■
웹 어셈블리
Web Assembly

웹을 네이티브 애플리케이션처럼 빠르게 실행할 수 있도록 만들어지고 있는 차세대 바이너리 포맷 표준

개발자가 자바스크립트 대신 C언어 등으로 어느 브라우저에서든 돌아가는 프로그램을 만들어 배포할 수 있게 된다는 장점을 가진다. 모질라 개발자 루크 와그너가 여러 브라우저 개발사의 협력을 공식화했고, 구글 및 애플 개발자들이 표준화에 협력키로 했다. 이미 웹 브라우저 중에선 크롬이 웹 어셈블리를 구현했고, 여기에 파이어폭스와 마이크로소프트 엣지도 적용 준비를 하고 있다.

127 ■■■
UML
Unified Modeling Language

시스템 분석·설계·구현 등 개발과정에 사용되는 객체지향 모델링 언어

개발자들 사이에서 요구 분석, 시스템 설계 및 구현하는 과정에서 생기는 의사소통의 어려움을 해결할 수 있다. Booch, Rumbaugh, Jacobson이 주장하는 각각의 객체지향방법론의 장점만으로 다양한 방법론을 표현할 수 있다. UML의 모델을 구성하는 중요한 기본요소인 사물은 구조사물, 행동사물, 그룹사물, 주해사물이 있다.

128 ■■■
임베디드 시스템
Embedded System

소프트웨어를 칩에 담아 기기에 내장 시킨 형태의 장치

전자장치의 두뇌 역할을 하는 마이크로프로세서를 장착하여 시스템이 기기를 효과적으로 제어하는 시스템이다. 디지털 홈 시대를 맞이하여 세탁기나 냉장고 등의 가전기기에 다양하게 사용되고 있는 기술이다. 텔레비전 기능이 있는 휴대폰이나, 세제량을 조절하는 세탁기 등 다른 제품과 결합되어 부수적인 기능을 수행하는 시스템이다.

129 ■■■
ASP
Application Service Provider

개인이나 기업에게 네트워크를 통해 응용 프로그램을 임대·관리하는 사업자

응용 프로그램 제공자, 네트워크 제공자, 보안관리 사업자, 데이터베이스 사업자, 포털 사업자 등으로 구성되어 있는 것으로 개인정보나 기업의 기밀을 안전하게 관리하는 보안관리 사업자 역할비중이 크다. 기업이 전문 기술 인력을 유치하는 대신 직접 기술을 구축하고 관리해주는 IT서비스이다. 높은 비용을 주고 구입하는 대신 일정 서비스 비용을 지불하고 사용할 수 있다.

상식은 "용어사전"

용어사전으로 중요한 용어만 한눈에 보자

1 시사용어사전 1200

매일 접하는 각종 기사와 정보 속에서 현대인이
놓치기 쉬운, 그러나 꼭 알아야 할 최신 시사상식
을 쏙쏙 뽑아 이해하기 쉽도록 정리했다!

2 경제용어사전 1030

주요 경제용어는 거의 다 실었다! 경제가 쉬워지
는 책, 경제용어사전!

3 부동산용어사전 1300

부동산에 대한 이해를 높이고 부동산의 개발과 활
용, 투자 및 부동산 용어 학습에도 적극적으로 이
용할 수 있는 부동산용어사전!

중요한 용어만 공부하자!

• 최신 관련 기사 수록
• 다양한 용어를 수록하여 1000개 이상의 용어 한눈에 파악
• 용어별 중요도 표시 및 꼼꼼한 용어 설명
• 파트별 TEST를 통해 실력점검

자격증

한번에 따기 위한 서원각 교재

한 권에 준비하기 시리즈 / 기출문제 정복하기 시리즈를 통해 자격증 준비하자!